S★tb★

Marlies Fösges

Wunsch*figur*

S★tb

Die Handlung und die handelnden Personen dieses Buches sind frei erfunden. Jede Ähnlichkeit mit toten oder lebenden Personen oder Persönlichkeiten des öffentlichen Lebens ist nicht beabsichtigt und wäre rein zufällig.

Originalausgabe
Alle Rechte vorbehalten

ISBN 978-3-8434-3025-8

© 2012 Schirner Verlag, Darmstadt
2. Auflage März 2013

Umschlag: Simone Wenzel, Schirner,
unter Verwendung von #23726669 (Anastasia Karamova),
#6005847 (Dmitry Remesov), #36329992 (Ideenkoch),
#40832918 (samscha), www.fotolia.de
Redaktion & Satz: Claudia Simon, Schirner,
unter Verwendung von #26237960 (LenLis), www.fotolia.de
Printed by: OURDASdruckt!, Celle, Germany

www.schirner.com

Inhalt

Neujahrsmorgen 9
Fünf Wochen später 12
Anstoß 21
Rosenmontag 23
Aschermittwochabend 27
Die erste Woche 44
Der zweite Abend 50
Entscheidungshilfen 61
Glücklich sein 71
Frust 78
Der vierte Abend 81
Unbequeme Wahrheiten 93
Perspektivwechsel 98
Kleine Erfolge 109
Schon wieder Mittwoch 118
Mallorca 132
Anita 136
Stillstand 144
Der siebente Abend 150
Migräne 167
Ups and Downs 175
Leonie 182
Es geht weiter 188
Der achte Abend 194
Krise 206
Muttertag 215
Freundinnen 220
Klarheit 224
Der vorletzte Abend 229
Auszug 244
Perspektiven 248

Sich einrichten 251
Letzter Abend 253
Und jetzt? 267
Epilog 274

Die Übungen

Arm waagerecht nach hinten drehen =
   mentale Kraft entdecken 32
Motivationsskala 52
Wunderfrage 53
Zielearbeitsblatt 67
Essstrategie 85
Sich dick fühlen, sich dünn fühlen 103
Schutzschild einrichten 105
Ersatz für bisheriges Essen finden 126
Vom Problem zur Chance 156
Powerwort 162
Inneren Dialog verändern 198
Einschränkenden Glaubenssätzen auf der Spur 200
Glaubenssätze klatschen 203
Mit einem Ziel durch die neurologischen Ebenen 233
Räumliche Entfernung zum Ziel vorstellen 254

Die Abschlussentspannungen

Abend 1 41
Abend 2 56
Abend 3 69
Abend 4 90
Abend 5 107

Abend 6	129
Abend 7	164
Abend 8	204
Abend 9	241
Abend 10	262

Neujahrsmorgen

Ich lag in meinem Bett, so viel war sicher. Warum drehte sich das Zimmer wie ein Karussell?

Ich schloss die Augen, öffnete sie aber sofort wieder, weil das Schwindelgefühl bei geschlossenen Augen schlimmer wurde. Das einzige Mal in meinem Leben, wo ich so etwas schon erlebt hatte, war nach Leonies Geburt vor dreiundzwanzig Jahren gewesen. Als ich nach dem Kaiserschnitt aus der Narkose erwachte. Sobald ich daran dachte, ging es mir noch schlechter.

Trotzdem rappelte ich mich auf und wankte ins Bad. Die Person, die mir weiß wie Schlagsahne aus dem Badezimmerspiegel entgegensah, brauchte dringend einen Kaffee.

Die Kaffeemaschine dampfte und zischte. Von Manfred keine Spur. Wie ich meinen Mann kannte, joggte er bereits um den Block. Jeder Schluck Kaffee und jeder Bissen Schinkenbrot besänftigte meinen Magen etwas mehr. Ich konnte mich an keine Situation erinnern, in der ich mich nicht durch Essen besser gefühlt hätte.

Als ich ungefähr vier war, legte sich mein Großvater vor dem Mittagessen für ein paar Minuten hin, und als meine Großmutter ihn wecken wollte, war er tot. Nachdem Notarzt und Leichenwagen weg waren, sagte meine Großmutter unter Schluchzen: »Jetzt mache ich erst mal das Essen warm.« Mein Vater hat mir die Geschichte einige Male erzählt, und er endete immer mit dem Satz: »Und wir hatten wirklich alle eine Stärkung dringend nötig.«

So etwas prägt.

Und dann blitzten Erinnerungsfetzen an gestern auf wie Wunderkerzen auf einer Eistorte. Da war meine Mutter, die die Augenbrauen hochzog: »Nettes Kleid, Barbara.« Und ich hatte neidisch auf ihr elegantes graues Etuikleid gestarrt und mich in meinem schwarzen Fummel aus mehreren Lagen Kunstseide wie eine Tonne gefühlt. Den Frust hatte ich mit einem Martini hinuntergespült und damit die Chance vertan, nach Hause zu fahren. Was hätte ich mir alles ersparen können.

Ich machte mir ein zweites Schinkenbrot. Sobald ich mich bewegte, hämmerte es in meinem Kopf. Denken war unmöglich, aber in meinem Hirn lief ein Film ab, der ohne Pause die peinlichsten Momente meines Silvesterabends zeigte:

Meine Cousine Brigitte schaut mich so merkwürdig an, als ich mit einem Schälchen Mousse au Chocolat vom Büffet komme. Ihre Stimme trieft vor falscher Freundlichkeit: »Ich habe ja mit Weight Watchers und Nordic Walking so super abgenommen. Du schlägst bestimmt heute noch mal richtig zu, bevor du anfängst, was?«

Mutter flüstert mir zu: »Sieht Brigitte nicht toll aus? Daran solltest du dir mal ein Beispiel nehmen, Kind.«

Manfred packt mich am Arm und zischt: »Du hast da einen Fleck auf dem Kleid.« Ich flüchte ins Bad und versuche, den Fleck wegzureiben. Nach dem Trocknen bleibt ein heller Kranz da, wo vorher der Fleck gewesen war.

Ich balanciere meinen vollen Teller an Hannahs (8. Monat) und Erwins (Bier) Bäuchen vorbei, da haut Erwin mir auf den Rücken: »Hoho, wir Dicken müssen zusammenhalten, was Barbara? Lass es dir schmecken!«

Genug! Aufhören! Die Übelkeit war nichts gegen diese seelischen Qualen. Ich durchwühlte den Küchenschrank, fand eine halbe Tafel Weihnachtsschokolade, stopfte mir einen ganzen Riegel davon in den Mund und versteckte den Rest wieder hinter den Tütensuppen.

Dabei riss ich die Plastikdose mit den Zahnstochern vom Regal. Die Dose sprang auf, und sämtliche Zahnstocher verteilten sich mikadoartig auf den Küchenfliesen. Typisch Barbara, würde meine Mutter sagen. Ich ging in die Hocke, um die Holzstäbchen wieder einzusammeln.

»Macht's Spaß?«

Plötzlich stand Manfred in nassen Sportsachen im Türrahmen. Schweißtropfen liefen aus seinen dünnen blonden Haaren. Er lächelte nicht. Ich fühlte, wie mein Gesicht erglühte, aber er hatte sich schon umgedreht und war weg.

An was erinnerte mich das?

Richtig, heute Nacht oder besser gesagt gegen Morgen hatte er auch nicht gelächelt, als er völlig überraschend nach mir gegriffen und hastig meinen Busen gestreichelt hatte. Nach zwei Martinis, ein paar Gläsern Wein, dem Mitternachtssekt und einem Ramazotti hatte ich bei der Aussicht auf Sex vermutlich selig gegrinst. Doch bevor ich richtig begriffen hatte, was los war, war es auch schon vorbei gewesen.

Und auch da hatte sich Manfred sehr schnell umgedreht.

Ich lief schon wieder rot an und bekam einen Schweißausbruch, der Manfreds sportlichem Schwitzen in nichts nachstand. Hoffentlich lag das nur an meinem verkaterten Zustand und war noch kein Vorbote der Wechseljahre.

»Ich fahre Tobias abholen«, rief Manfred durch die geschlossene Tür. Wahrscheinlich wollte er sich den Anblick seiner schluchzenden Gattin auf dem Küchenfußboden ersparen.

Mein Gott, ich hatte wirklich ein paar Probleme. Es musste etwas in meinem Leben passieren. Morgen. Ab morgen würde ich mich darum kümmern. Versprochen.

Fünf Wochen später

Es war Montagmorgen, und ich erwachte mit dem Gefühl, heute zur Hinrichtung geführt zu werden. Seit mir nur noch die schwarze Hose mit dem Dehnbund passte, war meine Kleiderwahl schnell getroffen. Den Blick in den Spiegel vermied ich tunlichst. Eines Tages würde ich vielleicht nicht mehr wissen, welche Farbe meine Augen hatten.

Der Galgenhumor verging mir beim Anblick meines Frühstücks: ein Magerjoghurt und ein Knäckebrot mit Tomatenscheiben und getrocknetem Basilikum. »Mager« ... was für ein trauriges Wort. Was glaubten diese Size-Zero-Redakteurinnen von Frauenzeitschriften eigentlich, was eine erwachsene Frau zum Leben braucht? Und was glaubten sie, wo ich mitten im Februar frisches Basilikum auftreiben sollte? Lustlos kaute ich auf den hartschaligen, wässrigen Tomatenscheiben herum.

Manfred steckte den Kopf zur Küchentür herein und klimperte mit dem Autoschlüssel. »Wird spät.«

Im Hinausgehen warf er einen Blick auf meinen Teller. »Wieder eine deiner Montagsdiäten?« Es klang wie eine resignierte Feststellung. Ja, danke auch für die Unterstützung. Es geht nichts über einen Ehepartner, der an einen glaubt.

Aber mit welchem Recht beklagte ich mich? Ich war ja auch schon lange nicht mehr die Frau, die er geheiratet hatte. Wie deprimierend war doch mein Leben. Täglich schleppte ich mich zu einem Job, der mir keinen Spaß machte. In meinem Körper fühlte ich mich seit Langem nicht mehr wohl. Und meine Ehe, das musste ich mir langsam eingestehen, steckte definitiv in einer Sackgasse.

Wenn ich schlank wäre, ja, dann wäre alles anders.

Aber ab heute würde ich ja beweisen, dass auch ich es schaffen konnte. Wenn ich ...

»Is' Frühstücksbrot fertig?«

Tobias knallte seine Schultasche auf den Boden und öffnete die Plastikbox mit den Butterbroten. »Igitt, Käse. Den mag ich nicht. Gib mir mal zwei Euro. Schnell!«

»Jetzt mach mal halblang, Tobias.«

»Los, mach schon, ich verpasse den Bus.«

Eigentlich wusste ich ja, dass Erziehungsversuche am frühen Morgen zum Scheitern verurteilt waren. Es kränkte mich trotzdem, wenn mein Sohn in diesem Ton mit mir redete. Das Leben mit einem motzigen Zwölfjährigen hatte ich auf der Liste meiner Probleme noch vergessen.

Wieso mochte er diesen Käse nicht? Der war doch lecker. Es fühlte sich gut an, etwas Richtiges im Magen zu haben. Für die Diät war ja noch nichts verloren. Noch kauend griff ich nach dem Autoschlüssel und beeilte mich, in die Firma zu kommen.

Der PC fuhr hoch, und siebzehn neue E-Mails warteten darauf, bearbeitet zu werden. Ich las gerade die fünfte Nachricht, als das Telefon klingelte. Der auf dem Display angezeigte »Unbekannter Anrufer« war mit hoher Wahrscheinlichkeit meine Mutter, die seit dem Silvesterabend keinen Tag verstreichen ließ, ohne zu mahnen und zu warnen.

»Ach, Kind«, sie seufzte mir ins Ohr, »ich hab schon heute Morgen an dich gedacht. Du hast doch heute mit deiner Diät angefangen.«

Das war doch bestimmt kein Versuch, mich zu kontrollieren? Ich konnte es nicht leiden, wenn sie »Kind« zu mir sagte. Meine zaghaften Bitten, das sein zu lassen, ignorierte sie einfach. »Aber Kind, was ist denn daran falsch? Du bist und bleibst doch immer mein Kind, auch wenn ich dich nicht immer verstehe.«

Richtig unangenehm wurde es aber erst, wenn sie mich bei meinem Taufnamen nannte.

»Bar-ba-ra, lass es dir von einer alten Frau gesagt sein« – sie kokettierte gern mit ihrem Alter, dabei sah man ihr die zweiundsiebzig nicht an, und sie war sogar dann eine elegante Erscheinung, wenn sie mit schmutzigen Händen aus dem Garten kam –, »du MUSST mehr auf deine Gesundheit achten. Du hast jetzt schon zu hohen Blutdruck. Versuch doch wenigstens abzuspecken.«

»Mama«, flüsterte ich, »ich kann jetzt nicht reden. Ich rufe dich später an.« Das Letzte, was ich wollte, war, meine Diätversuche vor den neugierigen Ohren meiner Kollegen auszubreiten.

»Ich hab's ja nur gut gemeint, Barbara«, ihr Ton wurde frostig, »aber wenn ich störe ...«

Weil am anderen Ende unseres Großraumbüros gerade meine Chefin durch die Tür kam, legte ich einfach auf und wandte mich wieder dem Bildschirm zu. Oh Gott, jetzt war sie beleidigt. Ich hätte ja wenigstens noch Tschüss sagen können. Sie meinte es doch wirklich nur gut.

Die Chefin war schon wieder gegangen. Ihr Erscheinen hatte die gleiche Wirkung wie ein Streifenwagen: Man bekam automatisch ein schlechtes Gewissen. Eigentlich war sie ganz in Ordnung. Um in einer internationalen Spedition die Fäden in der Hand zu behalten und sich gegen die Konkurrenz zu behaupten, brauchte man sicher eine gewisse Härte.

Seit sich viele Geschäftskontakte per E-Mail abspielten, kam ich mit meinen Kunden besser zurecht. Doch wer unzufrieden war, weil sich unser Fahrer verspätete oder die

Ware beschädigt war, rief nach wie vor an. Leider hatte ich den Small.Talk, der den Umgang mit Geschäftspartnern geschmeidiger macht, noch nie beherrscht. Im Gegensatz zu Annette, meiner Kollegin am Schreibtisch gegenüber. Ich bewunderte, wie sie mit Charme und Humor jeden reklamierenden Kunden um den Finger wickelte. Beschwerte sich einer meiner Kunden, fühlte ich mich augenblicklich schuldig und rechtfertigte mich. Es war schrecklich.

Annette hatte mir vor Jahren einen kleinen Elefanten aus grauem Speckstein geschenkt, der seitdem neben meinem Telefon stand. Bevor ich die Gabe missdeuten konnte, hatte sie sich beeilt zu erklären: »Damit du dir eine dickere Haut zulegst, Barbara. Schau mal, einen Elefanten kann so leicht nichts erschüttern.«

Ich hatte gelächelt und mich bedankt. Aber insgeheim war ich sicher, dass meine grazile Kollegin auf meine Körperfülle hatte anspielen wollen. Oder auf meine legendäre Ungeschicklichkeit. Die Kollegen hatten schnell gelernt, ihre Tassen nicht am Schreibtischrand abzustellen, nachdem ich einmal einen Stapel Zollpapiere und ein anderes Mal eine PC-Tastatur durch eine Kaffeeüberschwemmung ruiniert hatte.

Gegen neun hatte ich die meisten E-Mails beantwortet. Ich fragte mich, wie ich mit einem Apfel als Zwischenimbiss die Zeit bis zur Mittagspause überleben sollte. Außerdem ließ mir das Telefonat mit meiner Mutter keine Ruhe. Sollte ich sie anrufen?

»He, Barbara.« Annette wedelte vor meiner Nase herum. »Kaffeepause. Gisela gibt zu ihrem Geburtstag Kuchen aus.«

Ach du liebe Güte. Auf keinen Fall würde ich jetzt sagen, dass ich Diät machte und nichts essen würde. Das wäre einfach zu peinlich. Ich ließ den Apfel rasch in der Schreibtischschublade verschwinden und folgte Annette in unsere kleine Küche. Giselas Kuchen war selbst gebacken und verdammt lecker. Ich ließ mich ohne große Gegenwehr zu einem zweiten Stück nötigen.

Pappsatt versuchte ich, meine Korrespondenz zu erledigen und Frachtpapiere auszufüllen. So satt, wie ich gerade war, brauchte ich garantiert kein Mittagessen. Da würde ich doch wieder jede Menge Kalorien einsparen.

Kurz vor zwölf. Mein Entschluss, nicht mit in die Kantine zu gehen, geriet ein wenig ins Wanken. Das Telefon klingelte, auf dem Display stand »Unbekannter Anrufer«. Aha, meine Mutter hatte noch nicht aufgegeben, mich motivieren zu wollen. Sie wusste, dass ich mich schuldig fühlte und ihr nicht widersprechen würde.

Doch es war Ellen. Ich hatte ihr leider von meinen Diätplänen erzählt, was einer Veröffentlichung im lokalen Radio gleichkam. Schlimmer noch: Ellen hatte sofort verkündet, dass sie mitmachen und mich unterstützen würde, damit ich durchhielte. Sie würde ihren ganzen Ehrgeiz daran setzen, mich noch in diesem Jahr schlank wie eine Tanne zu sehen. Das war wirklich komisch, denn Ellen wog mindestens zehn Kilo mehr als ich.

»Und?«, trompetete sie mir ins Ohr, sodass es noch drei Schreibtische weiter zu hören sein musste.

»Was ›und?‹«?

»Jetzt tu nicht so. Was hast du heute gegessen? Wie fühlst du dich? Schon leichter um die Mitte? Kein Schokoriegel zum Kaffee?«

Die letzte Frage war leicht zu beantworten. »Kein Schokoriegel zum Kaffee. Und du?«

Ich kannte Ellen seit dreiundzwanzig Jahren, wir hatten uns beim Babyschwimmkurs kennengelernt. Damals hatte sie die fixe Idee entwickelt, eines Tages würden ihr Alexander und meine Leonie einmal heiraten, und dann würden wir sehr glückliche Großmütter sein. Doch so war es ganz und gar nicht gekommen.

Ellen war wie üblich schnell abzulenken. Am liebsten redete sie sowieso über sich.

»Ein Knäcke mit Frischkäse, ein Apfel, zwei rohe Möhren und ein winziges Löffelchen Nussnugatcreme«, ratterte sie los. »Aber glaub bloß nicht, dass du mich austricksen kannst. Also, was isst du zu Mittag?«

Ich rollte die Augen. »Ehrlich gesagt, ich dachte an einen kleinen gemischten Salat in der Kantine.«

»Na gut, aber keinen Nachtisch. Versprich es mir!«

Sie gab erst Ruhe, nachdem ich drei Schwüre abgelegt hatte, und drohte ihren nächsten Kontrollanruf für den frühen Abend an. Bevor ich protestieren konnte, legte sie auf. Ich ärgerte mich. Die blöde Socke. Wieso wog sie dann zehn Kilo mehr als ich, wenn sie so diszipliniert war? Das war doch garantiert ein Esslöffel voll Nussnugatcreme gewesen, jede Wette.

Gegen Ärger im Bauch kannte ich ein Mittel, das seine Wirkung nie verfehlte.

Kurz darauf saß ich vor einer Terrine Erbseneintopf. Im allerletzten Moment hatte eine Stimme (meine?) diese Bestellung aufgegeben. Ich war selbst verblüfft gewesen. Aber es war Winter, eisig kalt, Schnee lag in der Luft. Da braucht der Mensch etwas Warmes.

Ich nahm natürlich keinen Nachtisch. Das hatte ich Ellen ja versprochen. Trotzdem spannte die schwarze Hose, als ich wieder an meinem Schreibtisch saß, und ich rutschte unbehaglich auf meinem Stuhl herum. Ich holte mir einen Kaffee aus der Küche und schaute mir unterwegs unauffällig meine Kollegen an. Genau betrachtet war mindestens die Hälfte übergewichtig.

Gisela, unser Geburtstagskind, war eine Frohnatur, die sich eben die Hosen eine Nummer größer kaufte, wenn die alten nicht mehr passten. Essen ist doch der größte Genuss im Leben, das war ihr Credo. Peters Bierbauch war beeindruckend, schien ihn selbst aber nicht zu stören. Margitta redete so oft von ihren Diätversuchen, dass es wirklich niemand mehr hören wollte. Auf ihrem Schreibtisch standen immer Joghurtbecher und Tupperdosen mit Obst und Gemüse, dennoch zeichneten sich Speckröllchen unter ihren T-Shirts ab.

Karla und Thea, die Zwillingsschwestern, verhüllten ihre Fülle mit modischen Blusen, die von Jahr zu Jahr zeltartiger wurden. Ob sie unter ihrem Gewicht litten? Schwer zu sagen. An den gelegentlichen Gesprächen über den Königsweg zum Schlanksein beteiligten sie sich nicht. Allerdings stand immer eine Schale mit Süßigkeiten auf ihren Schreibtischen, aus der sich alle bedienen durften.

Dann war da noch Annette, mein gazellengleiches Gegenüber, und unsere Azubine Franca, die es sich durchaus noch leisten konnte, bauchfreie Tops zu tragen. Doch irgendwann, das war zu ahnen, würde das Erbe ihrer italienischen Mamma durchschlagen und ihr ein paar Pölsterchen zu viel bescheren. Frau Deutschmann und Frau Kessler aus der Buchhaltung gehörten zu den Leuten, die ich als normal bezeichnen würde. Hassenswert normal. So normal, wie ich es so gern sein wollte.

Am Nachmittag, während ich meinen Routineschreibkram erledigte, dachte ich darüber nach. In allen Medien ging es ständig ums Abnehmen. Außer ein paar kranken Teenagern brauchte niemand Tipps, um zuzunehmen. Abnehmen aber war Schwerarbeit, war wie dauerndes Gegen-den-Strom-Rudern. Das war doch zum Schreien ungerecht. Nach den beiden Schwangerschaften hatte ich zahlreiche Diätversuche unternommen. Mittlerweile hatte ich die Hoffnung, meine frühere Figur wiederzuerlangen, eigentlich aufgegeben. Manfred, der noch die gleiche Hosengröße wie vor zwanzig Jahren trug, warf mir vor, undiszipliniert und inkonsequent zu sein.

Zwischendurch führte ich innerlich Gespräche mit Ellen, in denen ich mich gegen ihre Übergriffe verwahrte. Wenn ich mich doch einmal trauen würde, mir ihre Bevormundung zu verbitten. Sie hatte aber auch eine Art, einen mit ihren Ratschlägen und Tipps zu überrollen. Sie war das wandelnde Selbsthilfebuch mit integrierter Kontrollfunktion. Das leider in eigener Sache komplett versagte.

Das Telefonat mit meiner Mutter lag mir auch noch schwer im Magen.

Zu Hause wartete Tobias mit der obligatorischen Frage: »Was gibt's zu essen?« Ich warf schnell ein paar Pommes in die Fritteuse. Während Fischstäbchen in der Pfanne brutzelten, zog ich eine bequeme Hose an. Dann setzte ich mich zu ihm. Manchmal erzählte er mir seine Erlebnisse aus der Schule, doch heute schaufelte er schlecht gelaunt das Essen in sich hinein. »Du nervst«, war alles, was ich auf meine Fragen zu hören bekam. Er ließ ein halbes Fischstäbchen und eine Handvoll Pommes übrig. Zu schade zum Wegwerfen fand ich und aß die Reste auf. Von dem fettigen, kalten Zeug wurde mir übel. Deshalb machte ich mir rasch ein Käsebrot.

Und danach MUSSTE es noch etwas Süßes sein. Das war wie ein Naturgesetz.

Was würde ich Ellen sagen, auf deren Anruf ich schon wartete? »Hat nicht geklappt«, »Hab irgendwie schon heute Mittag aufgegeben«, »War wie immer, Ellen, ich kann's einfach nicht«?

Tiefste Mutlosigkeit machte sich in mir breit. Jetzt war eh schon alles egal. Ich fischte ein Eis am Stiel aus der Tiefkühltruhe, um mich zu trösten. Den Mund voll köstlichem Schokoladeneis und mit klebrigen Fingern saß ich am Küchentisch und sah Manfred entgegen, der unerwartet früh nach Hause kam. Sein Blick war vernichtend. Wortlos zog er sich um und verschwand mit seiner Sporttasche.

Ellen hörte sofort an meiner Stimme, was los war. »Ach Barbara, davon geht die Welt nicht unter. Morgen ist ein neuer Tag. Morgen geht's von vorn los, du schaffst das schon.«

»Und wie war's bei dir?«

»Na ja«, sie druckste herum, »bis nachmittags um fünf läuft immer alles super. Aber wenn ich nach Hause komme, und da ist niemand und ich habe nichts Richtiges zu tun ...«

Ellen war seit Jahren geschieden, und ihr einziges Kind, ihr ganzer Stolz, ihr Alexander, studierte in Berlin und war schwul. Oder mit Ellens Worten: »Er lebt da in einer Wohngemeinschaft mit einem netten jungen Mann zusammen.«

Ich verstand sie. Sie tat mir leid. Im Notfall konnten wir uns eben doch aufeinander verlassen. Wenn sie sich wieder grämte, weil Alexander ihr keine Enkel schenkte. Wenn ich verletzt war, weil Leonies Ton mir gegenüber zickig und herablassend war. Wenn wir mal wieder eine Diät in die Tonne kloppten.

Zum Glück wusste sie nicht, wie gemein ich heute Nachmittag über sie gedacht hatte. Zum Glück gab es Ellen, der es genauso ging wie mir.

Anstoß

»Also, Barbara, mit dir und dem Abnehmen, das wird ja wohl nichts.«

Verdattert starrte ich Ellen an. Hatte ich mich gerade verhört? Hatte sie mich etwa zu Kaffee und Kuchen eingeladen, um mich niederzumachen? Unsere Gespräche seit meiner letzten abgebrochenen Montagsdiät vor zwei Wochen liefen im Schnelldurchlauf in meinem Kopf ab. Hatte ich irgendetwas falsch gemacht? Sie beleidigt? Meine Augen flatterten durch Ellens ganz in hellblau gehaltene Küche und hielten sich krampfhaft an dem Kaffeebecher mit Entenmotiv fest. Ich rührte noch einen Löffel voll Zucker mehr in meinen Kaffee, um den Aufruhr in meinem Inneren niederzukämpfen.

»Ist doch wahr, Barbara«, Ellen funkelte mich an. »Wie lange reden wir jetzt schon darüber? Seit Jahren. Und was passiert? Nichts!«

Mir fiel immer noch keine Antwort ein. Gleich würde ich losheulen.

»Wir müssen die Sache ganz anders angehen. Hier!«, sie knallte eine Zeitungsseite auf den Tisch. Ich verstand nichts. Mein Gehirn hatte sich momentan ausgeschaltet.

Sie tippte mit ihrem Zeigefinger auf einen kleinen Artikel, und da ich immer noch nicht reagierte, las sie ihn vor: »NOCH PLÄTZE FREI! In der Volkshochschule beginnt am Mittwoch, dem 1. März, ein Abendkurs für abnehmwillige Frauen: ›Mit mentalem Training zur Wunschfigur‹ hilft, sich für das passende Ernährungs- und Bewegungsprogramm zu motivieren und alte Blockaden aufzulösen. Nähere Infos und Anmeldung unter …«

Triumphierend sah sie mich an. »Ich habe uns angemeldet.«

»Du hast *was*?« Mein Unterkiefer klappte herunter.

»Uns AN-GE-MEL-DET.«

Ich stieß den Stuhl zurück. Das war mehr, als ich im Moment verkraften konnte. Ich murmelte, ich hätte noch viel zu erledigen und wir sollten noch mal darüber reden. Ellen brachte mich wie immer zur Tür, als wäre zwischen uns alles in bester Ordnung. Dabei redete sie unentwegt weiter: »Ich dachte, du würdest schon einverstanden sein. Schau mal, da gibt es dann eine ganze Gruppe von Frauen mit dem gleichen Problem. Und überleg nur, was wir alles an Diäten ausprobiert haben. Vielleicht tickt irgendetwas in unseren Köpfen nicht richtig, und wir brauchen eine Art Gehirnwäsche.«

»Hm«, erwiderte ich lahm, »vielleicht«, und flüchtete in mein Auto.

Sobald ich außer Sichtweite war, gab ich Gas und schrie so laut ich konnte: »Scheiße!« Es klang eher gepresst. Nicht einmal im Auto gelang es mir, meine Wut auf Ellen herauszulassen. Jetzt fielen mir jede Menge kluge, coole, arrogante Antworten ein. Die würde ich ihr gleich alle um die Ohren hauen. Sobald ich zu Hause war, würde ich sie anrufen.

Aber zuerst brauchte ich unbedingt etwas Tröstendes zwischen die Zähne. Ich hielt am erstbesten Supermarkt an und kaufte Schokolade und Gummibärchen. Aufs Kochen konnte ich mich jetzt nicht konzentrieren. Deshalb legte ich noch ein paar Tiefkühlpizzen in den Einkaufswagen. Statt zur Reinigung fuhr ich zum Bürgerzentrum und besorgte mir das Programmheft der Volkshochschule. Manfreds Jacketts würden bis morgen warten müssen.

Rosenmontag

Schwungvoll bog ich auf den Firmenparkplatz ein. Übers Wochenende hatte ich ein paar Entschlüsse gefasst, und ich fühlte mich energiegeladen. Von Ellen hatte ich nichts mehr gehört. Statt mich mit ihr zu streiten, würde ich sie durch Nichtbeachtung strafen. So war Ellen eben: übergriffig und von missionarischem Eifer erfüllt. Aber ich würde ihr einen Strich durch die Rechnung machen.

Den Text über den Wunschfigurkurs hatte ich Satz für Satz genüsslich zerpflückt:

Durch gezielte Übungen erkennen Sie, was innerlich Ihr Essverhalten steuert und welches Ihre wirklichen Bedürfnisse sind. Ich kannte meine wirklichen Bedürfnisse: alles essen können und dabei schlank bleiben. Für diese Weisheit brauchte ich keinen Kurs.

Sie lernen, die verschiedenen inneren Teile zu integrieren und wieder auf die eigene innere Stimme zu hören. Meine innere Stimme flüsterte mir gern zu, Schokolade mache glücklich, und niemand konnte behaupten, ich würde nicht darauf hören. Dafür brauchte ich auch keinen Kurs.

Sie motivieren sich auf kraftvolle Weise für Ihr selbst gewähltes Bewegungs- und Ernährungsprogramm, so wie es für Sie passt. Das ging schon mal gar nicht. Bewegung passte überhaupt nicht zu mir. Jede einzelne meiner diesbezüglichen Erfahrungen war peinlich und demütigend gewesen. Schwächliche Versuche, mich an einem Seil in Richtung Turnhallendecke zu hangeln, während Staubpartikel im Sonnenlicht tanzen und die Klassenkameraden kichern. Plumper Weitsprung in die Sägemehlgrube bei den jährlichen Bundesjugendspielen. Hustend Chlorwasser schlucken, voller Angst, wie ein Stein abzusaufen. Beim Völkerball auf dem Schulhof immer als eine der Letzten in die Mannschaft gewählt werden. ICH WAR NICHT SPORTLICH! Und ich wollte es auch nicht werden.

Entdecken Sie in dieser Gruppe Spaß und Lebensfreude neu! Nee, is' klar. Eine Gruppe übergewichtiger Zicken, die sich gegenseitig auszustechen versuchten. Genau das, was ich nicht brauchte.

Und dann der letzte Satz: *Bitte Schreibzeug, Decke und bequeme Kleidung mitbringen.* Decke? Ich sah ein Dutzend dicke Frauen wie gestrandete Wale auf dem Boden liegen und nicht wieder hochkommen. Super.

Kurz und gut, ich würde heute Morgen in der Volkshochschule anrufen und mich abmelden. Allein würde Ellen nicht hingehen, das war klar. Aber das war nicht mein Problem.

Zu dumm, dass keiner ans Telefon ging.

Erst dann bemerkte ich die Luftschlangen, die irgendjemand über die tief hängenden Neonleuchten geworfen hatte, und die Platte Punschballen in der Küche. Ein paar Kollegen trugen Ringelshirts, Papphütchen oder hatten rote Herzen auf die Wangen gemalt. Es war Rosenmontag und die Volkshochschule wahrscheinlich geschlossen.

Na ja, morgen war auch noch ein Tag.

An Arbeit war nicht zu denken. Ich stellte mich zu den anderen in die Küche und ließ mich von der ausgelassenen Stimmung anstecken. Einer meiner neu gefassten Entschlüsse bestand aus drei Buchstaben: FDH. Wahrscheinlich immer noch die wirkungsvollste Methode zur Gewichtsreduktion.

Mit Genuss verspeiste ich einen Punschballen und verkniff mir den zweiten. Na also, ging doch. Wozu brauchte ich mentales Training?

Der Lärmpegel war unbeschreiblich. Ein Kofferradio dudelte Karnevalsschlager, und Frau Kessler aus der Buchhaltung führte eine Polonaise an, die sich durch alle Büros schlängelte. Gisela und ich standen plötzlich allein in der Küche. Sie hatte wahrscheinlich auch keine Lust, sich zum Narren zu machen. Beide fixierten wir begehrlich das Tablett mit den übrig gebliebenen Punschballen. Es war wie ein Kräftemessen mit dem inneren Schweinehund. Wir merkten fast gleichzeitig, was wir da taten, und mussten beide lachen.

»Man darf nicht immer nachgeben«, sagte Gisela bedauernd. Dann griff sie entschlossen zu und stellte die Platte ganz oben auf einen Aktenschrank. »Und führe uns nicht in Versuchung.«

»Ich wusste ja gar nicht, dass du dir solche Gedanken machst.« Ich starrte sie an, als sähe ich sie zum ersten Mal. »Ich dachte, du isst halt gern und es macht dir nichts aus …« Ich verstummte erschrocken.

»Dick zu sein, meinst du?« Gisela lächelte so gequält, als hätte sie Zahnschmerzen. Sie schwieg so lange, dass ich daran dachte, mir einen neuen Job zu suchen, weil ich in der *Spedition Bremering* jetzt garantiert unten durch war. Wie konnte ich nur so eine taktlose Bemerkung machen?

Doch dann sah Gisela mich traurig an. »Dir kann ich es ja sagen. Ja, es macht mir etwas aus. Im Grunde bin ich ziemlich verzweifelt, weil es mit dem Abnehmen überhaupt nicht klappt. Im Gegenteil, ich lege immer noch zu. Wo soll das hinführen, wenn ich auf die fünfzig zugehe? Ich bin doch erst achtunddreißig. Glaub mir, ich kenne jede Diät, die es gibt. Ich habe schon oft abgenommen, aber genauso schnell waren die Kilos wieder da. Ich war auch schon bei wer weiß wie vielen Ärzten; allein über deren Halbwissen und blöde Bemerkungen könnte ich ein

Buch schreiben. Die Fröhlichkeit«, sie zog eine Grimasse, »ist mein Schutzpanzer. Wie vielleicht auch das ganze Fett.«

Ich war überwältigt, sprachlos, voller Mitgefühl und Verständnis – alles gleichzeitig. Mit einer solchen Leidensgenossin hatte ich hier in der Firma nicht gerechnet, und nur diesem plötzlichen Gefühl von Verbundenheit schrieb ich später zu, was ich tat. Ich packte Gisela am Arm und zog sie zu meinem Schreibtisch. Dort hielt ich ihr das Volkshochschulprogramm mit dem Wunschfigurkurs unter die Nase.

»Meine Freundin Ellen hat uns da angemeldet. Vielleicht wäre das was für dich?«

Gisela nahm sich Zeit, den Text zu lesen. Dann strahlte sie mich an. »Und ihr würdet mich mitnehmen?«

Mir wurde heiß und kalt. So hatte ich es nicht gemeint. Ich dachte, sie könnte an meiner Stelle ... Ein Blick auf Gisela, und mir wurde klar: Das konnte ich jetzt unmöglich vorschlagen. Ich sank auf meinen Bürostuhl und nickte kraftlos.

Aschermittwochabend

Ich saß auf dem Beifahrersitz neben Ellen und sah stur geradeaus.

»Wieso hast du gesagt, ich könnte nicht abnehmen?«

»Hab ich doch gar nicht.«

»Als ich letzte Woche bei dir war.«

»Ich habe gesagt, dass wir beide es nicht allein schaffen.«

Darauf fiel mir keine Antwort ein. Typisch Ellen, erst machte sie mich an, dann verdrehte sie alles. Überhaupt tat sie so fröhlich, als wären wir zu einer Hochzeit unterwegs. Mir war eher, als würde ich geradewegs zur Schlachtbank geführt. Oder noch schlimmer, für den Rest meines Lebens in das dunkle Verlies des Verzichts geworfen.

Außerdem war sie eine lausige Autofahrerin, gab ruckartig Gas und fuhr langsamer, wenn sie redete, was die meiste Zeit der Fall war. Gestern hatte sie eine lapidare Nachricht auf unserem Anrufbeantworter hinterlassen: »Hallo Barbara, sei morgen Abend bitte um zehn nach sieben startklar. Ich hole dich ab.«

Manfred hatte ich vorgeschwindelt, wir gingen ins Kino. Er hatte sich murrend bereit erklärt, früh genug zu Hause zu sein, um auf Tobias aufzupassen.

Schon allein von der Logistik her war dieser Kurs für mich eine Zumutung. Zehn Abende lang konnte ich das vor Manfred nicht geheim halten. Ihm die Wahrheit zu sagen, kam erst recht nicht infrage. Seine Kommentare hätten mir gerade noch gefehlt. Aber ich hatte einen Plan.

Endlich erreichten wir die Volkshochschule. Ellen fand einen Parkplatz, schaltete das Licht aus und zog krachend die Handbremse an.

»Na dann«, sagten wir gleichzeitig und hievten uns aus den Sitzen.

»Das ist wohl ein Kurs mit integriertem Bewegungsprogramm«, keuchte Ellen, als wir mit unseren Decken unter dem Arm den ersten Stock erreicht hatten. »Noch eine Etage.« Ich bekam nicht genug Luft, um zu antworten.
»Sei mal still.« Ellen blieb stehen. Als ob ich etwas gesagt hätte. Dann hörte ich es auch: Musik. Fröhliche Rhythmen klangen aus dem Raum, dem wir uns näherten.
»Bist du sicher, dass es kein Aerobickurs ist?« Ich bekam einen Lachanfall. Kichernd wie Dreizehnjährige erreichten wir die zweite Etage. Hinter mir sah ich Gisela auf dem Treppenabsatz auftauchen.
»Barbara, warte auf mich.«
Rasch machte ich Ellen und Gisela miteinander bekannt. Dann betraten wir einen geräumigen Seminarraum mit Dachschrägen, in dem Stühle im Kreis arrangiert waren. Wir nahmen drei Plätze nebeneinander. Eine Frau mit kurzen roten Haaren begrüßte uns.

Ich war mit dem Entschluss gekommen, alles blöd zu finden, und bekam nun gegen meinen Willen gute Laune durch die Musik. Ich sah mich um. In der Mitte des Stuhlkreises war ein blaues Seidentuch um eine brennende Kerze drapiert. Auf dem Flipchart stand: »Herzlich willkommen zu ›Mit mentalem Training zur Wunschfigur‹.« Zwei Stühle waren noch frei.

Gott, war ich froh, nicht allein hier zu sein. Die Dickste war ich glücklicherweise nicht.
»Die sind ja gar nicht alle dick«, flüsterte Gisela mir zu.
»Die meisten aber schon«, flüsterte ich zurück. Bei zwei Frauen fragte ich mich allerdings auch, wo die noch abnehmen wollten.

»Jedenfalls ist die Dozentin schlank«, meinte Ellen. »Das spricht für ihre Methode.«

»Und wenn sie nie dick war?« Ich blieb skeptisch und nahm mir vor, sie danach zu fragen.

Wow! *These boots are made for walking* von Nancy Sinatra, schön rhythmisch und laut, das war einer meiner Lieblingssongs. Ich wippte unwillkürlich mit den Füßen. Dabei versuchte ich, meine Aufmerksamkeit gleichmäßig auf Ellen und Gisela zu verteilen. Ich hatte noch daran zu knabbern, wie eingeschnappt Ellen wegen Giselas Teilnahme reagiert hatte. Auf diffuse Art fühlte ich mich schuldig und ärgerte mich darüber.

»Hör mal ...«, ich wandte mich Ellen zu.

»Pssst«, machte sie. Inzwischen waren alle Stühle besetzt. Die Frau mit den roten Haaren stellte die Musik ab. Es ging los.

Unsere Kursleiterin stellte sich als Frau Weber vor. Sie war Sozialpädagogin und Kommunikationstrainerin und hielt diese Kurse seit einigen Jahren.

»In den kommenden drei Monaten werden wir zusammen eine spannende Reise unternehmen. Da bietet es sich an, dass wir uns duzen. Ist das für euch okay?«

Vereinzelt wurde genickt, niemand widersprach.

»Ich heiße Antonia«, sagte sie. »Auf dieser Reise, die heute beginnt oder vielleicht auch schon mit eurer Anmeldung oder noch viel früher begonnen hat, werden wir möglicherweise entdecken, dass wir alle auf dem gleichen Weg unterwegs sind. Ist es nicht so, dass ihr Expertinnen im Abnehmen seid? Ihr habt das Wissen, ihr habt den Willen, ihr habt die Erfahrung, und trotzdem hat es bisher nicht dauerhaft geklappt. Wäre es nicht gut, etwas Neues auszuprobieren? Wenn wir unsere alten Gedankenmuster aufdecken und sie, wenn nötig, durch neue ersetzen, kann es gut sein, dass wir bessere Ergebnisse bekommen. Das heißt, dann funktioniert auch endlich die Gewichtsabnahme.«

Frau Weber – Antonia – sah in die Runde und wartete offensichtlich auf Bestätigung.

»Wenn das so einfach wäre«, sagte Gisela neben mir laut, und ich sah sie überrascht von der Seite an.

»Ja, es scheint schwer zu sein«, Antonia nickte. »Und doch ist es leicht zu erlernen.« Sie bewegte sich ein paar Schritte in den Raum und verteilte an jede Frau drei Notizzettel.

»Wie wäre es, zunächst einmal die ›Mitreisenden‹ kennenzulernen? Bitte schreibt auf den ersten Zettel eines eurer Hobbys.«

Ich hätte gern gewusst, was für die beiden anderen Zettel verlangt wurde. Doch Antonia wartete ab, bis wir der Aufforderung gefolgt waren. Eines meiner Hobbys? Ach du liebe Güte, es war schon so lange her, dass ich mir etwas genäht oder gestrickt hatte. Meine Tage waren auch ohne Hobbys restlos ausgefüllt. Ich schrieb »Kino« auf den Zettel.

»Auf den zweiten Zettel schreibt bitte eine eurer Stärken.«

Mir brach der Schweiß aus. Ich schielte zu Ellen, sie schrieb »Organisieren« auf. Stimmt, das konnte sie wirklich gut. Ein Blick zu Gisela, sie sah genauso gequält aus wie ich. Ich zuckte die Achseln, dann schrieb ich »Zuhören«. Antonia hatte uns wohl beobachtet, denn kaum war ich fertig, ging es weiter.

»Und auf den dritten Zettel bitte eine eurer Erwartungen an diesen Kurs.«

Ich hätte nicht gedacht, dass es noch schlimmer kommen könnte. Jetzt musste ich mir auch noch richtig Gedanken machen. Einfach »Abnehmen« zu schreiben, wäre ja wohl zu simpel. In einem Anfall von Ehrlichkeit schrieb ich »keine«.

Antonia forderte uns auf, die Zettel zu falten. Sie sammelte sie in einer kleinen Kiste ein und bat uns dann, daraus wieder drei Zettel zu ziehen. »Und jetzt findet bitte heraus, von wem die Zettel sind, die ihr gezogen habt. Wenn ihr es herausbekommen habt, schreibt den Namen der Person auf den Zettel.«

Sie grinste, als wir alle zögerten. »Reden hilft, Aufstehen auch.«

Eine von den zwei Schlanken, eine große Frau mit blondem Stufenschnitt, machte den Anfang. Und auf einmal standen wir alle innerhalb des Stuhlkreises und interviewten uns gegenseitig: »Fährst du gern Fahrrad?« »Kannst du gut organisieren?« Es wurde viel gelacht, und ich fühlte mich zum ersten Mal an diesem Abend einigermaßen locker. Es machte mir nicht einmal etwas aus, die drei Personen vorzustellen, deren Zettel ich gezogen hatte.

Sabine, eine kleine, zierliche Person mit einer irgendwie freudlosen Ausstrahlung, hatte als Hobby »Skifahren« aufgeschrieben. Dann hatte ich noch einen Zettel von Edith mit ihrer Erwartung »Essen ohne mich nachher zu ärgern« und den »Organisieren«-Zettel von Ellen, den ich sowieso an der Schrift erkannt hätte. Edith schien die Älteste im Kurs zu sein. Sie sah wie eine biedere Hausfrau im Rentenalter aus.

Antonia schrieb alle Erwartungen ans Flipchart. Einige hatten tatsächlich einfach »Abnehmen« aufgeschrieben. Ein bisschen peinlich war mir mein Zettel jetzt schon. Doch Antonia sah mich augenzwinkernd an. »Keine Erwartungen? Hm, dann bist du ja offen für alles.«

Ich nickte verblüfft und verpasste, was Gisela über die von ihr gezogenen Zettel sagte.

Die Erwartungen an den Kurs ähnelten sich natürlich. Abnehmen. Erkennen, was das eigene Essverhalten steuert. Besser mit Stress umgehen können. Sich in seiner Haut wieder wohlfühlen.

Ich fand mich in vielem wieder.

»Okay.« Antonia saß lässig auf ihrem Stuhl neben dem Flipchart. »Warum mentales Training? Alles, was wir tun, ist zunächst einmal als Gedanke da. Das heißt, auch Abnehmen beginnt im Kopf. Oft ist uns gar nicht bewusst, wie wir übers Dicksein oder Schlanksein oder übers Abnehmen denken. Wenn wir es herausfinden, können wir neue Denkgewohnheiten schaffen. Und ein verändertes Denken führt fast automatisch zu verändertem Verhalten.«

Ich stellte mir vor, ich könnte in meinem Gehirn eine neue Software installieren und die alte löschen. Das wäre toll.

»Jede von uns hatte einmal ein natürliches Hunger- und Sättigungsgefühl, das wollen wir wiederentdecken. Wir werden Ziele formulieren und uns motivieren, sie zu erreichen. Wir werden unsere Essstrategie überprüfen. Außerdem lernen wir Möglichkeiten kennen, um mit Stress gelassener umzugehen. Denn oft, das habt ihr vorhin bei euren Erwartungen schon erwähnt, ist Stress der Auslöser für Essen. Und auch der Umgang mit Stress ist letztlich Einstellungssache.«

Sie stand auf und forderte uns auf, das ebenfalls zu tun. »Ich lade euch zu einem kleinen Experiment ein. Bitte streckt einen Arm waagerecht aus und führt ihn dann durch eine Drehung der Hüfte so weit ihr könnt nach hinten. Folgt dem Arm mit eurem Blick, und merkt euch jetzt die Stelle an der Wand oder am Fenster, die ihr sehen könnt, wenn ihr auf eure Fingerspitzen schaut.«

Wir ließen den Arm wieder sinken und sollten ihn nun nur in Gedanken zehn Mal auf die gleiche Weise bewegen, während wir ganz stillstanden. Ich machte die Augen zu, um mich innerlich besser auf diese Vorstellung zu konzentrieren.

»Und jetzt«, Antonias Stimme holte mich wieder in die Gegenwart zurück, »bewegt den Arm wieder genauso nach hinten wie zu Beginn unseres Experiments. Was hat sich verändert?«

Erstauntes Ah und Oh um mich herum. Auch ich war überrascht. Mein Arm zeigte mindestens fünfzig Zentimeter weiter nach rechts als zuvor, ohne dass ich mich anstrengen musste.

»Das ist der Beweis.« Antonia klang sehr zufrieden. »Alles, was wir tun, geschieht zunächst in unserem Kopf, also mental. Sportler nutzen dieses Wissen schon lange, um ihre Leistung zu steigern oder sich während einer Verletzungsphase fit zu halten. Und viele Märchen und Geschichten handeln von der Kraft unserer Gedanken.«

Als sie nach einer kurzen Pause weitersprach, hatte Antonia zu meiner Verblüffung den verträumten Tonfall einer Märchenerzählerin.

»Es war einmal ein indischer Meister, der konnte aus Stoff Gold machen. Und als er sein Ende nahen fühlte, beschloss er, diese Kunst an seinen besten Gesellen weiterzugeben. Er erklärte ihm genau, welcher Ort zu wählen sei, welche Zutaten er brauche und dass er vor allen Dingen an einer bestimmten Stelle im Prozess des Goldmachens auf gar keinen Fall an einen rotbackigen Apfel denken dürfe. Der Geselle schrieb alles sorgfältig auf. Tatsächlich starb der Meister bald darauf, und nach einer gewissen

Trauerzeit wollte der Geselle seine neue Fähigkeit ausprobieren. Er tat alles, wie ihm geheißen, doch gelang es ihm nie, an dieser bestimmten Stelle *nicht* an einen rotbackigen Apfel zu denken.«

Kein Wunder, den rotbackigen Apfel sah ich auch ganz deutlich vor mir. Was hatte das nun mit unserem Kurs zu tun?

Ganz beiläufig empfahl Antonia, wir sollten uns eine schöne Kladde besorgen. Vielleicht bekämen wir ja Lust, die Erfahrungen und Erlebnisse der kommenden Wochen aufzuschreiben. Zum Beispiel die Erkenntnis, dass sich hinter der Gier nach Essen häufig ein ganz anderes Bedürfnis verbarg.

»Vielleicht hast du eigentlich Durst statt Hunger, und es könnte helfen, ein Glas Wasser zu trinken. Oder du brauchst eine Pause, willst durchatmen oder dich bewegen. Oft hat Essen damit zu tun, sich belohnen zu wollen oder etwas gegen Langeweile, Stress oder Frust zu tun. Oder du brauchst eine Umarmung. Und das sind nur einige Motive. Deshalb ist es so wichtig, herauszufinden, was du wirklich willst.«

»Jetzt komm mir bloß nicht damit, ein Schaumbad zu nehmen, wenn ich Hunger habe«, rief eine Rothaarige, deren Namen ich mir nicht gemerkt hatte.

Alle lachten. Diese Tipps kannten wir.

»Um den Block gehen.«

»Einen Apfel essen.«

»Schnell ein paar Yogaübungen.«

»Gummibärchen statt Schokolade.«

»Aber manchmal hilft es.«

»Gummibärchen haben aber doch wirklich viel weniger Kalorien als Schokolade.«

»Und der Zucker, der da drin ist?«

Antonia wartete, bis wieder Ruhe einkehrte. »Mag sein, dass der ein oder andere Tipp hilfreich sein kann. Doch geht es in diesem Kurs weder um gute Ratschläge noch um Ernährungsberatung.« Dann sah sie uns augenzwinkernd an. »Abnehmen ist doch ganz leicht, oder? Ihr habt es alle schon geschafft.«

Oh ja! Ich seufzte. Sabine, die Skifahrerin, nickte heftig.

»Wir wissen, wie es geht: Weniger essen, mehr bewegen. Das ist alles.«

»Aber es hält nicht an«, murmelte Gisela.

»Und es macht keinen Spaß«, sagte Ellen.

Antonia nickte. »Genau. Und jetzt stellt euch bitte vor, ihr würdet euch sofort gut fühlen können. Nicht erst dann, wenn die Waage das perfekte Gewicht anzeigt.«

Woher wusste sie das? Dass ich immer dachte, mein richtiges Leben könne beginnen, wenn ich endlich abgenommen hätte.

»Wir fangen mit Wohlfühlen und Spaß haben an. Dann geht alles andere viel leichter.« Ihr Grinsen war ansteckend. »So weit die Einleitung. Gibt es Fragen bis hierhin?«

Auf diese Gelegenheit hatte ich gewartet. »Ja. Waren Sie, ich meine, warst du eigentlich mal dick?«

Sie lachte. »Als ich fünf Kilo mehr wog als heute und sogar die Stretchhosen zwickten, habe ich mehr darauf geachtet, was ich esse. Mithilfe der Methoden dieses Kurses habe ich mich dazu motiviert, mit dem Joggen anzufangen. Aber«, sie sah mich an, »die ganzen Denk- und Verhaltensweisen rund ums Essen und Abnehmen sind mir bestens vertraut. Der Heißhunger auf Süßes. Der schnelle Schokoriegel an der Tankstelle. Bei Stress unbedingt etwas essen müssen. Eine zweite Portion nehmen, weil die Augen wieder größer sind als der Magen. Die

Snacks beim Fernsehen, die nicht wirklich satt machen. Und so weiter. Das alles kenne ich nur zu gut.«

Ich war enttäuscht. Gewünscht hatte ich mir, sie würde jetzt ein großes Foto an die Wand pinnen: »Das war ich früher, einhundertfünf Kilo, fett und schwitzend. Und das (zweites Foto) bin ich heute, siebzig Kilo, schlank, beweglich, gut gelaunt. Und das alles nur mit mentalem Training. Kein Verzicht auf Schokolade, Chips und Currywurst.«

Aus der Traum. Ich hatte es ja gewusst.

Antonia ging zum Flipchart zurück und schrieb »dick sein« auf ein neues Blatt.

»Was denkt ihr denn übers Dicksein? Was verbindet ihr damit?«

»Schwitzen«, sagte Edith.

»Blöd angeguckt werden, wenn man Eis oder Kuchen isst«, sagte Gisela.

»Unbeweglich und unsportlich sein«, sagte eine unauffällige Frau in meinem Alter. Ihr dickes schwarzes Haar war mit grauen Fäden durchzogen und schon länger nicht mehr von einem Friseur in Form gebracht worden.

»Immer ans Kalorienzählen denken«. Na ja, das konnte ich mir bei Claudia, der großen Blonden, kaum vorstellen. Wegen drei bis fünf Kilos Übergewicht hätte ich mich jedenfalls nicht zu einem solchen Kurs angemeldet.

Hässlich und unsexy sein, dachte ich. Aber das traute ich mich nicht zu sagen.

»Aber wer dick ist, ist doch nicht automatisch unsportlich.«

Seltsam, diese Frau war mir auf den ersten Blick unsympathisch gewesen. Sie war höchstens Ende zwanzig und hatte lackschwarze kurze Haare mit viel Gel darin. Sie trug pinkfarbenen Modeschmuck und knallenge Jeans, die ihre ausladenden Oberschenkel betonten.

»Ich gehe zwei Mal pro Woche ins Fitnessstudio. Das bringt's aber auch nicht«, sagte sie vorwurfsvoll.

»Wir sammeln erst einmal alles, ohne zu bewerten«, sagte Antonia sanft, aber bestimmt. »Also, was fällt euch noch zum Dicksein ein?«

»Dicke sind gemütlich«, sagte die Schaumbadfrau augenzwinkernd.

»Och nö, bitte nicht«, protestierte Gisela. »Vielleicht auch noch weich und mütterlich oder was?« Antonia schrieb alles an, was gesagt wurde.

»Ist das erst einmal alles?« Sie riss das Blatt ab und hängte es an eine Pinnwand. »Wir können die Liste immer noch ergänzen. Gut. Und was denkt ihr übers Schlanksein? Was verbindet ihr damit?«

»Alles machen können.«

»Tolle Klamotten kaufen.«

»Heiße Dessous.«

»Bauchfreie Tops tragen.«

»Gesund und fit sein.«

»Sportlich.«

»Erfolgreich.«

»Beliebt sein.«

Antonia kam kaum mit dem Schreiben hinterher. »Hat es keinerlei Nachteile, schlank zu sein?«, fragte sie, als die Zurufe spärlicher wurden.

»Dünne sind zickig«, meinte Edith.

»Sie haben mehr Falten«, sagte Ellen, »und sind eher krank.« Wie kam sie denn darauf? Mir fiel auch etwas ein. »Man muss für immer auf viele leckere Sachen verzichten.«

»Genau. Verzicht und Entsagung für den Rest deines Lebens.« Claudia grinste mich an. Sie machte sich bestimmt über mich lustig.

Antonia hängte die beiden großen Blätter nebeneinander.

»Jetzt schaut euch das einmal an. Wollt ihr wirklich schlank sein, auch wenn man euch für zickig hält und ihr mehr Falten bekommt?«

»Na ja«, Gisela hob die Hand. »Wenn man das so schwarz auf weiß vor sich sieht – das sind doch eher Vorurteile, oder? Ich meine, es gibt doch auch zickige Dicke, nicht wahr?«

»Aber keine gemütlichen Dünnen.« Das war natürlich wieder die Schaumbadfrau. Sie hatte wache grüne Augen und anscheinend einen speziellen Humor.

»Genau.« Antonia lächelte. »Sind denn alle dünnen Leute glücklich, zufrieden und beliebt? Kennt ihr übergewichtige Menschen, die erfolgreich sind? Löst Abnehmen automatisch alle Probleme?«

Verblüfftes Schweigen in der Gruppe. So hatte ich noch nie darüber nachgedacht. Antonia wies auf die beiden Blätter. »Wenn ich unbewusst denke, dass Dünne zickig, faltig und schneller krank sind, wie motiviert bin ich dann wohl, abzunehmen?«

Sie sah uns erwartungsvoll an.

»Ihr erinnert euch: Das, was ich denke, bestimmt mein Handeln und die Ergebnisse, die ich bekomme. Glaubt ihr denn, dass irgendjemand auf Dauer abnehmen kann? Haltet ihr es für möglich?«

Einige nickten.

»Nein«, sagte Claudia sehr bestimmt.

»Abnehmen ist nicht möglich?«, fragte Antonia nach.

»Nein! Mein Bruder wiegt hundertfünfzig Kilo, und er hat schon alles versucht. Es gibt keine Hoffnung.«

»Hmhm«, machte Antonia, »bisher hat es nicht geklappt. Und du kannst hellsehen und weißt, dass es auch in Zukunft nicht klappen wird?«

Claudia klappte verblüfft den Mund auf und zu. Innerlich grinste ich. Sauber gekontert. Ich fragte mich, ob Claudia stellvertretend für ihren Bruder hier war.

Antonia lächelte sie freundlich an. »Wir kommen darauf zurück.« Sie wandte sich wieder an uns alle. »Die meisten von uns glauben oder wissen sogar, dass es Leute gibt, die dauerhaft abgenommen haben. Und glaubst du, dass DU abnehmen kannst?«

Unsicheres Nicken in der Runde. Ich dachte nach. Die Erfolgsgeschichten in den Frauenzeitschriften las ich gern. Aber beschlich mich beim Lesen nicht immer wieder das deprimierende Gefühl, dass ich die erforderliche Disziplin niemals aufbringen würde?

Aber konnte ich hellsehen?

Ich wurde ganz aufgeregt.

Na bitte, meldete sich sofort mein innerer Skeptiker. Die Gehirnwäsche, von der Ellen gesprochen hat, beginnt bereits. Ich beschloss, wachsam zu bleiben.

Antonia setzte sich. »Nehmt euch jetzt bitte ein paar Minuten Zeit, und fragt euch: ›Was ist dann anders als jetzt, wenn ich abgenommen habe?‹ Werft mental einen kurzen Blick in die Zukunft. ›Wie möchte ich am Ende des Kurses sein?‹ ›Was will ich bis dahin erreicht haben?‹ Wenn ihr mögt, schreibt die Antworten darauf auf.«

Schon hatte ich die erste Frage vergessen. Das war aber nicht schlimm, denn Antonia schrieb gerade die drei Fragen an. Sie legte eine CD von Enya auf. Ich kam ins Träumen.

Was ist dann anders als jetzt, wenn ich abgenommen habe? Manfred sieht mich endlich einmal wieder bewundernd an. Ich gehe auf hohen Absätzen in einem kurzen, schmalen Rock durch die Stadt und lasse mir in einer Boutique Kleider in Größe achtunddreißig bringen.

Unsere Nachbarin steht am Gartenzaun und fragt: »Wie haben Sie das nur gemacht, Frau Markland?«

Ich öffnete die Augen. Meine Oberschenkel scheuerten aneinander, der Stuhl war unbequem, im Raum war es viel zu warm. Ich schwitzte. Alles Spinnerei. Das würde ich auf keinen Fall aufschreiben.

Nächste Frage: Wie wollte ich am Ende des Kurses sein? Was wollte ich bis Ende Mai erreicht haben?

Drei Monate waren ja keine lange Zeit. Weniger Süßes essen? Das nahm ich mir seit Jahren vor. Sport treiben? Auf keinen Fall. Mich akzeptieren, wie ich bin? Niemals. Ich wollte nicht mehr so fett und wabbelig sein wie jetzt. Nicht mehr so abhängig vom Essen und so unbeherrscht. Ich schielte auf Ellens Armbanduhr. Es war Viertel vor neun. Wie lange musste ich mich denn noch mit solchen unerfreulichen Gedanken herumschlagen?

Doch Antonia stand bereits auf. »Und jetzt ist der Zeitpunkt gekommen, wo ihr die Decken braucht. Zum Abschluss jeder Kursstunde machen wir eine entspannende Fantasiereise, bei der wir alles ›einsammeln‹, was wir im Laufe des Abends gemacht haben. Die Gehirnforschung hat bewiesen, dass sich auf diese Weise neue Inhalte in unserem Unterbewusstsein besser verankern.«

Sie fragte, ob wir alle Erfahrung mit Fantasiereisen hätten. Ich war mir nicht ganz sicher. Claudia wurde ganz hektisch und sagte, sie könne sich nicht entspannen. Sie würde niemals länger als zwei Stunden am Stück schlafen und könne auf keinen Fall eine Viertelstunde lang ruhig liegen bleiben. Oha. Antonia blieb gelassen und sagte ihr, sie dürfe gern während der Entspannungsphase aufstehen und herumlaufen, wenn ihr das guttäte.

Ich breitete meine Decke auf dem Teppichboden aus. Bevor der peinliche Moment kam, sich unbeholfen niederzulassen, löschte Antonia das Deckenlicht, sodass der Raum nur noch von der flackernden Kerzenflamme erhellt wurde. Ich sah, dass draußen dicke weiße Flocken fielen.

Zu meiner Überraschung fand ich die leise Synthesizermusik, die in den Raum perlte, ebenso angenehm wie Antonias Stimme. Die Geräusche im Raum, das Rascheln von Kleidung, leises Lachen, unterdrücktes Husten, verebbten.

»… spüre, wie dein Körper den Boden berührt, wie du sicher getragen daliegst, wie sich alle Muskeln entspannen dürfen. Du hörst die Musik und lauschst meiner Stimme … und ganz unmerklich vertieft sich dein Atem, und du gehst tiefer und tiefer in die Entspannung … mit jedem Atemzug, ganz leicht … Erinnere dich, wie du heute Abend hier angekommen bist, die anderen kennengelernt hast … und vielleicht hat dein Weg schon vor langer Zeit begonnen, dein Weg zu dir selbst … zum Erreichen deiner Ziele, dich in deiner Haut wohlzufühlen, deine Essgewohnheiten zu verändern, mit Stress gelassen umzugehen …

… erinnere dich, was du über Dicksein denkst und über Schlanksein … Glaubst du, dass du abnehmen kannst? … Und was wird dann anders sein, wenn du dein Ziel erreicht hast? … Wenn du magst, stell dir vor, wie du dann aussiehst … Welche Farben siehst du? Was sagen deine Freunde, sagt deine Familie zu deinem Erfolg? … Und hör einmal genau hin, was du selbst zu dir sagst … und nimm auch wahr, wie sich das anfühlt … Wo in deinem Körper spürst du diesen Erfolg? … Vielleicht gibt es sogar etwas zu riechen oder zu schmecken …

… und vielleicht kannst du jetzt schon eine neue Leichtigkeit in deinem ganzen Körper spüren … Alle Gliedmaßen sind ganz leicht, nimm deinen flachen Bauch wahr ... so angenehm ... Und du weißt, dass es möglich ist, weil du es dir erlaubst, dich mental zu unterstützen ... so einfach, wie deinen Arm nach hinten zu strecken und eine überraschende Erfahrung zu machen ... Und wenn du magst, kannst du jeden Abend vor dem Einschlafen und jeden Morgen nach dem Aufwachen ganz kurz innerlich hinschauen ... deine neue schlanke Figur sehen, wie in einem Spiegel ... und nachspüren, wie sich das anfühlt. Und ganz selbstverständlich und automatisch wird diese Leichtigkeit mehr und mehr zu einem Teil von dir ...«

Ich dämmerte weg.

Und wurde munter, als um mich herum Bewegung entstand. Automatisch streckte ich mich und atmete tief durch.

»... hellwach und erfrischt im gleichen Moment, in dem du deine Augen öffnest«, sagte Antonia gerade. Dazwischen fehlte mir anscheinend ein Stück Text.

»Na, wie war's?«, fragte Antonia. Das Licht ließ sie noch aus. Neugierig sah ich mich nach Claudia um. Falls sie zwischendurch aufgestanden war, hatte ich es nicht mitbekommen.

»Ich konnte meinen flachen Bauch sehen und spüren«, seufzte die Rothaarige. »Aber in meiner Vorstellung war ich viel jünger als jetzt.«

»Ich konnte meinen Körper sehen, aber nicht meinen Kopf«, sagte Edith.

Ich erinnerte mich an ein Gefühl von Leichtigkeit im ganzen Körper. »Leicht wie eine Feder.« Hatte sie das nicht gesagt? Benommen rappelte ich mich hoch.

Antonia nahm alles mit einem Nicken auf. »Achtung, ich mache jetzt das Licht an. Wir sehen uns in einer Woche.«

»Ich habe noch eine Frage.« Die junge Frau mit dem pinkfarbenen Modeschmuck meldete sich.

»Ja, Yvonne?«

»Müssen wir bis nächste Woche schon abgenommen haben?«

»Ja klar, sonst Rausschmiss.« Antonia zwinkerte ihr zu, und Yvonne blinzelte irritiert.

»So blöd kann sie doch nicht sein«, zischte Ellen mir zu.

These boots are made for walking begleitete uns bis ins Treppenhaus. Im Foyer blieben wir stehen und spähten in die Dunkelheit. Es schneite noch immer, ein nasser Schnee, der zum Glück gleich wieder schmolz. Edith stieg in ein Auto, das mit laufendem Motor auf dem Parkstreifen stand. Die anderen spannten ihre Schirme auf und strebten grußlos in verschiedene Richtungen davon.

»Sollen wir noch etwas trinken gehen?«, fragte Gisela aufgekratzt. Ich sah Ellen unsicher an.

»Nicht bei diesem Wetter«, meinte sie abweisend. »Ich will nach Hause.«

»Ja, dann bis morgen, Gisela.« Ich lächelte entschuldigend und stapfte in Ellens Windschatten hinter ihr her zum Parkplatz.

Während der gesamten Fahrt schwieg Ellen, was völlig untypisch für sie war. Ich fühlte mich zunehmend unbehaglich, wollte aber auf keinen Fall zugeben, dass ich den Abend gar nicht so schlecht gefunden hatte. Schließlich war ich nur gezwungenermaßen mitgegangen. Und ich hatte ja immer noch meinen Plan. Und so schwieg ich ebenfalls.

Ich war froh, als Ellen endlich vor unserer Haustür anhielt und mich mit einem knappen »Tschüss« entließ. Blöde Kuh, dachte ich, als ich ihren Schlusslichtern nachsah.

Die erste Woche

In der Nacht zum Donnerstag war es kälter geworden. Der Schnee war nicht mehr weggeschmolzen, sondern lag wie eine dicke Sahnehaube auf Hausdächern, Autos und Zäunen. Und es schneite immer noch. Fluchend fegte ich meine Autoscheiben frei und fuhr im Schritttempo bis zur Hauptstraße.

Ich erreichte die Firma mit beinah halbstündiger Verspätung. Sämtliche Telefone im Großraumbüro schienen gleichzeitig zu klingeln. Ich nahm den Hörer ab, während ich mich aus meinem Mantel schälte, und strangulierte mich dabei fast mit dem langen Wollschal.

Kaum hatte ich aufgelegt, klingelte es erneut. Die Kunden wollten wissen, wo ihre Lieferungen blieben. Hatten die heute noch nicht aus dem Fenster geschaut? Beschwichtigen, vertrösten und den allgemeinen Lärmpegel übertönen – in unseren Büros ging es zu wie im Kindergarten. Oder wie auf dem Frankfurter Flughafen am ersten Ferientag.

»Ihre Lieferung kommt heute wahrscheinlich nicht … Nein … Weil sie auf einem Rastplatz an der A 45 steht und eingeschneit ist … Richtig, unser Fahrer ist dabei … Nein, der lässt den Wagen bestimmt nicht aus den Augen, da passiert schon nichts … Danke für Ihr Verständnis.«

»Das tut uns außerordentlich leid, dass Ihre Bänder stillstehen, weil die Zubehörteile fehlen. Unser Lkw steht quer auf einem spiegelglatten Autobahnstück. Das nennt man höhere Gewalt.«

Und so weiter und so weiter.

Es gab Kunden, die mir schon unter normalen Umständen drohten, mich persönlich für Verluste haftbar zu machen. Heute waren sie völlig unausstehlich und gereizt. Ich hatte das Gefühl, kurz vor einem hysterischen Heulkrampf zu sein. Es wurde halb zwei, und ich hatte noch nichts gegessen. Schlimmer noch, ich hatte nicht einmal etwas zu essen mitbringen können, weil es vor der Bäckerei keine Parkmöglichkeit gegeben hatte. Als mir das einfiel, wurde mir schlagartig schwarz vor Augen.

Karla und Thea und ihre Keksschale waren meine letzte Rettung. Doch ich war wohl nicht die Einzige, die Nervennahrung brauchte. Zwei fade, trockene Kekse ohne Schokolade waren alles, was die Kollegen übrig gelassen hatten. Ich stopfte sie mir gleichzeitig in den Mund und spülte mit einem Schluck Wasser nach.

Danach packte mich der Hunger richtig schmerzhaft in den Eingeweiden und verursachte eine Blutleere in meinem Kopf, die mich auf kranke Gedanken brachte. Beim nächsten Telefonklingeln würde ich mich als automatischer Anrufbeantworter der Spedition Bremering melden. »Unsere Leitungen sind zurzeit alle belegt. Sie werden mit dem nächsten freien Platz verbunden.« Und dann auflegen.

Es klingelte, und ich meldete mich automatisch und korrekt mit »Spedition Bremering, Markland am Apparat. Was kann ich für Sie tun?«

»Ja, ja, ich bin's«, sagte eine Stimme, die ich nicht zuordnen konnte. »Komm mal in die Küche. Peter hat belegte Brötchen bestellt.«

Tatsächlich, da saß die Hälfte der Belegschaft und ließ ruhigen Gewissens die Telefone heiß laufen. »Kaffee?« Gisela schenkte mir fürsorglich ein und drückte mir einen Teller mit zwei halben belegten Brötchen in die Hand. Ich kaute mechanisch und spürte plötzlich die Erschöpfung in allen Knochen. Giselas Anblick erinnerte mich an irgendetwas.

»Ich fand's toll gestern Abend«, flüsterte sie mir verschwörerisch ins Ohr. »Super, dass ihr mich mitgenommen habt. Mir geht's heute richtig gut. Ich habe wieder Hoffnung, verstehst du?«

Ach ja, der Kurs. Die neue Leichtigkeit spürte ich im Augenblick eher als Schwindelgefühl im Kopf. Na ja, irgendwo musste man anfangen.

Leicht wie eine Feder, dachte ich, als ich auf dem Heimweg an einer roten Ampel hielt und den tanzenden Schneeflocken zusah. Gisela hatte recht, es gab Hoffnung. Der Parkplatz vor dem Supermarkt war freigeräumt. Ich würde nur schnell ein paar Joghurts und eine Tüte Weingummi kaufen. Gegen Bananen und Cashewnüsse war sicher auch nichts einzuwenden. Vor dem Supermarkt stand ein Verkaufswagen mit Brathähnchen, deren Duft mich wie magisch anzog. Ich ließ mir drei halbe Hähnchen einpacken. Hähnchenfleisch war okay. Ich musste die knusprige Haut ja nicht mitessen.

Ich lag auf dem Sofa und zappte durch die Programme. Manfred hatte auf dem Anrufbeantworter hinterlassen, er habe sich nach seinem Geschäftstermin ein Hotelzimmer nehmen müssen. Er habe keine Lust, die Nacht im Schneetreiben auf der Autobahn zu verbringen. Also hatte ich seine Hähnchenportion mitessen müssen, hatte aber immer noch das Gefühl, im grünen Bereich zu sein. Als Belohnung für diesen außergewöhnlich stressigen Tag hatte ich die Tüte Weingummi aufgerissen und den Inhalt sozusagen auf einen Happs vernichtet. Danach fand ich im Tiefkühlfach noch ein letztes Eis am Stiel, das ich mit dem wunderbaren Gefühl genoss, nicht von meinem Mann erwischt werden zu können.

Am Freitagmorgen zeigte die Waage vierhundert Gramm mehr an als am Vortag. Das war doch gar nicht möglich. Das war einfach unfair! Das würde ich niemandem erzählen, so viel stand fest. Trotz strahlendem Sonnenschein war meine Laune den ganzen Tag auf dem Tiefpunkt. Das aus den Regenrinnen tropfende Schmelzwasser klang in meinen Ohren wie chinesische Wasserfolter. Mit jedem Tropfen zerrann meine Lebenszeit, nichts würde sich jemals zum Besseren wenden.

Ellen rief am Nachmittag an. Anscheinend hatte auch sie den Blues.

»Der Kurs wird anstrengend, das prophezeie ich dir«, unkte sie. »Ich weiß im Moment wirklich nicht, ob das etwas für mich ist. Und dann mit DEN Leuten! ›Müssen wir bis nächste Woche schon abgenommen haben?‹ Ich bitte dich! Und dann die mit dem Schaumbad. Und die schlaflose Zicke, die überhaupt nicht fett ist.«

Ich stimmte ihr vorsichtig zu und hörte gleichzeitig Giselas Begeisterungsausbruch auf der zweiten Tonspur. Was denn nun? Ich wusste es nicht.

Manfred kam gegen fünf Uhr und küsste mich flüchtig. Dabei nahm ich einen leicht süßlichen Parfümgeruch an ihm wahr. Ob er mir ansah, dass ich zugenommen hatte? Ich musterte ihn ängstlich. Er wirkte erschöpft, beachtete mich kaum und zog sich mit einer belegten Scheibe Brot in sein Arbeitszimmer zurück. Was mir nur recht war. Am liebsten wäre ich einfach auf dem Sofa liegen geblieben, um die Decke oder den Fernseher anzustarren. Aber Tobias verlangte Abendessen, und aus Gewohnheit aß ich zwei Scheiben Brot mit Käse mit.

Dann raffte ich mich dazu auf, die Feinwäsche in die Maschine zu stopfen. Nicht nur Manfreds Jackett, auch sein Hemd roch nach Parfüm. Wie üblich leerte ich alle

Taschen aus, damit ich das Jackett in die Reinigung bringen konnte, und legte Manfreds Brieftasche auf den Küchentisch. Ganz automatisch klappte ich sie auf, blätterte durch Geldscheine und Quittungen.

Das Gefühl, für ihn nicht mehr attraktiv zu sein, quälte mich jetzt schon so lange, dass ich angefangen hatte, ganz blödsinnige Dinge zu tun. Ich war eine dieser bemitleidenswerten Frauen geworden, die hinter ihren Männern herschnüffelten. Ich hasste mich dafür und machte trotzdem weiter.

Mit der Akribie eines Steuerberaters sichtete ich Tankbelege und Spesenquittungen. Eine Restaurantrechnung von gestern: zwei Mittagessen, Mineralwasser, Wein, zwei Espresso. Und eine Hotelrechnung über ein Superior-Doppelzimmer. Ankunft gestern, Abreisetag heute.

Plötzlich zog sich mein Magen krampfartig zusammen. Mein Herz begann, zu rasen, und mir wurde heiß. Ich zerknüllte den Beleg und strich ihn wieder glatt. Er hatte bar bezahlt, einhundertzweiundfünfzig Euro.

Ich hatte es doch geahnt.

Der Parfümgeruch. Kein Sex seit Neujahr. Und jetzt diese Quittungen. Ich hatte verdammt recht, misstrauisch zu sein. Und unglücklich.

Wie eine Schlafwandlerin bewegte ich mich durch die Küche, schnitt Brotscheiben ab, bestrich sie mit Butter und Leberwurst, biss ab und kaute mechanisch. Solange ich kaute, brauchte ich nicht zu denken. Nach vier oder fünf Scheiben Brot riss ich eine Packung Kekse auf, aß einfach weiter, stopfte mich voll, bis ich nichts mehr spürte außer dem Völlegefühl und einer leichten Übelkeit.

Manfred lag schon im Bett, hatte die Decke bis zu den Ohren hoch gezogen und schnaufte leise. Eine grimmige Befriedigung machte sich in mir breit. Das hast du jetzt davon, dachte ich. Ich werde immer dicker, und du bist schuld.

Der zweite Abend

»Bis gleich.« Gisela schaute augenzwinkernd zur Tür herein. Oh Gott, es war Mittwoch. Ich nickte nur. Im Moment war mir alles egal.

Ellen hupte um Viertel nach sieben, als ich gerade zu hoffen begonnen hatte, sie käme nicht. Durch strömenden Regen hastete ich zur Beifahrertür und ließ mich in die Polster fallen. Sie überfiel mich mit einem Redeschwall über ihre aufregenden Erlebnisse in der *Mode-Schatulle*, einem Geschäft für Damenoberbekleidung, in dem sie neben der Chefin die einzige Verkäuferin war. Ich fragte mich immer, wie der Laden sich halten konnte. Anscheinend gab es aber eine weibliche Klientel, die Bedarf an hellblauen Lurexpullovern und Wollhosen mit senffarbenem Karomuster hatte.

Jedenfalls war ich im Augenblick ausgesprochen dankbar, dass Ellen das Gespräch allein bestritt. Als wir auf den Parkplatz einbogen, fragte sie unvermittelt: »Was macht Leonie eigentlich?«

»Weißt du doch. Sie studiert.«

»So genau wollte ich es nicht wissen«, murrte sie, fragte aber nicht weiter nach.

Gisela stand bereits im Foyer und wartete auf uns. Zu dritt keuchten wir die Treppen hoch, unsere Decken unter den Arm geklemmt. Vor mir ging Ellen mit stampfendem Schritt. Sie trug ihre braun-karierte Lieblingshose. Sah ich von hinten eigentlich auch so furchtbar aus? Wir steuerten die gleichen Plätze an wie beim letzten Mal. *These boots are made for walking* brachte meine Füße auch heute wieder zum Wippen, und zum ersten Mal seit Tagen gab es noch etwas anderes als den dumpfen Schmerz in meinem Inneren.

Antonia stellte die Musik ab und sah lächelnd in die Runde. Erstaunlich, alle waren wieder da.

»Wie ist es euch seit dem letzten Mittwochabend ergangen? Was hat sich verändert?«

Gisela neben mir zuckte die Achseln.

»Nichts«, sagte Claudia, die große Blonde. Na ja, was sollte sich bei der auch schon verändert haben. Es sei denn, sie würde ihre Abnehmerfolge in Gramm messen.

Sabine, die zierliche Skifahrerin, sagte: »Ich nehme mir jetzt jeden Tag eine große Flasche Wasser mit ins Büro und habe den Eindruck, dass ich weniger Hunger habe, wenn ich mehr trinke.« Sie wirkte erstaunt, bekam aber Unterstützung von Gisela und von der Rothaarigen, die diese Erfahrung auch schon gemacht hatten. Antonia bestätigte, dass es in Wirklichkeit häufig Durst ist, wenn man meinte, hungrig zu sein.

Edith sagte, sie habe sich ein Latexband für gymnastische Übungen zugelegt.

»Und auch schon ausprobiert?«, fragte Antonia lächelnd.

»Ja, schon an drei Abenden beim Fernsehen. Es ist eine Übungsanleitung dabei.«

Die Frau mit dem Grau im vollen, schwarzen Haar zeigte auf wie in der Schule. »Mir ist klar geworden, dass ich auf keinen Fall jemals wieder eine Diät machen will.«

»Deshalb bist du ja hier, Renate.«

Musste jetzt jeder etwas sagen? Ich schielte zu Ellen und Gisela. Ellen hatte einen sphinxhaften Blick aufgesetzt, und Gisela malte Blümchen auf die erste Seite ihrer neuen rosa Kladde. Mir hatte sie auch eine mitgebracht. Ich hatte sie unter meinem Stuhl abgelegt.

Yvonne mit der Gelfrisur sah kämpferisch in die Runde. »Ich bin vier Mal am Bäckerladen vorbeigegangen und habe mir den Nachmittagskuchen verkniffen.«

»Wow!«

Jetzt bewunderte Antonia die auch noch. Wenn ich zählen würde, wie oft ich schon an einer Bäckerei *vorbeigegangen* war, mein Gott. War das jetzt auch schon eine Leistung? Doch wie oft war ich in den letzten Tagen am Kühlschrank und an der Schublade mit den Süßigkeiten eben nicht vorbei-, sondern wie ferngesteuert darauf zugegangen? Ich schämte mich ein bisschen. Aber Yvonne hatte vermutlich auch keinen Mann, der sie betrog.

Schon sank meine Laune wieder auf den Tiefpunkt. Natürlich hatte ich nicht das Geringste an Erfolgen zu berichten. Ich war in diesem Kurs ohnehin völlig fehl am Platz. *Ich* hatte ja auch gar nicht hierher gewollt.

Ich sah im Raum umher. Lächerlich, in diesem überheizten Raum mit den Neonlampen eine Kerze anzuzünden. Mürrisch musterte ich die anderen Frauen, die an Antonias Lippen hingen.

»Wie hoch schätzt du auf einer Skala von null bis zehn, wobei zehn das Höchste ist, deine Motivation zum Abnehmen ein?«

Yvonne rief sofort »neun«. Die meisten ordneten sich irgendwo zwischen fünf und sechseinhalb ein. Als die Reihe an mir war, sagte ich: »zwei«. Die Zahl kam einfach so aus mir herausgeschossen.

»Okay, Barbara.« Antonia nickte in meine Richtung, und ich spürte, dass es für sie tatsächlich okay war. »Ist ja nur eine Momentaufnahme, und es ist gut, ehrlich zu sein.«

Okay. Ich entspannte mich ein wenig und fing einen Blick der Rothaarigen auf, die seit dem ersten Abend für Ellen und mich die »Schaumbadfrau« war. Sie hieß Anita.

Sie lächelte und zwinkerte mir zu. Eigentlich sehr nett. Sie war in ein farbenprächtiges Flattergewand gehüllt und hatte trotz ihrer Fülle etwas Zartes und Feines.

»Stellt euch jetzt bitte Folgendes vor: Über Nacht kommt eine Fee zu euch und löst alle eure Probleme. Aber ihr schlaft ja und wisst nicht, dass die Fee da war. Woran werdet ihr es am Morgen bemerken?«

Ich sah Antonia mit großen Augen an. Was für ein Gedanke. Alle Probleme gelöst? Da wusste ich ja gar nicht, wo ich anfangen sollte. Eine erwachsene Tochter, auf deren Besuche ich mich freute, weil wir wie Freundinnen miteinander reden konnten. Ein gut gelaunter Zwölfjähriger. Aufstehen ohne Rückenprobleme. Beschwingt und leicht durchs Haus laufen und die bewundernden Blicke meines Mannes auf mir spüren ... Haha, sehr witzig.

»Ihr braucht jetzt nichts darüber zu erzählen«, sagte Antonia nach einer Weile. »Lasst die Bilder, die ihr innerlich gesehen habt, auf euch wirken. Ich nehme an, sie waren überwiegend schön.« Sie lächelte. Dann fragte sie, ob wir uns an den rotbackigen Apfel vom ersten Abend erinnern könnten. Na klar, der stand mir deutlich vor Augen.

»Unser Unterbewusstsein kann Verneinungen nicht verstehen, weil es in Bildern denkt. Deshalb konnte ja der Geselle in der Geschichte leider niemals Gold herstellen, weil es ihm nicht gelang, *nicht* an den rotbackigen Apfel zu denken.« Antonia spazierte vor dem Flipchart auf und ab. »Deshalb ist es so wichtig, unsere Ziele positiv zu formulieren. Wenn du denkst ›Ich will nicht mehr so viel Stress haben‹, blinkt es in deinem Gehirn geradezu *Stress haben, Stress haben*. Und rate, wohin dich das führt?«

Ich sah mich im Kreis um. Da fühlte wohl nicht nur ich mich ertappt. Hatten sich meine Gedanken nicht vor einer Woche darum gedreht, *nicht* mehr fett und *nicht* mehr unbeherrscht zu sein? Wie sollte man das denn anders formulieren? Das war doch nun mal das Ziel, oder?

»Viele Menschen können genau sagen, was sie nicht wollen«, sagte Antonia. Oh ja, das war mir sehr vertraut.

»Das ist okay, denn es ist eine gute Ausgangsbasis, um sich zu fragen, was man stattdessen will. Um beim Beispiel zu bleiben: Wie ist das denn, wenn ich nicht mehr so viel Stress habe? Vielleicht kann ich dann gelassener mit den Dingen umgehen. Also lautet das Ziel: Ich bleibe gelassen. Oder: Ich gehe gelassen mit den Anforderungen an meiner Arbeitsstelle um.«

Fast gegen meinen Willen war ich von dem, was Antonia erzählte, gefesselt.

»Am besten wählen wir ein konkretes Verhalten, das wir verändern wollen. Zum Beispiel: Ich walke drei Mal pro Woche eine halbe Stunde. Oder: Ich ersetze Süßigkeiten durch Obst und Nüsse. Oder: Ich warte nach der ersten Portion, bis sich das Sättigungsgefühl einstellt. Kennt ihr das Problem mit der zweiten Portion eigentlich?« Antonia blickte uns der Reihe nach an. »Die erste Portion ist gegen den Hunger, die zweite ist für die Augen. Weil alles so lecker aussieht, nimmst du einen Nachschlag. Aber eigentlich bist du schon satt. Ist es nicht so?«

»Stimmt«, kicherte Gisela.

»Die zweite Portion isst du dann auf, weil sie nun einmal auf deinem Teller liegt und weil wir gelernt haben, dass man Essen nicht wegwirft. Das ist genau die Portion, die du nicht mehr gebraucht hättest und die sofort auf deinen Hüften landet. Und meistens weiß man das schon, während man sie sich auf den Teller schaufelt.«

Sie machte eine kleine Kunstpause.

»Was meint ihr: Dürfen Essensreste in den Müll, oder müssen sie zuerst durch deinen Körper wandern, bevor sie im Klo landen? Bist du der Resteverwerter in der Familie?«

Wir lachten alle. »Das ist gut, das muss ich mir merken.« Gisela schnappte nach Luft.

»Stimmt schon«, meinte Claudia zögernd, »eigentlich koche ich immer zu viel. Und zum Schluss esse ich dann die Reste auf, weil es sonst keiner tut.«

»Das kennen wir sicher alle. Das sind die alten Muster, die uns von unserem Wunschgewicht fernhalten. Um die zu verändern, seid ihr hier.«

»Klingt gut«, sagte Ellen skeptisch, »aber wie soll das gehen?«

Renate hob wieder den Finger. »Ich kann Süßigkeiten nicht durch Obst ersetzen, weil ich auf das meiste Obst allergisch reagiere. Im Moment bin ich arbeitslos. Ich sitze zu Hause und bin frustriert. Und habe viel zu viel Zeit. Nichts lenkt mich vom Essen ab. Was soll ich denn machen?«

»Jede von euch wird ihr eigenes, genau passendes Ziel erarbeiten. Wir sind schon längst dabei, das vorzubereiten. Bitte hab noch etwas Geduld, Renate.«

Ich aß auch oft, weil ich frustriert und gestresst war. Die Fee hätte bei mir ordentlich zu tun. So langsam wurde ich doch neugierig auf die Lösungen, die der Kurs versprach.

»Bei den Beispielen ist euch vielleicht aufgefallen, dass die Sätze so formuliert sind, als wäre das Gewünschte schon eingetroffen. Vielleicht kommt euch das seltsam vor, aber es hat einen guten Grund. Achtet bitte einmal darauf, wie sich der folgende Satz anfühlt: Ich möchte ab Montag drei Mal pro Woche walken. Und jetzt der Satz: Ich werde ab Montag drei Mal pro Woche walken. Und nun: Ich walke ab Montag drei Mal pro Woche. Bei welchem Satz fühlt ihr euch dazu motiviert anzufangen?«

»Bei dem letzten, klar«, meinte Sabine sofort.

»Genau. Möchten, wollen, werden – das zieht nicht. Da geht es euch wie dem Esel, der hinter der Mohrrübe herrennt: Er kommt niemals an. Die Power spürst du erst, wenn der Zielsatz in der Gegenwart formuliert ist.«

Antonia sah auf ihre Uhr. »Und da machen wir nächste Woche weiter. Jetzt ist es Zeit für unsere Abschlussentspannung. Auf die Decken.«

Kerzenlicht und leise Musik. Es fiel mir leichter, mich zu entspannen, als vor einer Woche, wahrscheinlich aus purer Erschöpfung. Ich war es leid, über Manfred nachzudenken. Offensichtlich hatte ich ja genug mit mir zu tun. Ich erinnerte mich, dass ich während meiner zweiten Schwangerschaft am autogenen Training teilgenommen hatte, und ließ meinen Körper ganz schwer werden und in den Boden sinken.

Antonias Stimme schwebte über der Musik: »Denke bitte an alles, was du heute Abend hier gehört und erlebt hast ... die Motivationsskala, die zweite Portion ... Erinnere dich daran, wie die Fee über Nacht zu dir kommt und alle deine Probleme löst ... Wie merkst du das am nächsten Morgen? ... Was hat sich dann verändert? ... Erinnere dich, dass aus Wünschen Ziele werden können, positiv formuliert und in der Gegenwart ... Vielleicht weißt du schon, was du als Erstes an deinem Verhalten verändern möchtest ... und dann sieh dich, wie du genau das tust ... Wie siehst du dabei aus, was sagst du zu dir ... wie fühlt es sich an? ... Sieh dich selbst als schlanke Frau ... wenn alles Überflüssige von dir abgeschmolzen ist ... so wie du jetzt mit jedem Einatmen frische Energie in dich aufnimmst und mit jedem Ausatmen alles Alte, allen Ballast loslässt ... Mit jedem Einatmen frische Energie aufnehmen, mit jedem Ausatmen Ballast loslassen, ganz angenehm, ganz leicht ... Spüre in dein neues Körpergefühl hinein ... wie leicht du dich bewegst ... wie fit du bist ... Wo in deinem Körper ist dieses Gefühl von Leichtigkeit am stärksten? ... Und dann verdopple dieses Gefühl von Leichtigkeit ... und verdopple es noch einmal ...

Nimm wahr, wie motiviert du bist, hier zu sein und neue Fähigkeiten dazuzugewinnen, sodass sich dein Verhalten verändern kann ... überall dort, wo du es willst und gebrauchen kannst ... um immer mehr die Person zu sein, die du sein möchtest ... und zu den Menschen zu gehören, die ihre Ziele mit Leichtigkeit erreichen, die Erfolg haben ... ein glückliches und zufriedenes Leben führen ...

Wo in deinem Körper spürst du das? Lass dich von diesem Gefühl hierher zurückbringen und durch die ganze nächste Woche begleiten ... und neugierig sein, was sich verändert ...Und dann beginne, deine Finger und Zehen zu bewegen, Hände und Füße ... Strecke dich, und komm mit einem tiefen Atemzug hierher zurück.«

»Gibt es eigentlich gar keine Ernährungstipps hier im Kurs?« Ich erkannte die Stimme, die mich so unsanft aus der Entspannung riss.

»Nein, Yvonne. Hier geht es nicht um mediterrane Küche, Trennkost, Glyx-Diät oder was auch immer. Die Frauenzeitschriften sind voll von Ernährungstipps, Rezepten und Diätvorschlägen. Dass es gesünder ist, Obst und Gemüse anstatt Schokolade zu essen, weiß ohnehin jeder. In diesem Kurs geht es darum, welchen Einfluss unsere Gedanken haben und wie wir mit mentalen Methoden das Abnehmen unterstützen können.«

Jeden Moment würde das Neonlicht wieder angeschaltet werden. Also rollte ich mich rasch auf die Seite, stützte mich auf Händen und Knien ab und stemmte mich hoch.

»Alles okay?« Antonia sah uns der Reihe nach prüfend an und brachte uns mithilfe von Nancy Sinatra wieder in die Gegenwart zurück. Außer Yvonne hatte anscheinend niemand das Bedürfnis zu reden.

»Das war ein schöner Abend.« Gisela glühte. Wir standen im Foyer der Volkshochschule, und ich sah Ellen unschlüssig an.
»Los, Mädels, gehen wir etwas trinken.« Das klang, typisch Ellen, nicht wie eine Frage, sondern eher wie ein Befehl. Natürlich trotteten Gisela und ich brav hinter ihr her und saßen kurz darauf, auch sehr brav, vor drei Gläsern Mineralwasser.
»Was geht mir diese Zicke mit dem Haargel auf den Zeiger!«
»Ach je, die ist doch noch so jung.«
»Na und?! Ist das vielleicht ein Freibrief für blödes Benehmen?« Ellen funkelte Gisela an.
»Ach, lass sie doch. Ich finde den Kurs gut. Zum ersten Mal habe ich die Hoffnung, dass sich etwas verändert.«
»Meinst du, das geht alles wie von selbst? Der liebe Gott erhalte dir deine Illusionen.«
Ich spürte ein unbehagliches Kribbeln im Rücken. Es war mir peinlich, wie Ellen sich hier aufführte. Gisela hatte rote Flecken am Hals bekommen und spielte mit ihrem Glas. Ich hatte im Moment gar keine Meinung.
Die Kellnerin brachte zwei Teller mit Pommes und Schnitzel, so groß, dass sie über den Tellerrand hingen, an den Nachbartisch. Das Paar um die dreißig, das sich heißhungrig darüber hermachte, war der lebende Beweis für die statistische Behauptung, die Hälfte aller Deutschen sei übergewichtig. Beide hatten Ähnlichkeit mit dem Michelin-Männchen. Von nix kommt nix, dachte ich scha-

denfroh. Wie oft hatte ich auf eine Kugel Eis verzichtet, weil ich ja wusste, wie die Leute dachten. Genau das Gleiche wie ich gerade.

Gisela und Ellen hechelten nun die anderen Frauen im Kurs durch. Das heißt, Ellen suchte bei jeder die Schwachpunkte und Gisela beschwichtigte. Ich blieb still und beobachtete weiter den Nachbartisch. Die beiden dort hatten sich viel zu erzählen, lachten miteinander und stibitzten sich die Pommes vom Teller. Offensichtlich ging es ihnen gut. Je länger ich hinsah, desto neidischer wurde ich. Mit Manfred auszugehen, war selten eine fröhliche Angelegenheit. Schon, wenn ich an ihn dachte, wurde ich unruhig. Deshalb drängte ich zum Aufbruch, kaum dass ich ausgetrunken hatte.

Manfred stand vom Sofa auf, als ich kam.

»Das geht nicht, dass du jetzt jede Woche mit Ellen ins Kino gehst und ich bei Tobias bleiben muss. Du weißt, wie oft ich abends Termine habe.« Er klappte das Versicherungsmagazin zu und ging ins Schlafzimmer, ohne meine Antwort abzuwarten. Was nicht so schlimm war. Mir fiel ohnehin keine ein.

Ich putzte mir die Zähne, schlüpfte leise unter meine Bettdecke, lauschte Manfreds gleichmäßigem Schnaufen und starrte in die Dunkelheit. Hatte ich doch gleich gewusst, dass es mit Manfred Schwierigkeiten geben würde. Ich konnte nicht mehr in den Kurs gehen, das war sonnenklar. Dann musste mir wenigstens Ellens Benehmen nicht mehr peinlich sein. Was mochte Gisela wohl von »meiner Freundin« halten?

Ab und zu flackerte das Scheinwerferlicht eines vorüberfahrenden Autos über die Zimmerdecke. Es ging auf Mitternacht zu. Seit mehr als einer Stunde wälzte ich mich von rechts nach links und zurück, lag da mit angehaltenem Atem, um Manfred nicht zu wecken. Wo sollte das hinführen, wenn ich anfinge, mich zu fragen, was ich noch vom Leben wollte?

Entscheidungshilfen

Dass ich am dritten Kursabend doch wieder die Treppe hochkeuchte, lag an zwei Vorfällen von letztem Montag.

Manfred war abends um neun nach Hause gekommen. Er wirkte entspannt und maulte nicht, dass Tobias noch nicht im Bett war, sondern begrüßte ihn mit einem freundschaftlichen Knuff. Den Korb Bügelwäsche im Flur und die Unordnung in der Küche ignorierte er. Ja, er kam sogar auf mich zu und drückte mir einen flüchtigen Kuss auf die Wange. Ich hatte gerade fragen wollen, ob er einen schönen Tag hatte, da roch ich es wieder: das Parfüm! Und bevor ich es verhindern konnte, bekam meine Frage einen scharfen Unterton.

»Na, hattest du einen netten Abend?«

Manfred sah mich so erstaunt an, als hätte plötzlich der Kühlschrank zu sprechen begonnen. Sein Blick flackerte ganz kurz, doch er fing sich sofort wieder.

»Machst du Witze?«, antwortete er im gleichen scharfen Tonfall. »Die letzte Besprechung war extrem anstrengend.«

»Tatsächlich?«

»Tatsächlich?«, äffte er mich nach. »Ach komm, du hast doch keine Ahnung. So locker wie in deinem Dreißig-Stunden-Job hätte ich es auch gerne mal.«

Damit ließ er mich stehen und verschwand in seinem Arbeitszimmer. Ich ermahnte Tobias, sich endlich die Zähne zu putzen und seinen Schlafanzug anzuziehen. Er turnte aufgedreht um mich herum und ließ sich wieder nichts von mir sagen. Ich war aber auch nicht ganz bei der Sache. Einerseits hatte ich ein schlechtes Gewissen, weil ich Manfred verärgert und ihm die gute Laune verdorben hatte, andererseits wie ging er denn mit mir um?

Wie ferngesteuert ging ich in die Küche, öffnete den Brotkasten ... und schloss ihn wieder. Ich wollte gar nicht essen. Ich war wütend! Es war, als würde ich Antonias Stimme hören: »Der Wunsch nach Essen kann etwas ganz anderes sein, zum Beispiel das Bedürfnis, sich zu bewegen.« Ich schnappte mir Jacke und Hausschlüssel, ignorierte sogar Tobias (»Mama, wohin gehst du?«) und lief die Straße hinunter bis zum Rondell und weiter bis zur Grundschule. Und noch weiter, bis ich die Fußgängerzone sah. Dann wurde mir schlagartig klar, dass ich den ganzen Weg auch wieder zurück musste.

Die Nässe der nebelfeuchten Luft hatte sich auf meine Haare und auf mein Gesicht gelegt. Jetzt begann es, noch stärker zu nieseln. Ein unangenehmer feiner Regen, den ich wie Nadelstiche auf der Haut spürte. Ich bekam Seitenstechen und keuchte asthmatisch, denn zurück ging es bergauf. Um wieder zu Atem zu kommen, musste ich ein paar Mal stehen bleiben. Was sollte ich bloß tun? Sollte ich Manfred zur Rede stellen? Er würde sagen, ich sei neurotisch und nicht ausgelastet und solle aufhören zu spinnen.

Mir schossen die Tränen in die Augen, als mir einfiel, was Gisela mir in der Frühstückspause erzählt hatte. Denn das war der andere kleine und doch so bedeutungsvolle Vorfall am Montag gewesen.

Es war eigentlich nichts Spektakuläres. Sie hatte nur erwähnt, wie süß es war, dass Olaf, ihr Mann, ihr immer wieder versicherte, er liebe jedes Gramm an ihr. Und doch bemühte er sich jetzt nach Kräften, sie zu unterstützen. Wenn er den Einkauf machte, brachte er viel Obst, Gemüse, fettarmen Käse und Magerjoghurt mit. Er hatte sogar zugegeben, dass er sich mit seiner Körperfülle auch nicht mehr so recht wohlfühlte. Vielleicht konnten sie gemeinsam etwas an ihren Essgewohnheiten verändern? Gisela hatte ihren beiden Töchtern – die ältere ging in Tobias' Klasse – versprechen müssen, dass sie trotzdem weich und knuffig bleiben würde. Aus Giselas rundem Gesicht hatte die Freude gestrahlt. Ihre Familie ging ihr über alles, und sie war glücklich, gemeinsam mit Olaf und den Kindern neue Rezepte auszuprobieren. Heroisch hatte Olaf gemeint, dass weniger Sahne und Speck im Essen sicher nur eine Frage der Gewöhnung sein würden. Ich hatte ihr zugehört, gar nichts sagen können und innerlich gespürt: So sollte es sein in einer Familie. So sollte eine gute Ehe funktionieren.

Deshalb schleppte ich mich jetzt mit schmerzenden Beinen die Stufen hoch, der Musik entgegen. Ich wollte wissen, welche Ziele ich hatte. Irgendwie hoffte ich, Antonia würde mir das sagen können.

Manfred war erkältet und deshalb früh zu Hause gewesen. Heute hatte es ihn gar nicht interessiert, dass ich wegging.

Als ich mich auf meinen Stuhl fallen ließ, zwinkerte Anita, die wieder in etwas blaugrünes Flatterndes gekleidet war, mir zu. Ich wurde ein bisschen rot vor Freude. Antonia stand am Flipchart und wartete darauf, dass es ruhig wurde.

»Geht es euch eigentlich auch so, dass eine Woche so schnell vergeht, dass ihr kaum zum Luftholen kommt? Waschen, Bügeln, Einkaufen, bei den Hausaufgaben helfen, Putzen, Papierkram – der ganz alltägliche Wahnsinn eben. Vielleicht die Arbeitsstelle, Auseinandersetzungen mit dem Partner, mit Kollegen, ein bisschen Fernsehen. Und schon ist wieder Mittwoch, und du stellst fest, dass du die ganze Woche kaum Zeit für dich hattest. Obwohl du es dir doch so fest vorgenommen hattest. Ist es nicht so?«

War sie mit versteckter Kamera bei mir zu Hause gewesen?

»Und doch, jetzt im Rückblick«, fuhr Antonia fort, »gab es da nicht auch die ganz kurzen Momente, in denen ein Satz oder ein Bild in dir aufblitzte? Etwas, das du hier an den ersten beiden Abenden aufgeschnappt hast? Ein plötzliches Gefühl von Leichtigkeit zwischendurch, ein Gedanke an deine Ziele? Oder an rotbackige Äpfel?« Sie lachte.

Sie konnte definitiv Gedanken lesen.

Die Atmosphäre im Raum wurde deutlich entspannter. Vielleicht war ich ja gar nicht die Einzige, die voller Schuldgefühle und Selbstvorwürfe hier saß.

»Wisst ihr, Denkmuster, die sich über Jahre verfestigt haben, verändern sich nicht komplett in zwei bis drei Wochen. Wie sollte das auch gehen? Wir feiern die kleinen Erfolge. Kann sein, dass die Veränderungen langsam vonstattengehen, aber sie werden dauerhaft sein.«

Claudia räusperte sich. »Da bin ich aber beruhigt. Eigentlich wollte ich nämlich heute gar nicht kommen, weil ich so frustriert bin.«

»Okay.« Antonia warf ihr einen bunten Stoffball zu. Die Anfangsrunde. »Wie ist es dir in der vergangenen Woche ergangen?«

Claudia verzog das Gesicht. »Wenn ich gegen vier von der Arbeit komme, fange ich an, zu essen, und höre nicht auf, bis ich ins Bett gehe. Ich habe in den letzten Tagen so richtig gemerkt, was ich alles in mich reinstopfe.«

»Dein Verhalten ist dir jetzt bewusster geworden, das ist gut. Damit fängt Veränderung an. Machst du Sport?«

Claudias Stimme schraubte sich in die Höhe. »Jede Menge! Was glaubt ihr, wie ich aussähe ohne drei Mal Walken, ein Mal Schwimmen und ein bis zwei Mal Fitnessstudio jede Woche?«

Nicht nur ich starrte sie ungläubig an.

»Die Zeit möchte ich haben«, murmelte Gisela.

Unter Antonias mitfühlendem Blick sah Claudia auf einmal wie ein verletztes kleines Mädchen aus.

»Meine Kinder sind siebzehn und achtzehn. Sie machen, was sie wollen, und genießen den Service im Hotel Mama. Mein Mann rührt zu Hause keinen Finger, erwartet aber, dass sich alles um ihn dreht. Er ist schlimmer als ein drittes Kind. Und am Wochenende muss ich ihn auf seinen Fahrradtouren begleiten.«

»Du musst?«, hakte Antonia ganz sanft nach.

»Ja, ich MUSS! Sonst ist er sauer und spricht nicht mehr mit mir.« Sie wühlte in ihrer Handtasche und zog ein Taschentuch heraus. »Meine eigenen sportlichen Aktivitäten sind die einzige Gelegenheit, Zeit für mich zu haben und Stress abzubauen. Sonst würde ich ausflippen.«

Auweia. Wie man sich doch irren kann. Claudias burschikose Art hatte mich eingeschüchtert, und ich hatte mich sogar gefragt, was sie hier wollte – schlank, wie sie war. Ich tauschte einen schnellen Blick mit Ellen. Sogar sie sah beeindruckt aus.

»Manchmal tut unser Unterbewusstsein kluge Dinge für uns«, sagte Antonia lächelnd. »Es sorgt dafür, dass wir uns zu einem Kurs anmelden, der möglicherweise die Weichen für Veränderungen stellt. Oder Entspannung bringt, wo wir es gar nicht erwartet haben. Gut, dass du heute gekommen bist und so mutig warst, uns das zu erzählen.«

Claudia warf den Stoffball zu Sabine und wischte sich die Tränen aus den Augenwinkeln.

»Mir geht's ganz gut.« Sabine sah tatsächlich fröhlicher aus als letzte Woche. »Ich habe ein Pfund abgenommen. Im Moment nerven mich nur unsere neuen Nachbarn.«

Sie hatte mit ihrem Freund zusammen eine wunderschöne Wohnung mit Garten angemietet und musste nun feststellen, dass die Nachbarn drei kleine Kinder und zwei kläffende Hunde hatten. Ohne Rücksicht ließen sie die gesamte Umgebung an ihrem geräuschvollen Familienleben teilhaben. Dumm gelaufen, aber was hatte das mit unserem Kurs zu tun?

»Vielleicht kannst du gleich ein Ziel formulieren, das den Umgang mit den Nachbarn zum Thema hat? Ihr wisst ja alle, dass stressige Situationen uns dazu verleiten können, mehr zu essen, als uns guttut.«

»Gute Idee.« Sabine warf den Ball zu Gisela, die von der Unterstützung durch ihre Familie erzählte und dass sie es ein paar Mal geschafft hatte, kleinere Portionen zu nehmen. Sie reichte den Ball an mich weiter.

Damit hatte ich gar nicht gerechnet. Zu meiner eigenen Überraschung hörte ich mich sagen, dass ich immer noch Muskelkater hätte, weil ich am Montag eine größere Runde gelaufen sei. Gelaufen im Sinne von schnellem Gehen, fügte ich hinzu. Ich war ja nicht gejoggt, Gott bewahre. Und dass ich dadurch tatsächlich Stress abgebaut hätte. In Wahrheit wurde mir das gerade in diesem Moment erst klar. Ich verschwieg, wie verschwitzt, kurzatmig und völlig fertig ich zu Hause angekommen war. Die ganze Sache erschien mir jetzt lächerlich und nicht der Rede wert. So endete mein Beitrag abrupt, und ich warf den Ball mit mehr Kraft als nötig zu Anita.

Mein Herz klopfte bis zum Hals. Ich sah stur geradeaus, um nur ja nicht Ellens Blick zu begegnen. Was hatte ich da gerade erzählt? Ich wäre *gelaufen? Eine größere Runde?* Oje! Wenigstens hatte ich nicht erwähnt, was mich so auf Trab gebracht hatte.

Ich erwachte erst aus meiner Starre, als Antonia Arbeitsblätter verteilte. Wir sollten uns zu zweit zusammentun und uns gegenseitig interviewen. Fünf Minuten später hatten wir die Aufgabe einigermaßen begriffen. Ich saß mit Gisela über Eck an einem Tisch; sie setzte den Kugelschreiber aufs Papier und las vor: »Was ist dein Ziel? Was willst du?«

»Glücklich sein«, seufzte ich und hatte es als Scherz gemeint. Aber Gisela schrieb bereits. In dem Moment tauchte Antonia hinter ihr auf und sagte nach einem raschen Blick auf das Blatt »Stopp!«

Sie fragte Gisela, ob sie darauf geachtet hätte, dass ich mein Ziel positiv und in der Gegenwart benenne. Das fand ich jetzt gut, dass Gisela für die korrekte Wortwahl verantwortlich war.

»Ich will glücklich sein?«, formulierte Gisela und sah fragend zu Antonia hoch, die mich lächelnd ansah.

»Schönes Ziel, Barbara. Vielleicht ein bisschen zu allgemein ausgedrückt. Was willst du konkret in deinem Verhalten verändern, damit du glücklich bist? Inwieweit hat Abnehmen mit deinem Ziel zu tun? Wie wäre es«, sie überlegte, »regelmäßige Bewegung mehr in dein Leben zu integrieren? Also das, was du vorhin erzählt hast, auszubauen? Das setzt Glückshormone frei, ist gut gegen Stress und hilft außerdem beim Schlankwerden.«

Ihre Argumentation war bestechend. Da hing ich jetzt wohl am Haken und hatte keine Ahnung, wie ich aus der

Nummer wieder herauskommen sollte. Wahrscheinlich stand mir ein großes Fragezeichen ins Gesicht geschrieben, und Antonia erbarmte sich.

»Wie fühlt sich der folgende Satz für dich an: Ich walke drei Mal pro Woche eine halbe Stunde.«

Der Satz fühlte sich an, als hätte ich in eine sehr saure Zitrone gebissen. Meine spontane Aktion von Montagabend hätte ich nicht als »Walken« bezeichnet. Und mir wurde regelrecht übel bei dem Gedanken, ab jetzt womöglich jeden Mittwoch Rechenschaft ablegen zu müssen. Am liebsten hätte ich die Minitafel Ritter Sport Nugat verschlungen, die ich als Notfallration in der Handtasche hatte.

Ich hob den Blick. Antonia stand immer noch da und sah mich erwartungsvoll an. Ich würgte ein Ja heraus, was allerdings Antonias Lächeln nur verstärkte.

»Bisschen viel für den Anfang, was? Wie wäre es mit: Ich gehe zwei Mal pro Woche eine halbe Stunde.«

»Besser!« Gehen klang weniger nach Sport. Gehen klang machbar.

Antonia bat Gisela, den Satz aufzuschreiben und mit den Fragen weiterzumachen.

Nachdem der Zielsatz auf dem Papier stand, war der Rest ein Kinderspiel. Wichtig war, so zu tun, als hätte ich mein Ziel schon erreicht. In meinem Kopf lief ein kompletter Film ab. Ich war gleichzeitig Zuschauerin im Kino und Hauptperson auf der Leinwand. Ich »ging«. Ich sagte zu mir selbst: »Es wird leichter. Meine Kondition wird besser.« Ich fühlte, wie mein Körper mitmachte und wie stolz ich auf mich war. Ich hatte sogar den würzigen Duft von Frühling in der Nase. Wow!

»Kannst du dein Ziel selbst erreichen?«, fragte Gisela.

Klar. Wer sonst sollte das wohl für mich tun?

Ein leichtes Flattern im Bauch bekam ich bei der Frage, wann ich mit dem neuen Verhalten beginnen würde. Gisela ließ nicht locker und nagelte mich auf den kommenden Freitag fest. Ich nickte ergeben.

»Was gewinnst du dazu? Was wirst du aufgeben?«

Meine Bequemlichkeit würde ich wohl aufgeben müssen, ein besseres Körpergefühl dazugewinnen. Hoffentlich. So ganz glaubte ich noch nicht an das, was da auf dem Arbeitsblatt stand.

Wir tauschten die Rollen. An Giselas Zielsatz fand nicht einmal Antonia etwas auszusetzen. Sie drehte ihre Runden durch den Raum und griff überall helfend ein, wo es nötig war. Gisela strahlte, als wir fertig waren und sie sich in allen Details ausgemalt hatte, wie sie nur noch kleine oder halbe Portionen von allem essen würde. Aufgeben würde sie die Hosengröße fünfzig. Auch ein schöner Gedanke.

Als Antonia in die Hände klatschte, tauchte ich unter meiner Glasglocke wieder auf. War es denn schon wieder Zeit für die Abschlussentspannung? Mit einem Seufzer ließ ich mich auf meiner Decke nieder und schloss die Augen.

»Lass dich tief in den Boden sinken ... alle Muskeln dürfen sich jetzt entspannen ... und mit jedem Atemzug gehst du tiefer und tiefer in die Entspannung ... ganz leicht, ganz angenehm ... Vielleicht klingt es noch in dir nach, was wir heute alles besprochen haben ... und du denkst an die ein oder andere Anregung, die du mitnimmst ... und dann erinnere dich an dein Ziel, das du gerade für dich entwickelt hast ... Sieh dich selbst von außen, wie auf einer großen Kinoleinwand ... und betrachte dich, wie du dein neues Verhalten umsetzt ... Vielleicht siehst du, wie du dich mehr bewegst ... oder andere Essgewohnheiten hast ... mehr Wasser trinkst ... gelassen mit Stress umgehst ... Was auch immer es ist, schau dir an, wie du dabei aussiehst ... und dann höre, was du zu dir selbst sagst, in deinen Gedanken, jetzt, wo du dein Ziel erreicht hast ... Wo in deinem Körper fühlst du die Veränderung? ... Genau, lass dieses Gefühl jetzt noch stärker werden ... vielleicht gibt es sogar einen Duft oder einen Geschmack, der zu deinem Zielbild gehört ... Und dann nimm wahr, wie dein Ziel dich magisch ... magnetisch anzieht ... am liebsten möchtest du sofort loslegen ... Wie nimmst du das wahr? ... Und was ist dein erster Schritt zu deinem Ziel hin, zu deiner persönlichen Wunschfigur? ... Lass dich von deinem Zielbild und deinem neuen Körpergefühl durch die ganze nächste Woche begleiten ... und jetzt beginne langsam, dich zu bewegen, zu strecken ... und mit einem tiefen Atemzug hierher zurückzukommen.«

Uuuaaahhh. Gähnen und knackende Gelenke um mich herum. Antonia fragte wieder, ob jemand etwas sagen wollte, aber nicht einmal Yvonne machte den Mund auf.

Kaum waren wir aus dem Raum heraus, konnte Ellen sich nicht länger beherrschen. »Du bist gewalkt am Montag? Hättest doch etwas sagen können, dann wäre ich mitgekommen.«

»Ich will nicht drüber reden«, knurrte ich, und das war das Ende unserer Unterhaltung für diesen Abend. So ging es also auch. Ich war ein bisschen stolz auf mich.

Glücklich sein

Beim Aufwachen erinnerte ich mich an eine frühere Kollegin, die morgens zu sagen pflegte: »Und wieder droht ein neuer Tag.« Irgendwie deprimierend. Eigentlich freute ich mich immer auf den Donnerstag, weil Tobias Fußballtraining und ich den Nachmittag freihatte. Dieses Mal hatte ich geplant, in aller Ruhe durch die Einkaufsstraße zu bummeln, einen Milchkaffee zu trinken und nach einem Geburtstagsgeschenk für Leonie zu suchen.

»Barbara, du musst mir helfen! Bitte!« Annette schaute mich mit riesigen Bambiaugen an. »Ich muss heute Nachmittag zum Frauenarzt. Das ist total wichtig. Nimmst du mir zwei Kunden ab? Die Frachtpapiere müssen heute fertig werden, die Ware muss raus, und ich schaffe es nicht.«

Ob sie schwanger war? Wie konnte ich da Nein sagen? Meine schönen Pläne stürzten in sich zusammen wie eine Sandburg beim Wolkenbruch.

»Ja klar, kein Problem.«

»Danke! Du hast etwas gut bei mir.«

Als ich gegen fünf endlich die Firma verließ, schien immer noch die Sonne, aber es war eiskalt. Jetzt lohnte es sich nicht mehr, in die City zu gehen. Tobias würde gleich ausgehungert nach Hause kommen. Und es war sowieso kein schönes Wetter zum Bummeln.

Am Freitagmorgen regnete es. Wenn es regnete, würde ich heute natürlich nicht zum ersten Mal eine halbe Stunde »gehen«. Wenn Manfred früh nach Hause käme, würde ich auch nicht »gehen«. Wenn der Wochenendeinkauf zu lange dauerte, würde ich keine Zeit mehr fürs »Gehen« haben. Direkt nach dem Mittagessen oder nach dem Nachmittagskaffee mit vollem Magen – auch keine gute Idee. Und nach dem Abendessen wäre es dann schon zu dunkel.

Ich hatte hinter dem Müllwagen und einem Fahrschulauto herzockeln müssen und kam zu spät in die Firma. Annette blätterte hektisch in einem Stapel Papiere.

»Barbara, du hast meine beiden Kunden verwechselt. Beinahe hätten sie die falsche Lieferung bekommen. Zum Glück habe ich mir gerade noch einmal alles genau angeguckt.«

Sie hatte nicht einmal Guten Morgen gesagt. Ich lief rot an, und der Schweiß brach mir aus. Sicher, ich war oft schusselig, aber nicht, wenn es um die Arbeit ging. Das konnte doch gar nicht sein.

»Zeig her.«

Es war offensichtlich. Sie hätte mir nicht auch noch die Frachtnummern unter die Nase halten müssen. Sie hatte recht, und meine ganzen Überstunden waren umsonst gewesen. Wie entsetzlich peinlich. Ich stotterte irgendetwas, das wie eine Entschuldigung klingen sollte.

»Du hast es ja nicht mit Absicht gemacht«, sagte Annette matt, ohne mich anzusehen.

Ich hängte meinen Mantel auf, schaltete den PC ein und tat so, als würde ich meine Posteingänge bearbeiten. Aber meine Hand, die die Maus bewegte, zitterte, und in meinem Kopf war ein großes schwarzes Loch. Wie konnte mir das passieren? Am liebsten wäre ich zum Klo gerannt und hätte geheult, aber ich traute mich nicht aufzustehen.

Kurz vor neun stieß Annette einen Schrei aus, der mich fast vom Stuhl fallen ließ.

»Ich hab's! War gar nicht so wild. Ein paar Nummern verwechselt. Das meiste, was du gemacht hast, war richtig.« Sie kam um den Schreibtisch herum und schlang mir von hinten die Arme um den Hals. »Ich hatte schon Angst, ich würde gefeuert. Das sind zwei Kunden, die superempfindlich sind, schlimmer als rohe Eier. Wenn die sich beschweren ...«

Sie hatte Angst gehabt, sie würde gefeuert? Ich war sicher gewesen, *ich* würde gefeuert. Um meine Nerven zu beruhigen, brauchte ich unbedingt einen Schokoriegel zum Kaffee. Ich bediente mich in der Süßigkeitenschale auf dem Schreibtisch der Zwillinge.

Ein wenig verleidet wurde mir der Genuss durch Giselas vielsagenden Blick. Beim Rausgehen aus der kleinen Küche flüsterte sie mir zu »Heute geht's los, was?« Sie machte eine Faust mit nach oben gestrecktem Daumen. Ich nickte nur und beeilte mich, an meinen Schreibtisch zurückzukommen. Das hatte mir gerade noch gefehlt. Noch ein Kontrolletti in meinem Leben. Als ob Ellens Einmischung mir nicht schon gereicht hätte. Wie aufs Stichwort klingelte das Telefon.

»Du fängst doch heute mit dem Walken an, oder?«

Die Frau hatte wirklich eine Haut wie ein Alligator. Wir hatten am Mittwoch auf dem ganzen Heimweg kein Wort miteinander geredet und danach auch nicht mehr telefoniert. Aber heute fiel ihr ein, dass sie mein personifiziertes Gewissen war. Immer im Dienst. Wieso meinten eigentlich alle, sie könnten an mir herumzupfen wie an einem Kind, das sich nicht alleine anziehen kann?

»Nicht, wenn es regnet.«

»Aber Barbara«, trällerte Ellen mir ins Ohr, »du weißt doch, es gibt kein schlechtes Wetter, nur die falsche Kleidung.«

»Danke für den Tipp. Ich hab zu tun.«

Ich legte auf.

Es wurde keiner meiner effizientesten Arbeitstage. Wenigstens war er kurz. Um eins verließ ich fluchtartig die Firma, hetzte nach Hause und wärmte für Tobias und mich Nudeln mit Tomatensoße von gestern Abend auf. Dann zog ich die Betten ab. Schrubbte das Klo. Räumte die Spülmaschine aus. Stopfte Manfreds und Tobias' Sportsachen in die Maschine.

Und wartete.

Und ärgerte mich.

Der Wochenendeinkauf am Freitagnachmittag war eine der wenigen gemeinsamen Aktivitäten, die Manfred und ich noch hatten. Und nun kam er nicht. Um zwanzig vor sechs klingelte endlich das Telefon.

»Hör zu, ich sitze beim Kunden. Es wird wohl später. Du weißt ja, wie das ist. Du wirst allein einkaufen müssen.«

Na toll. Auch das noch. Klar, ich weiß, wie das ist. Ist der Kunde vielleicht weiblich, jung und sexy? Ich fragte lieber nicht, sondern legte einfach auf. Dann musste Tobias eben mitfahren.

»Maaammaaa?« Er grinste mich an. »Wenn ich dir tragen helfe, kriege ich dann ein Eis?« Sieh an, er wusste die Situation schnell für sich zu nutzen. Ich war nicht in der Verfassung zu verhandeln und nickte nur.

Tobias kurvte mit dem Einkaufswagen durch die Gänge und machte Geräusche wie ein Rennauto. Ich merkte, dass ich mich entspannter fühlte als mit meinem nörgelnden, genervten Ehemann an der Seite. Als wir fertig waren, gönnte ich uns beiden ein Eis. Pädagogisch wahrscheinlich fragwürdig, aber ich fand, wir hatten es verdient. Ich zwinkerte Tobias zu. »Nichts dem Papa sagen.«

Er zuckte die Achseln. »Ihr redet doch eh nicht miteinander.«

Hoppla. Wer hätte gedacht, dass sich Tobias über die Beziehung seiner Eltern Gedanken machte? Ich war so geschockt, dass mir keine Antwort einfiel. Beim Abendessen fragte ich ihn über die Schule aus, bekam jedoch außer »Hmm« und »Weiß nicht« nichts aus ihm heraus. Was war denn jetzt schon wieder? Irritiert schaufelte ich meine Portion Bratkartoffeln in mich hinein.

Als Tobias endlich im Bett lag, warf ich mich erschöpft aufs Sofa. Wo Manfred nur blieb ... So lange dauerte doch kein Kundengespräch. Mein Gemütszustand wechselte zwischen Ärger und Sorge. Schließlich trieb mich eine innere Unruhe vom Sofa, und ich steuerte meine Schokoladenverstecke im Küchenschrank an.

Ich schwöre, es war keine bewusste Willensentscheidung, im Flur die Richtung zu wechseln, in Jacke und Schuhe zu schlüpfen und, nur den Schlüsselbund in der Hand, die Haustür hinter mir ins Schloss zu ziehen.

»Frau Markland, wo wollen Sie denn so spät noch hin?« Die Nachbarin brachte den Müll zur Tonne. Die hatte mir jetzt gerade noch gefehlt. Ich murmelte etwas von »frische Luft schnappen« und ließ sie stehen.

Und dann »ging« ich. Ich merkte kaum, dass ich einen Fuß vor den anderen setzte, weil die Gedanken in meinem Kopf so laut waren. Wieso waren heute eigentlich alle gegen mich? Angefangen mit Annette. Gisela. Ellen. Tobias. Und am allermeisten Manfred.

Es war gemein, wie er mich behandelte. Dem war ich doch total egal. Hauptsache, seine Hemden waren gebügelt. Dafür war ich noch gut genug. Bestimmt hatte er eine andere. Aber ich war ja selber schuld. Wieso nahm ich denn auch immer noch mehr zu? Ich schaffte es eben nicht, abzunehmen. War eine blöde Kuh, die nichts auf die Reihe kriegt. Es war alles so schrecklich verfahren. Glücklich zu sein, war mein Ziel? Ich wusste doch schon gar nicht mehr, wie das war.

Und so weiter. Und so weiter. Unablässig redete ich mit mir und wunderte mich plötzlich, dass ich schon wieder vor unserer Haustür stand. Ich war völlig außer Atem. Schweißtropfen rannen mir in die Augen und vermischten sich mit meinen Tränen. Ich spürte den Schweiß zwischen den Brüsten, unter den Achseln, am Bauch, am Rücken. Das Haus lag still und dunkel da. Die Nachbarskatze huschte durch unseren Vorgarten. Manfreds Auto stand immer noch nicht auf dem gewohnten Platz.

Deshalb ging ich einfach weiter, die gleiche Runde noch einmal. Es war anstrengend und gleichzeitig gut. Die Anspannung löste sich allmählich. Zwar tat ich mir immer noch leid, aber gleichzeitig spürte ich auch Wut in mir aufsteigen. Als ich zum zweiten Mal an unserem Vorgarten ankam, stieg Manfred gerade aus seinem Auto. Mir wurde flau im Magen.

»Wo kommst du denn her?«

»Das könnte ich dich ja wohl eher fragen«, keuchte ich.

»Was soll die blöde Antwort?«, konterte Manfred gereizt. »Ich habe dich gesucht. Tobias ist ganz allein zu Hause. Was fällt dir eigentlich ein?«

Meine Wut löste sich auf wie Zucker in einer Kaffeetasse. An Manfreds Augen konnte ich ablesen, wie jämmerlich ich wirken musste: rot glühend, schwer atmend, schwitzend und stinkend. Jetzt war sowieso schon alles egal.

»Mittwochabend«, ich rang nach Luft, »da gehe ich ... gar nicht mit Ellen ... ins Kino.« Manfred hatte sich schon halb abgewandt, jetzt zuckten seine Augenbrauen in die Höhe.

»Wir gehen zur Volkshochschule. Ein ... ein Abnehmkurs ... mentales Training«, endete ich lahm und hoffte, Manfred verlangte jetzt keine Erklärung von mir. Einatmen, ausatmen.

»Ich will weiter dahingehen. Noch sieben Abende. Außer in den Osterferien. Du musst in der Zeit auf Tobias aufpassen. Immer zwei Stunden.«

Manfred sagte nichts. Er drehte sich einfach um und ging ins Haus. Langsam folgte ich ihm, ging duschen und dann sofort ins Bett. Mein Herz klopfte wie wild, an Schlaf war nicht zu denken. In meinem Kopf redete ich weiter mit Manfred. Ich schimpfte, bettelte, machte ihm Vorwürfe. Doch egal, wie meine gedanklichen Monologe variierten, der letzte Satz war immer der gleiche: »Ich habe doch auch ein Recht darauf, glücklich zu sein.«

Frust

Gisela huschte herein, sobald Annette einmal kurz ihren Schreibtisch verlassen hatte, als hätte sie darauf gelauert. »Na, wie war dein Wochenende?« Sie strahlte mich an und erwartete wahrscheinlich einen Erfolgsbericht, doch meine Antwort fiel eher einsilbig aus.

»Geht so.«

»Was denn nun? Bist du ›gegangen‹? Gewalkt? Erzähl doch mal.«

»Ja, ich bin ›gegangen‹, ziemlich lange sogar. Im Dunkeln. Bis Manfred mich als vermisst gemeldet hat.«

»Waaas?«

»Nicht wirklich. Aber er war sauer, weil ich nicht da war, als der Herr geruhte, auch mal nach Hause zu kommen. Und weil ich Tobias allein gelassen hatte. Dabei schläft der wie ein Stein, wenn man ihn einmal ins Bett gekriegt hat.«

Gisela sah mich mit weit aufgerissenen Augen an. Mir war völlig egal, dass ich gerade dabei war, mein Image von intakter Familie mit dem Holzhammer zu zerstören. Die letzten Tage waren einfach zu viel gewesen. Jetzt hätte ich mich gern mal bei Ellen ausgeheult, aber diese Tür hatte ich ja selbst zugeschlagen.

»Am Sonntag kam Leonie zum Essen. Sie hatte ihren Besuch bei Manfred angekündigt, aber der hatte es ja nicht für nötig gehalten, mich zu informieren. Deshalb musste das arme Kind Kasseler und Sauerkraut mitessen und bekam nicht, wie sonst üblich, ihre ›vegetarische Extrawurst‹ gebraten.«

»Ist das denn so schlimm?«

»Wahrscheinlich schon, denn sie hat mich den ganzen Sonntag ignoriert und nur mit ihrem Papa gesprochen.«

»Na ja, so sind Töchter gelegentlich«, meinte Gisela beschwichtigend.

»Sie ist dreiundzwanzig. Hört das denn niemals auf?« Ich sah kurz auf, dann kritzelte ich weiter Kringel und Strichmännchen auf meinen Notizblock. »Tobias dreht auf wie eine Feuerwehrsirene, wenn seine Schwester da ist. Für meine Begriffe ist Leonie viel zu dünn. Wahrscheinlich raucht sie. Ihr vegetarisches Getue ist doch bloß eine Masche, um sich von ihrer doofen, übergewichtigen Mutter abzugrenzen. Bis sie elf war, haben wir uns doch gut verstanden. Und jetzt gibt es immer nur Stress. Sie hat überhaupt keinen Respekt vor mir.«

»Und Manfred?«

»Der spricht ja auch nicht mit mir. Ich habe ihm am Freitagabend gesagt, dass ich zu diesem Kurs gehe und er deshalb mittwochs früher zu Hause sein soll. Bis heute habe ich noch keine Antwort bekommen.« Ich mühte mich, die Tränen zurückzudrängen.

»Das ist ja furchtbar. Du Ärmste.«

»Tja, ist nicht überall so wie bei euch.«

Ich hatte gar nicht mitbekommen, dass Annette wieder da war. Gisela sprang auf. Wahrscheinlich war sie froh, endlich gehen zu können. Ich konnte es ihr nicht verdenken.

»Die Sache mit deiner Tochter renkt sich wieder ein«, sagte Annette. »Und im Übrigen hilft es gar nichts, wenn du dir selbst leidtust. Überleg dir lieber, was du anders machen kannst.«

Mein Mund war plötzlich so trocken wie Sandkuchen.

»Ist doch wahr, Barbara!«, platzte es aus Annette heraus. »Respekt muss man sich erarbeiten, den kriegt man nicht geschenkt. Jetzt guck mich nicht so an, als hätte ich dir dein Frühstücksbrot geklaut. Manchmal«, sie seufzte, »geht mir dein Gejammer wirklich auf die Nerven.«

Der vierte Abend

Annettes Worte hatten gesessen. Seit Montag hatte ich nur das Nötigste mit ihr gesprochen. Die Atmosphäre zwischen unseren Schreibtischen war arktisch. Es kam mir so vor, als ginge mir auch Gisela aus dem Weg. Nur Ellen plapperte munter drauf los, kaum dass ich mich auf den Beifahrersitz geschwungen hatte. Ich sah sie vorsichtig von der Seite an. Nichts deutete darauf hin, dass sie mir meine Unfreundlichkeit übel genommen hatte. Langsam sollte ich doch ihre Dickhäutermentalität kennen.

Auf dem Weg in den zweiten Stock der Volkshochschule zitterten meine Beine wie Wackelpudding. Ich war nämlich auch am Sonntag- und am Dienstagabend »gegangen«. Meine Runde hatte ich so weit ausgedehnt, dass ich in Teile unserer Siedlung vorgedrungen war, die ich noch gar nicht gekannt hatte. Ich hatte den intensiven Geruch nach Erde und frischem Grün genossen und fühlte mich wie gedopt. Oder waren das die körpereigenen Glücksstoffe, von denen immer die Rede war? Ausnahmsweise hatte ich nicht das Bedürfnis verspürt, mich mit Essen vollzustopfen.

»Geht's dir besser?« Gisela stupste mich freundschaftlich an.

Ich lächelte zurück. »Ja, wirklich.«

Antonia stand am CD-Player, und *These boots are made for walking* klang leise aus. Sie nahm den bunten Stoffball vom Boden auf und warf ihn mir zu.

»Barbara, wie war die Woche? Was hat sich verändert?«

Heute wollte ich wirklich gern erzählen, aber gleich als Erste? Mir blieb keine Gelegenheit mehr, meine Gedanken zu ordnen, und so sprudelte alles unsortiert aus mir heraus.

»Ich bin drei Mal gegangen, gewalkt, wie auch immer. Keine Ahnung, wie ich das nennen soll. Schnell bin ich jedenfalls nicht, und ich schwitze wie verrückt. Alles tut mir weh. Irgendwie tut es aber auch gut. Heute Morgen hatte ich ein knappes Kilo weniger auf der Waage, aber das ist bestimmt Zufall. An meinem Essverhalten habe ich nämlich gar nichts geändert. Abends brauche ich immer noch unbedingt etwas Süßes.«

Und mittags und nachmittags, fügte ich in Gedanken hinzu.

»Wow!«, sagte Anita.

»Super, Barbara.« Antonia strahlte. »Mir scheint, du hast eine Entscheidung getroffen.«

Hatte ich das? Ich war verwirrt.

»Deine Augen glänzen heute so. Da ist etwas Neues um dich herum.«

Ihr entging wohl nichts.

»Auf jeden Fall hast du angefangen, dein Ziel von letzter Woche umzusetzen. Das allein zählt.« Jetzt sollten auch die anderen berichten, was aus ihren Zielen geworden war.

Renate hob den Finger, und ich warf ihr den Ball zu.

»Ich habe zehn Bewerbungen an Adressen aus dem Branchenbuch geschickt. Eine Firma hat tatsächlich angerufen, und dort kann ich mich nächste Woche vorstellen.« Sie wirkte nervös. »Ich bin nämlich Ingenieurin, und die meisten Firmen sind immer noch skeptisch, wenn sich eine Frau bewirbt. Aber da«, sie grinste, »ist sogar der Chef eine Frau.«

»Toll.«

»Siehste, geht doch!«

»Wow!«

Ich sah, wie Renate bei unseren Ausrufen strahlte, und bekam eine Ahnung, wie unterstützend eine Gruppe sein kann.

»Wenn du magst, Renate, stell dir jetzt vor«, sagte Antonia, »wie dein Gespräch in der nächsten Woche im optimalen Fall abläuft. Mach ruhig die Augen zu. Wie siehst du aus, wenn du dort bei deiner neuen Chefin sitzt, wie ist deine Körperhaltung, was hast du an? ... Wie klingt deine Stimme? ... Wie spürst du die Gewissheit, die Sicherheit, dass dies der richtige Job für dich ist? ... Welche Kriterien müssen für dich erfüllt sein? Was ist dir wichtig an deinem neuen Arbeitsplatz?«

Ich war fasziniert, wie sich Renates Mimik und Körperhaltung unter Antonias hypnotischen Sätzen veränderten. Ein breites Lächeln ließ ihr Gesicht leuchten, und ihre Schultern strafften sich. Sie setzte sich aufrecht hin und stellte beide Füße fest auf den Boden.

»Das war super.«

»Na dann«, lächelte Antonia, und es klang wie »Du hast den Job doch schon in der Tasche.«

Mit Schwung warf Renate den Ball zu Claudia, die ihn lässig mit einer Hand auffing.

»Tjaaa«, begann sie, »ich habe meinem Mann gesagt, dass ich in den Osterferien drei Tage zu meiner Freundin fahre und er in der Zeit gern mit den Kindern eine schöne Radtour machen kann.«

»Ups!«

»Oh.«

»Auweia.«

»Und was hat er gesagt?«

»Bis jetzt noch nichts. Ich glaube, er steht noch unter Schock.«

Wir lachten. Claudia grinste und sah sehr zufrieden aus. Sie reichte den Ball an Ellen weiter, die erzählte, dass sie es mit reiner Willenskraft geschafft hätte, drei Abende lang keine Schokolade zu essen. Antonia runzelte die Stirn.

»Erinnert euch, es geht nicht darum, sich selbst etwas zu verbieten. Das haben wir ja lange genug ohne dauerhaften Erfolg gemacht.«

»Aber es ist doch toll, wenn sie das geschafft hat.« Yvonne warf Ellen aufmunternde Blicke zu. »Man muss es einfach wollen, dann klappt das schon.«

»Unser bewusster Wille spielt beim Erreichen unserer Ziele nur eine ganz geringe Rolle. Die Neurowissenschaftler sagen heute, dass mehr als fünfundneunzig Prozent unserer Handlungen vom Unterbewusstsein gesteuert werden.« Antonia warf einen Blick in die Runde. »Deshalb geht es hier im Kurs darum, unser Unterbewusstsein mit ins Boot zu holen. Das tun wir zum Beispiel durch die Abschlussentspannung. Wir stellen uns vor und spüren, wie es ist, unsere Ziele schon erreicht zu haben. Während wir uns entspannen, verankern sich die neuen Wege und Möglichkeiten in unserem Gehirn. Wie war denn deine Woche, Yvonne?«

»Och, gut, alles in Ordnung«, meinte Yvonne achselzuckend.

»Was ist dein Ziel?«

»Ich will fünfzehn Kilo abnehmen.«

»Hmm. Und was willst du an deinem Ess- oder Bewegungsverhalten verändern?«

»Ich zähle Kalorien. Das hat immer ganz gut funktioniert. Ich kann dir den Kalorienwert von jedem x-beliebigen Lebensmittel nennen.«

»Aha.« Antonia sah verblüfft aus. »Und bist du nicht in den Kurs gekommen, um neue Methoden kennenzulernen und auszuprobieren?«

»Das kannte ich ja alles schon.«

»Schön. Umso leichter für dich, es auch anzuwenden.«

Ich hätte mich schon wieder über Yvonne aufregen können. Doch Antonia wandte sich einfach der nächsten Frau zu. Edith war an der Reihe. Mein Gott, wäre ich jenseits der sechzig, würden mir ein paar Kilo zu viel egal sein. Das hoffte ich jedenfalls. Bisher hatte ich bei Ediths Bemerkungen öfter mal heimlich die Augen gerollt. Doch heute riss sie die Stimmung wieder hoch, die durch Yvonne im Keller gelandet war.

»Ich war letzte Woche in einem Geschäft und habe einen Rock anprobiert. Da hat die Verkäuferin zu mir gesagt: ›Der macht Sie aber schlank.‹ Was für ein Quatsch. Ein Rock kann doch nicht schlank machen. Also, ich habe nachgedacht, was ich denn ändern will. Wenn ich immer weiter zunehme, esse ich wahrscheinlich mehr, als mein Körper braucht. Das habe ich begriffen. Also will ich besser darauf achten, was ich esse. Das ist mein Ziel.«

Das klang zwar ganz normal, kam aber kabarettreif aus ihr heraus und brachte uns alle zum Lachen. »So viel wie hier lache ich die ganze Woche nicht«, japste Sabine, und ich konnte ihr nur zustimmen.

»Dann machst du aber etwas verkehrt«, meinte Edith trocken.

»Ja, Lachen ist eine prima Strategie, um sich das Leben zu erleichtern. Und das führt uns direkt zu unserem heutigen Thema.« Antonia griff zu einem dicken blauen Stift und schrieb »ESSSTRATEGIE« ans Flipchart. »Jeder Mensch hat Strategien, zum Beispiel um Entscheidungen zu treffen oder sich zu motivieren. Sonst wäre das Leben viel zu kompliziert. Strategien laufen meistens völlig unbewusst ab. So auch die Essstrategie. Vielleicht kommt euch das hier bekannt vor.«

Sie schrieb an: »Essen sehen → essen!«

»Kennt ihr das?«

Zustimmendes Murmeln in der Runde. Oh ja. Wenn etwas da war, musste es weg. Wenn etwas Essbares herumstand, griff ich zu. Brav aß ich meinen Teller leer, als würde ich immer noch an das Märchen vom schlechten Wetter glauben.

»Wir nehmen ja die Welt mit unseren Sinnen wahr. Bei einer gut funktionierenden Strategie sollten Sehen, Hören und Fühlen beteiligt sein. Es ist egal, ob es dabei um Essen, Kreativsein oder Lernen geht. Bei dieser einfachen Essstrategie«, Antonia zeigte aufs Flipchart, »fehlen, wie ihr sicher schon bemerkt habt, das Hören und das Fühlen. Unser innerer Dialog, also unsere Gedanken, sind ein Teil unseres Hörsinns. Und so sieht es aus, wenn wir die beiden fehlenden Elemente hinzufügen.«

Sie schrieb: »Essen sehen ... sich selbst fragen: Was will ich jetzt wirklich? ... nachspüren: Was würde sich jetzt in meinem Bauch gut anfühlen? «

»Ihr kennt das alle«, half uns Antonia auf die Sprünge. »Das ist nämlich genau die Strategie, die man im Restaurant benutzt, um sich für ein Gericht zu entscheiden. Vielleicht bestellst du manchmal das Gleiche wie der Gast am Nebentisch oder das, was der Kellner empfiehlt. Aber meistens schaust du in die Speisekarte und fragst dich: Was mag ich denn gerade? Auf was habe ich Lust oder Appetit? Und wie wird sich das in meinem Magen anfühlen? Jetzt und innerhalb der nächsten zwei Stunden? Denn so lange liegt das Essen ja normalerweise im Bauch.«

Jetzt verstand ich, was sie meinte. Oft hatte ich mich falsch entschieden und neidisch auf den Nachbarteller geschielt. Und manchmal war ich total zufrieden mit meiner Wahl. Dann hatte ich wohl auf mein Bauchgefühl geachtet.

»Wir wissen aus Erfahrung ja ganz genau, wie sich verschiedene Speisen in unserem Bauch anfühlen. Ein frischer Salat, ein Schälchen Mousse au Chocolat, ein Teller heißer Suppe – das sind ganz unterschiedliche Empfindungen. Und nach einer Portion Pommes liegt dann so ein Klumpen Fett im Magen herum. Eklig, oder?« Sie grinste.

Iiiih, das fühlte sich wirklich ekelhaft an.

»Probieren wir doch unsere neue Essstrategie einfach einmal aus. Für unser Gehirn macht es keinen Unterschied, ob etwas wirklich passiert oder ob wir es uns nur vorstellen.«

Sie setzte sich und bat uns, die Augen zu schließen. »Denk bitte an deine nächste Mahlzeit, vielleicht heute Abend, vielleicht erst morgen früh. Vor deinem inneren Auge kannst du das Essen sehen. Und nun frage dich: Was will ich jetzt wirklich? ... Und dann frage dich: Was von diesem Essen würde sich jetzt in meinem Bauch gut anfühlen? Und würde es mich auch noch während der nächsten zwei Stunden zufrieden und glücklich sein lassen?«

Ich sah den Brotkasten in meiner Küche, sah, wie ich Butter und Leberwurst aus dem Kühlschrank nahm und die Brotscheiben dick bestrich. Zum Abschluss brauchte ich natürlich noch ein paar Kekse. So sah für gewöhnlich der »kleine Imbiss« aus, den ich mir bisher nach den Kursabenden immer als Belohnung gegönnt hatte. Doch als ich jetzt in meinen Bauch hineinfühlte, wurde mir übel. Ich spürte genau, wie schwer mir dieses Essen anschließend im Magen lag und mich am Einschlafen hinderte. Ein schlechtes Gewissen gab es gratis dazu. Und dann entdeckte ich zu meiner Überraschung auch noch ein klitzekleines Trotzgefühl, das sagte: »Bei mir funktioniert der doofe Kurs eben nicht, ätsch.«

Unbehaglich rutschte ich auf meinem Stuhl herum. Das waren ja Erkenntnisse. Wenn ich mit vollem Bauch im Bett lag, hatte ich wohl den richtigen Zeitpunkt für die Essstrategie verpasst. Also drehte ich innerlich den Film zurück auf Anfang und fragte mich: Was will ich jetzt wirklich?

Angestrengt lauschte ich nach innen. Bestimmt hatte ich gar keine innere Stimme. Ich war sehr überrascht, als ein Bild in meinem Kopf aufleuchtete. Jemand nahm mich in den Arm, und ich wusste sofort: Das war es, was ich wirklich brauchte. Ich wollte mich einfach fallen lassen und gestreichelt werden.

Schon stiegen mir Tränen in die Augen. Kein Wunder, dass ich ständig hungrig war. Wäre ich allein gewesen, hätte ich jetzt geheult, weil ich mir so wahnsinnig leidtat. Kein Leberwurstbrot, kein Teller Spaghetti und kein Linseneintopf konnten mir die Wärme und Liebe geben, die ich von Manfred nicht mehr bekam. Und was nun? Da versagte doch wohl die neue Essstrategie. Wie frustrierend.

»Was ist denn, wenn das, was ich wirklich will, gerade nicht zu haben ist? Und ich rede jetzt nicht von Essen«, sagte Claudia. Ich starrte sie ungläubig an. Genau das, was ich mich auch gerade gefragt hatte.

»Das ist super«, lächelte Antonia entspannt. »Denn dann hast du herausgefunden, um was es wirklich geht, und du weißt endlich, dass dein Bedürfnis nicht durch Essen gestillt werden kann.«

»Ja, und dann?«

»Dann siehst du zu, dass du bekommst, was du brauchst.«

Claudia verzog das Gesicht. »Liebevolle Ehemänner gibt es nicht im Supermarkt.«

Antonia fuhr sich mit der Hand durch die roten Haare, und ihre Lachfalten vertieften sich. »Regel Nr. 1: Du kannst niemanden ändern außer dich selbst. Klingt doof, ist aber so. Regel Nr. 2: Niemals kann ein einzelner Mensch alle deine Bedürfnisse befriedigen.«

Sie zwinkerte Claudia zu und bat uns dann, uns ein großes Büffet bei einem Fest oder im Urlaub vorzustellen. Mithilfe der beiden Fragen der Essstrategie würden wir nur auswählen, was uns anlachte und glücklich machte.

»Die große Auswahl bei einem Büffet macht es uns leicht«, sagte Antonia. »Das Geheimnis heißt: winzige Portionen nehmen. So kommt gar kein Gefühl von Verzicht auf. Stattdessen genießt du genau das, was du wirklich magst. Und mal ehrlich: Wir wissen, wie Kartoffelsalat schmeckt, ohne dass wir aus jeder Schüssel probieren müssen, oder?«

Ich seufzte. Wenn sie es so sagte, klang es wirklich leicht. Doch würde es auch in der Praxis funktionieren? Ich war nicht die Einzige, die skeptisch schaute. »Und was ist mit dem inneren Schweinehund?«, fragte Sabine. »Der liebt All-inclusive-Angebote, will nichts verkommen lassen, und seine Augen sind immer größer als sein Magen. Und auf dem Sofa findet er es sooo bequem.«

Ja, den Kerl kannte ich nur zu gut. Doch Antonia überraschte mich mal wieder.

»Hm«, meinte sie, »ich glaube nicht an den inneren Schweinehund. Wir bestehen alle aus vielen verschiedenen Anteilen, und jeder von ihnen hat eine wichtige Aufgabe für uns und will gewürdigt und akzeptiert werden. Wisst ihr, was ein kleines Kind macht, das nicht genug beachtet wird? Es nervt nur noch mehr. Häufig behandeln wir unsere inneren Teile wie quengelnde Kinder und wundern uns dann, dass sie keine Ruhe geben, bis sie ihren Willen bekommen haben.«

Das verstand ich. Antonia beugte sich vor und sah uns eindringlich an. »Die Lösung liegt darin, alles an uns zu mögen und zu akzeptieren. Vielleicht sorgt dieser sogenannte Schweinehund dafür, dass du dich entspannen darfst und dir Zeit für dich selbst gönnst.«

Sie stand auf und ging zum CD-Spieler. »Wir kommen darauf zurück. Jetzt ist es Zeit für die Abschlussentspannung. Auf die Decken, meine Damen.«

Heute Abend hatte ich kein einziges Mal auf die Uhr geschaut. Ich sah mich in unserem Kreis um, und es kam mir vor, als würde ich die anderen schon seit Jahren kennen. Entspannt ließ ich mich auf die Decke gleiten. Im Halbdunkel raschelte es noch hier und da, und die Kerzenflamme flackerte leicht. Dann lullte die leise Musik mich ein.

»... lass dich tief in den Boden sinken, aller Ballast, alles Schwere fällt von dir ab ... Mit jedem Ausatmen lässt du mehr und mehr los, und mit jedem Einatmen nimmst du frische Energie in dich auf ... Dein Körper darf sich jetzt entspannen, während dein Geist hellwach ist. ... Erinnere dich an alles, was du heute Abend gehört, gesagt und in dir gespürt hast ... Du beziehst das Unbewusste in deine Veränderung mit ein, und dann kommen die Erfolge ganz von allein ... auf allen Ebenen ... wie von selbst, so wie es für dich richtig ist ... Du isst anders ... bewegst dich mehr ... vielleicht spürst du die Freude darüber jetzt schon in dir ... und auch dein neues Körpergefühl ... Du integrierst alle Teile in dir. Es ist so, als ob eine ganze Mannschaft gemeinsam an einem Strang zieht ... Und dann erinnere dich an die neue Essstrategie, die du heute kennengelernt hast ... Du siehst Essen oder denkst an

Essen, und dann fragst du dich innerlich: Was will ich jetzt wirklich? ... Eine Frage für viele Gelegenheiten in deinem Leben ... Und dann spürst du in dich hinein. Was würde sich jetzt in meinem Bauch, in meinem Magen gut anfühlen ... Sieh dich in verschiedenen Situationen, in denen du diese neue Strategie ausprobierst ...«

Ich driftete weg.

Und kam erst wieder richtig zu mir, als das grelle Neonlicht aufflammte.

»Irgendjemand hat geschnarcht«, sagte Sabine. Oh Gott, hoffentlich bin ich das nicht gewesen.

Antonia lächelte. »Ich glaube, es war mehr als eine Schnarcherin hier. Das macht aber nichts, wenn ihr während der Entspannungsphase einschlaft. Das Unbewusste schläft nie und schnappt alles auf, was wichtig für dich ist.«

Anstatt Ellen und Gisela zu folgen, ging ich zu Antonia, die ihre CDs einpackte. »Du hast gesagt, ich hätte eine Entscheidung getroffen. Was hast du damit gemeint?« Diese Frage hatte mir die ganze Zeit keine Ruhe gelassen.

Antonia wandte sich mir zu. »Du hast deine anfängliche Skepsis abgelegt, scheint mir. Du hast dich entschieden, dem mentalen Ansatz eine Chance zu geben. Ist es nicht so? Ich sehe es in deinen Augen und an deiner ganzen Haltung.«

Ich starrte den blauen Teppichboden und dann Antonia an. »Kann sein. Ich will, dass sich etwas ändert.«

»Weil du es dir wert bist.« Sie berührte leicht meinen Arm, und ich verabschiedete mich. Wie in Trance stieg ich die Treppen hinunter.

»Noch etwas trinken gehen?«, fragte Gisela.

»Nee, ich will nach Hause.« Anscheinend klang das so bestimmt, dass mir niemand widersprach.

Ich spürte Antonias Hand immer noch auf meinem Arm, als ich darauf wartete, dass der Toast aus dem Toaster sprang. Ein kleiner Trosttoast sozusagen, anstelle eines üppigen Abendessens. Manfred hatte von seiner Zeitung aufgeschaut, als ich hereinkam. Nein, nein, er war nicht so weit gegangen, »Wie war's?« zu fragen. Aber vielleicht war das doch ein Zeichen von Interesse gewesen. Und ich hatte die Chance verpasst.

Ich war es nicht mehr gewöhnt, meinem Mann zu erzählen, was mich bewegte. Früher war es doch toll gewesen, miteinander zu reden. Doch nach Leonies Geburt hatte uns die Aufgabe, Eltern zu sein, immer mehr gefordert. Und aus unseren Gesprächen waren hauptsächlich organisatorische Absprachen geworden.

Ich wickelte mich in meine Bettdecke ein. Kuscheln wäre schön, aber das Bett neben mir war leer. Antonias Satz klang immer noch nach: »Weil du es dir wert bist.« Ich schluckte die Tränen hinunter, drehte mich zur Bettkante und versuchte zu schlafen.

Unbequeme Wahrheiten

Ich »ging«. Am Freitag. Am Samstag. Am Montag. Am Dienstag machte ich einen kleinen Einkaufsbummel und fand, für diesen Tag sei das genug an sportlicher Aktivität. Ständig fürchtete ich, von meiner Nachbarin angesprochen zu werden. »Frau Markland, was ist denn neuerdings mit Ihnen los? Werden Sie etwa noch sportlich auf Ihre alten Tage?« Horror! Deshalb schlich ich mich im Schutz der Dunkelheit aus dem Haus. Um keuchend und schwitzend nach dreißig oder vierzig Minuten zurückzukommen und sofort im Bad zu verschwinden, damit Manfred mich nicht so sah … nicht, dass das *irgendwie* stressig gewesen wäre.

Natürlich war mein VHS-Kurs kein Weight-Watchers-Treffen. Niemand musste auf die Waage. Dennoch hatte ich beschlossen, mich jeden Mittwochmorgen zu wiegen. Fiel das Ergebnis gut aus, könnte ich abends punkten. War es niederschmetternd, würde ich hoffentlich wieder aufgebaut.

Ich starrte auf die elektronische Anzeige, stieg ab und versuchte es erneut: zwei Kilo weniger. Wow! Auf vier Kurswochen umgerechnet, war das zwar nicht viel, vielleicht auch nur Zufall, aber ich freute mich trotzdem.

In einem Anfall von Übermut probierte ich meine alten Lieblingsjeans an. Ziehen, zerren, Reißverschluss schließen. Ich zog den Bauch ein und hielt die Luft an – der Knopf ging zu. Juchhu! Rasch schnappte ich mir die Tupperdose mit meinem Frühstücksbrot, die Zeitung und den Autoschlüssel und fuhr los.

Meine Euphorie hielt nicht lange an. Sobald ich im Auto saß, zwickte die Jeans im Schritt, der Bund schnitt mir schmerzhaft in die Taille, und die Speckröllchen quollen spürbar darüber. Zum Umkehren war es zu spät. An der ersten Ampel öffnete ich den Hosenknopf, was die Lage insoweit verbesserte, dass ich wieder atmen konnte.

Ich quälte mich durch den Vormittag, hatte Hunger, aber auf nichts Appetit. Allein die Vorstellung, etwas zu essen, was meinen Magen aufblähen würde, verursachte mir Übelkeit. So würde die neue Essstrategie natürlich auch funktionieren.

Zwei Kilo weniger. Das war gar nichts. Das würde niemandem auffallen. Ich war nach wie vor schlicht und einfach fett.

»Nee«, sagte da ein trotziges kleines Stimmchen in meinem Inneren, das ich noch gar nicht kannte, »jetzt tust du etwas dagegen. Du nimmst ab und wirst mit jedem Tag leichter und leichter.« Huch, was war das denn?

Gisela schaute vorbei. »Du siehst ja ganz blass aus. Gehst du mit in die Kantine?«

»Ich esse mein Frühstücksbrot zu Mittag«, grummelte ich.

»Keine Zeit für die Frühstückspause gehabt?«, fragte sie mitfühlend.

»Das ist nicht der Grund. Ich fühle mich wie eine gestopfte Leberwurst, weil ich so bescheuert war, heute meine alten Lieblingsjeans anzuziehen.«

Sie grinste. »Dann musst du abgenommen haben. Siehste, geht doch.«

Typisch Gisela. Sie sah in jeder Situation das Positive. Ich musste lachen.

»Du machst mir Mut.«

»Na, was denn sonst, wir sind doch ein Team.«

»Na, dann bis heute Abend, Teammitglied.« Ich seufzte und wandte mich wieder meiner Auftragsbearbeitung zu.

Sie hatte ja recht. Kleine Schritte, dauerhafter Erfolg. Das waren auch Antonias Worte.

Mein Telefon klingelte und zeigte einen »Unbekannten Anrufer« an: Ellen. Sie hielt sich nicht mit Vorreden auf.

»Hör mal, Barbara, heute Abend ziehst du aber nicht schon wieder die schwarze Hose und den roten Pullover an.« Bevor ich Luft holen konnte, redete sie bereits weiter.

»Du musst darauf achten, dass du nicht so lange redest. Andere wollen ja schließlich auch noch etwas sagen.«

Mein Gesicht glühte, und mein Herz begann, wild zu klopfen. Aber mehr als ein schwaches Räuspern brachte ich nicht heraus. Ellen reagierte nicht darauf.

»Weißt du eigentlich, wie angeberisch das klingt, zu sagen, du hättest schon abgenommen? Das ist ja wirklich nicht gerade toll für die anderen.«

Was hatte ich denn vor einer Woche gesagt? Ich versuchte krampfhaft, mich zu erinnern, aber mein Gehirn schien vorübergehend außer Betrieb zu sein.

»Hab ich doch gar nicht.« Selbst in meinen eigenen Ohren klang das nicht überzeugend.

»Glaub mir, Barbara, das hast du. Meinst du vielleicht, ich hätte mir das ausgedacht?« Sie schnaufte beleidigt. »Ich meine es ja nur gut. Also dann, bis gleich.«

Ich legte den Telefonhörer zurück und drückte mechanisch die Entertaste des PC, der sich in der Zwischenzeit in den Stand-by-Modus verabschiedet hatte. Mit offenem Mund starrte ich auf den Bildschirm, ohne etwas wahrzunehmen.

»Was ist?«, fragte Annette alarmiert. »Hast du einen Anschiss von der Chefin bekommen?«

»Nee«, ich atmete tief durch. »Von meiner Freundin Ellen.«

Nachdem Annette die ganze Geschichte gehört hatte, fragte sie fassungslos: »Und das lässt du dir einfach gefallen?«

»Ja, hinterher fallen mir auch meistens clevere Antworten ein.«

»Das ist doch absolut übergriffig, was deine Freundin da macht«, schnaubte Annette. »Wahrscheinlich wird es Zeit, dass du lernst, dich abzugrenzen.«

Anscheinend war ich von Leuten umzingelt, die alle ganz genau wussten, was ich tun musste und was gut für mich war. Oder einfach unverschämt waren wie die Verkäuferin gestern, die mich von oben bis unten gemustert und dann gemurmelt hatte: »Ich schaue einmal nach, ob wir etwas in Ihrer Größe dahaben.« Ich hatte nur nach dem Preis eines Schals fragen wollen, der im Schaufenster hing. Allerdings wartete ich nicht ab, bis sie zurückkam. Und Annette? Die profitierte doch auch ganz gern davon, dass ich schlecht Nein sagen konnte.

Standen meine Gedanken auf meiner Stirn geschrieben? Annette lächelte mich an. »Ich weiß, das ist nicht leicht. Man kann es aber lernen, wirklich.«

Glücklicherweise klingelte ihr Telefon und unterbrach unsere einseitige Unterhaltung.

Endlich war es vierzehn Uhr, und ich stürzte los, um zeitgleich mit Tobias zu Hause zu sein und mir etwas Bequemeres anziehen zu können. Außerdem hatte ich einen Mordshunger. Unterwegs tobte ich innerlich: Und warum sagt einem dann keiner, wie man das macht? Nein sagen im richtigen Moment. Stopp sagen. Schlagfertig sein. Selbstbewusst auftreten. Vielleicht war ich einfach nicht zur Heldin geboren.

Tobias hatte mindestens so schlechte Laune wie ich. Das konnte nur heißen, dass er eine Klassenarbeit verhauen hatte. Ich hätte ihn fragen müssen, aber ich hatte einfach keine Kraft mehr. So aßen wir schweigend. Danach verkrümelte er sich, so schnell er konnte, in sein Zimmer, und ich war froh darüber. Sollte sich doch sein Vater heute Abend um Klassenarbeiten und Hausaufgaben kümmern.

Perspektivwechsel

»Tobias.«

Ich steckte den Kopf ins Kinderzimmer und mühte mich, das Gedudel der Spielekonsole zu übertönen.

»Ich muss jetzt weg. Der Papa kommt sicher bald. Kannst du ein paar Minuten allein bleiben?«

»Ich bin doch kein Baby«, brummte er.

»Zeig dem Papa deine Hausaufgaben.«

Ich schloss die Tür, öffnete sie dann aber noch einmal. »Und zeig ihm auch deine verhauene Klassenarbeit.« Er sah überrascht auf und nickte.

Ellen wendete bereits ihr Auto und hupte. In letzter Minute hatte ich tatsächlich den roten Pullover gegen einen weißen ausgetauscht, der ein bisschen zu kurz war. Ich war wirklich bescheuert. So langsam wusste ich gar nicht mehr, wie ich mit Ellen umgehen sollte.

Ich ließ mich auf den Beifahrersitz fallen, ohne sie anzusehen. Sie plapperte schon wieder munter drauflos, als hätte es ihren Anruf nicht gegeben. Alle meine Antennen waren auf Ellen ausgerichtet: War ihr Tonfall normal? Gab es unterschwellige Spitzen? Mein Gott war ich froh, als sie einparkte und wir sofort auf Gisela trafen. Ich stürzte mich mit ihr in ein Gespräch über nervende Kunden und andere Belanglosigkeiten, bis mir das Treppensteigen den Atem nahm. Bald war die Musik aus dem Seminarraum laut genug, um sich nicht mehr unterhalten zu müssen.

Antonia stand schon vorn am Flipchart und sah uns lächelnd entgegen. Die konnte sich bestimmt problemlos abgrenzen. Ihr Anblick machte mir Mut, und ich setzte mich spontan auf einen anderen Platz als bisher.

»Perspektivwechsel, Barbara?« Antonia zwinkerte mir zu.

Ich saß jetzt zwischen Anita und Gisela. Ellen guckte irritiert.

»Na, wie geht's euch? Was hat sich in der Zwischenzeit verändert?«, fragte Antonia in die Runde und warf Renate den bunten Softball zu.

Sie strahlte. »Kann sein, dass ich den Job bekomme. Bis zur endgültigen Entscheidung dauert es noch. Aber ich habe ein sehr gutes Gefühl.« Wir applaudierten spontan.

»Ist das Gespräch wunschgemäß verlaufen?«

»Oh ja, total. Nach dem letzten Abend hier war mir klar, was mir an einem neuen Job wirklich wichtig ist. Dadurch bin ich ganz locker und gut vorbereitet in das Gespräch gegangen. Danke!«

Antonia lächelte. »Die Essstrategie wirkt also auch in anderen Bereichen. Die entscheidende Frage lautet: Was will ich jetzt wirklich?«

Das war Ediths Stichwort. Sie erzählte, dass sie die neue Essstrategie bei allem, was sie aß, angewendet hatte und völlig begeistert war. Sie warf Ellen den Ball zu. Jetzt war ich ja gespannt.

»Ich habe versucht, weniger Süßigkeiten zu essen.«

»So, so«, machte Antonia. »Steht bitte alle auf. Okay. Und jetzt *versucht*, euch hinzusetzen.«

Gelächter in der Runde. Als wieder Ruhe eingekehrt war, sagte Antonia: »Ihr kennt doch sicher die Star-Wars-Filme. Da gibt es eine Szene, in der Yoda, der kleine Ausbilder der Jedi-Ritter, den jungen Luke Skywalker auffordert, mithilfe der Macht ein Raumschiff aus dem Sumpf zu beamen. Und der sagt zögerlich: ›Ich versuch's.‹ Darauf antwortet Yoda mit seiner knarzenden Stimme: ›Versuchen, versuchen. Tu's, oder tu's nicht.‹«

Ellen guckte säuerlich, während wir anderen alle lachten.

»Ellen«, sprach Antonia sie an. »Ich glaube, letzte Woche sprachst du vom Verzichten, heute vom Versuchen. Du merkst wahrscheinlich, dass beide Begriffe nicht besonders motivierend klingen. Wie könntest du dein Ziel griffiger formulieren? So, dass es dir Spaß machen würde, dorthin zu kommen?«

»Abnehmen macht keinen Spaß, und das kann ich mir auch nicht schönreden«, maulte Ellen.

»Was wäre denn der Gewinn für dich, wenn du deine Wunschfigur erreicht hättest? Sozusagen das Ziel hinter dem Ziel?«

Ellen schwieg. Zum ersten Mal kam mir der Gedanke, dass sie vielleicht gar nicht verstand, um was es hier ging. Bei ihr war eigentlich alles entweder schwarz oder weiß. Grautöne kamen nicht vor. Völlige Begeisterung oder völlige Ablehnung. Na ja, meistens Ablehnung. Schroffe Meinungsäußerungen, die mich oft verletzten. Was, wenn ihr Verhalten gar nichts mit mir zu tun hätte? Darüber musste ich nachdenken.

Antonia hatte ihr Zeit gelassen und sagte jetzt: »Okay, lass die Frage in Ruhe auf dich wirken. Du musst jetzt nicht darauf antworten. Manches braucht seine Zeit. Und da du hier bist, kannst du alle diese neuen Informationen aufschnappen und mitnehmen und, wer weiß, eines Tages entfalten sie ihre Wirkung, und du setzt alles um.«

Ellen sah aus, als wäre sie in Trance, als sie den Ball an Gisela weiterreichte.

»Also, für mich kam der Kurs genau zur richtigen Zeit. Wir haben angefangen, unsere ganzen Ernährungsgewohnheiten unter die Lupe zu nehmen und viel mehr darauf zu achten, was wir essen. Nicht nur ich, auch mein

Mann und die Kinder haben schon abgenommen. Ich fühle mich viel besser. Der Blick auf die Waage ist kein Albtraum mehr, und meine Hosen sitzen lockerer. Und das«, sie warf Ellen einen raschen Blick zu, »macht definitiv Spaß.«

»Bravo, das klingt super«, lobte Antonia. Schon war der Ball bei mir.

»Ich muss unbedingt lernen, mich besser abzugrenzen und Nein zu sagen«, platzte ich heraus. »Ich esse ganz oft aus Frust, glaube ich.«

Antonia nickte. »Ja, das sind sie: die alten Muster, die wir als Kind gelernt haben. Damals haben sie uns geholfen, in der Welt zurechtzukommen. Heute hindern sie uns oft an einem erfüllten und zufriedenen Leben. Zum Glück können wir sie verändern. Du hast gesagt, du *musst* dich besser abgrenzen. Willst du es denn auch?«

Verdammt, sie achtete aber auch auf jedes Wort. Wollte ich das? Ich starrte in die Kerzenflamme. Blöde Frage, na klar wollte ich das.

»Hat es dir Spaß gemacht, als Kind dein Zimmer aufräumen zu *müssen* oder Gemüse essen zu *müssen*? Eher nicht. Und weil in uns drin immer noch so ein Kind wohnt, reagieren wir auf *du musst* auch heute noch mit Trotz oder Verweigerung. Sogar dann, wenn wir uns diese Sätze selber sagen.«

Das leuchtete mir ein. »Gut. Ich *will* mich besser abgrenzen, und ich *will* lernen, Nein zu sagen.« Dieser Satz fühlte sich tatsächlich überraschend anders an.

Es steckte auch mehr Nachdruck dahinter.

Und das machte mir auch ein bisschen Angst.

»Das ist natürlich ein sehr komplexes Thema, Barbara. Wem gegenüber und wann willst du das können? Das nur als Anregung. Du brauchst jetzt nicht darauf zu antworten. Zum Glück habe ich heute Abend genau das richtige Handwerkszeug dafür im Gepäck. Denn ich vermute, du bist nicht die Einzige, die in dieser Hinsicht Unterstützung brauchen kann.«

Ich sah meine Mitstreiterinnen an. Ja, da nickten fast alle. Das war ja spannend. Waren wir vielleicht übergewichtig, weil wir zu viel Frust und Ärger hinunterschluckten?

»Der Kurs hat mit viel mehr zu tun als nur mit Abnehmen«, sagte Anita neben mir nachdenklich. »Ich glaube, er kann dein ganzes Leben umkrempeln.«

Antonia grinste. »Wie heißt es so schön: Alles hängt mit allem zusammen.«

Als nächste knetete Claudia den bunten Softball in ihren Händen. »Ich habe diese Woche pausiert.«

»Okay«, sagte Antonia langsam. »Und was genau heißt das?«

»Auf nichts geachtet. Gegessen, was ich wollte. Mir war alles egal.«

»Wow! Für eine so kontrollierte Frau wie dich, die sich nach eigener Aussage nicht entspannen kann, ist das ein echter Fortschritt. Das meine ich ernst.«

»Aber gut finde ich das nicht.«

»Das kann ich mir denken. Genieße es trotzdem.«

Zögerlich stimmte Claudia in unser Gelächter mit ein.

»Ich habe auch pausiert«, sagte Sabine.

»Ich auch.« Renate schaute schuldbewusst drein.

»Nun ja, manchmal klappt es nicht so, wie wir wollen. Arbeitsüberlastung und Stress, Geburtstagsessen und andere besondere Ereignisse bringen uns vom Kurs ab. Dann tritt Plan B in Kraft, und das heißt: nach Möglichkeit das Gewicht halten. Und wenn diese Phase vorbei ist, kehren wir zu Plan A und zu unseren Zielen zurück. Ohne schlechtes Gewissen.«

Antonia stand auf und ging vor dem Flipchart hin und her. »Das ist der springende Punkt. Wenn etwas dazwischenkommt und unsere ganzen Vorsätze und Ziele über den Haufen wirft: Nicht aufgeben! Das war übrigens ein Motto von Churchill: Niemals aufgeben! Wir kehren zu unserem Plan A zurück und machen weiter.«

Ich dachte an meine Montagsdiäten, die meistens schon mittags als gescheitert gelten konnten. Dann hatte ich aufgegeben und mich schlecht und willensschwach gefühlt. Unruhig rutschte ich auf meinem Stuhl herum. So viele Aha-Erlebnisse heute, die ich unbedingt aufschreiben musste. Ich zog die pinkfarbene Kladde aus meiner Handtasche und schrieb: »Niemals aufgeben. Churchill. Zu Plan A zurückkehren. Versuchen funktioniert nicht, man muss es tun. Müssen ist nicht so wirkungsvoll wie wollen. Auf Formulierungen achten. Hat Ellens Verhalten vielleicht gar nichts mit mir zu tun?«

»Das positive Vorstellungsgespräch hat mir Auftrieb gegeben«, sagte Renate gerade. »Ich habe gemerkt, dass das, was du letzte Woche hier mit mir gemacht hast, Wirkung zeigte. Und trotzdem kann ich mir nicht richtig vorstellen, dass ich abnehme.«

»Geht das den anderen auch so? Super, da habe ich etwas für euch«, strahlte Antonia. Sie setzte sich wieder hin und sprach mit dieser ruhigen Stimme, die sonst die Entspannungsphase einläutete.

»Spüre bitte deine jetzige Körperform und dein Gewicht auf dem Stuhl. Nimm wahr, wie du im Augenblick den Stuhl ausfüllst. Mach die Augen zu, wenn du magst. Und jetzt stell dir bitte vor und spüre, dass du dicker wirst, immer dicker. Deine Körpermassen dehnen sich aus, quellen über die Sitzfläche hinaus. Es ist unbequem. Genau so und noch mehr. Fettmassen überall an deinem

Körper, in deinem Gesicht. Und dann komm mit deiner Aufmerksamkeit wieder hierher zurück.«

Mein Gott, war das eklig. Zum Kotzen. Ich fühlte das Fett an mir schwabbeln, Busen und Bauch gingen ineinander über. Aufgeplusterte Wangen, Doppelkinn. Was machte sie denn da mit uns? Ich öffnete die Augen und sah das gleiche Entsetzen in den Augen der anderen.

»Furchtbar!«, schrie Sabine, die Dünnste in unserer Runde.

»Ging das?«, fragte Antonia gelassen. Die Antwort sah sie uns wohl an. Ihre Stimme wurde wieder sanft und leise. »Prima. Wenn du dich dicker fühlen kannst, dann kannst du dich auch dünner fühlen. Mach die Augen wieder zu, und nimm wahr, wie das ganze Fett verschwindet, von dir abschmilzt, wie du ganz bequem und mit viel Platz auf deinem Stuhl sitzt. Wie deine Muskeln sich straffen, alle Gliedmaßen schlank und fest sind, dein Gesicht klar modelliert ist. Dann komm mit deiner Aufmerksamkeit wieder hier an.«

Sie musterte uns der Reihe nach. »Und wie ging das jetzt?«

Alle sprachen durcheinander. Die meisten hatten beides spüren können und natürlich die feiste Variante ganz schrecklich empfunden. Doch schien es auch beim Sich-dünn-Fühlen nicht allen gut ergangen zu sein. Claudia sprach mit spitzem Mund von ihrem hageren Gesicht. Anita hatte sich knochig gefühlt. Ich hatte das Gefühl, schlank und beweglich zu sein, als sehr schön empfunden, weil es mich an meine frühere Figur erinnerte.

Antonia klatschte in die Hände, um sich Gehör zu verschaffen.

»Erinnert euch an unsere erste Stunde. Alles beginnt im Kopf. Kannst du dich schlank sehen und fühlen, kommst du deinem Ziel automatisch näher. Einige von euch haben bei dieser Übung Einwände gegen das Schlanksein entdeckt. Das sind sehr wertvolle Hinweise. Wenn uns die Einwände bewusst werden, können wir sie bearbeiten.«

Mir fiel mein neues Ziel wieder ein. Hatte ich Einwände dagegen, mich abzugrenzen und Nein zu sagen? Vielleicht würde ich damit andere Menschen vor den Kopf stoßen. Dann könnten sie mich nicht mehr leiden. Hm. Könnte ich damit leben, wenn Ellen mich nicht mehr mochte?

»Du bist die Schöpferin deines Lebens«, sagte Antonia gerade. Ein paar Sätze hatte ich verpasst. Aber ich schrieb es in meine Kladde, weil es sich so gut anhörte: »Ich bin die Schöpferin meines Lebens.«

»So, wir kommen zum nächsten Programmpunkt des heutigen Abends«, sagte Antonia wie ein Conférencier, »und richten uns einen Schutzschild ein. Diese Übung ist inspiriert von dem Buch *So bin ich unverwundbar* von Barbara Berckhan.«

Antonia erklärte, dass es sich bei dem Schutzschild um eine innere Vorstellung handelte, die uns erlauben würde, uns von den Problemen und Gefühlen unserer Mitmenschen abzugrenzen, wenn es für uns notwendig wäre. In entspanntem Zustand sollten wir einfach den Bildern vertrauen, die in unserem Kopfkino auftauchen würden. Sie legte eine CD mit ruhiger Musik ein und löschte das Deckenlicht.

»Spür, wie du ganz entspannt auf deinem Stuhl sitzt. Mit jedem Atemzug gehst du mehr in einen angenehmen entspannten Zustand. Und jetzt stell dir vor, dass sich um dich herum ein Schutzschild aufbaut. Das kann eine Plexiglasscheibe, eine Mauer, eine Hecke oder etwas ganz anderes sein … Dahinter bist du vollkommen sicher und geschützt und kannst trotzdem alles sehen und hören, was du willst ... Doch alle unangenehmen Dinge von außen, zum Beispiel schlechte Stimmungen anderer Menschen, treffen dich nicht mehr ... Sie prallen an deinem Schutzschild ab wie Bälle von einer Mauer ... Spüre, wie geborgen du innerhalb deines ganz persönlichen Schutzschildes bist ... wann immer du es entscheidest ... weil du es dir erlaubst ... und weil du es dir wert bist ... Und je öfter du deinen persönlichen Schutzschild benutzt, umso selbstverständlicher und automatischer wird er sich aufbauen und dir das Gefühl von Sicherheit und Stärke geben.«

Wuuuschschsch ... kaum hatte Antonia vom Schutzschild gesprochen, hatte sich eine bläulich schimmernde Energie rund um mich gelegt, in deren Mitte ich mich tatsächlich sicher, geborgen und unverwundbar fühlte. Vielleicht lag es daran, dass sie vorhin die Star-Wars-Filme erwähnt hatte. Ich stellte mir vor, mit einem Laserschwert bewaffnet Ellen gegenüberzutreten. Die Macht sei mit mir!

Das Licht ging wieder an, und ich sah in strahlende, entspannte Gesichter. Mehr oder weniger intensiv hatte die Übung bei allen funktioniert, wenn auch die inneren Bilder sich enorm unterschieden. Es gab Litfaßsäulen, dicke Mauern, ein paar Dornröschenhecken. Claudia erzählte, dass sie einen Feuerwall um sich errichtet hatte. Sie wirkte erschrocken und doch zufrieden. Ihr Mann sollte sich am besten feuerfeste Kleidung besorgen, wenn er noch zu ihr durchdringen wollte.

Es war bereits kurz vor einundzwanzig Uhr, als Antonia die Abschlussentspannung ankündigte. Dies war fast der schönste Teil des Abends. Eine Zeit, die nur mir gehörte. Niemand wollte etwas von mir, und ich musste nichts tun. Die Musik untermalte sanft Antonias Worte. Ein gleichmäßiges Rauschen wie von einem Gebirgsbach, das mich angenehm einhüllte.

»Geh in deinen entspannten Zustand, ganz leicht, so wie du es jetzt schon kennst, und erinnere dich, wie nützlich es immer wieder sein kann, dich zu fragen: Was will ich jetzt wirklich? Erinnere dich an Plan A und Plan B. Du kannst jederzeit zu Plan A zurückkehren. Erinnere dich auch, wie du dein Körpergefühl verändert hast. Allein durch die Kraft deiner Vorstellung konntest du dich dicker oder schlanker fühlen. Du entdeckst immer mehr, dass es hier wie in vielen anderen Lebensbereichen darum geht, die Schöpferin deines Lebens zu sein. Wie fühlt sich das für dich an? Welche unendlichen Möglichkeiten gibt dir dieses Wissen? Und dann erinnere dich an deinen ganz persönlichen Schutzschild, lass ihn wieder um dich herum entstehen, sodass du ihn sehen und spüren kannst. Mit jedem Gebrauch wird er stärker und stärker …«

Ich konnte den Worten nicht mehr folgen. Ein paar Gedankenfetzen trieben durch meinen Kopf. Mochte Ellen mich eigentlich? War ich ihr wichtig? Oder waren wir nur aus langjähriger Gewohnheit und aus Bequemlichkeit noch immer befreundet?

Bis Nancy Sinatra wieder lautstark ihre Stiefel besang, waren nur wenige Minuten vergangen. Trotzdem fühlte ich mich erholt, entspannt und guter Dinge. Erst beim Rausgehen fiel es mir auf: Yvonne war heute gar nicht da gewesen.

Kaum dass ich in Ellens Auto saß und bevor der Mut mich verließ, zückte ich im Schutz der Dunkelheit mein Laserschwert: »Nur damit du es weißt. Es geht dich nichts an, was ich anziehe, wie viel ich rede und was ich rede.« Ein Ausrufezeichen hing quasi zwischen uns in der Luft.

Es zerbröckelte still und leise, als Ellen keinerlei Reaktion zeigte.

»Die hat mich auf dem Kieker«, brummte sie. »Letzte Woche und heute schon wieder.«

Eines wurde mir schlagartig klar: Ellen war vor allem Ellen wichtig.

Kleine Erfolge

Dass wir den Heimweg schweigend zurücklegten, war nicht neu, wohl aber mein Gefühl dabei: Ich hüllte mich in mein blaues Energiefeld und schloss die Augen. Dann stellte ich mir vor, wie die Antennen, die ich sonst auf Ellen ausgerichtet hatte, mit einem leisen Surren eingefahren wurden.

Irgendwie vergaß ich wohl, die Antennen wieder auszufahren, als ich unsere Haustür aufschloss, Mantel und Schuhe auszog und noch ganz in Gedanken ins Wohnzimmer ging. Ich merkte, dass Manfred den Laptop zuklappte und mich durchdringend ansah. Was war los?

»Tobias hat eine Sechs in Englisch.«

»Das habe ich befürchtet.«

»Mehr hast du dazu nicht zu sagen?« Er funkelte mich an.

Willkommen im wirklichen Leben.

Wortlos ging ich in die Küche, stützte mich auf die Arbeitsplatte und blinzelte ein paar Tränen weg. Es war ein Fehler gewesen, ihn so unvorbereitet mit Tobias' Schulproblemen zu konfrontieren.

Nein, verdammt. So ging das nicht.

Ich kehrte ins Wohnzimmer zurück und lehnte mich an den Türrahmen. Manfred lag auf dem Sofa und starrte auf den Fernseher.

»Was wolltest du mir wegen der Klassenarbeit sagen?«

»Wieso kümmerst du dich nicht um Tobias' schulische Leistungen?«

Was für eine gemeine Unterstellung. »Weil er auch noch einen Vater hat?«, bot ich an.

»Zynismus steht dir nicht«, kam es schneidend zurück. »Die Schule, das ist dein Bereich.«

»Nur weil es bisher so war, muss es ja nicht immer so bleiben«, sagte ich trotzig.

»Du kennst meine Einstellung zu Disziplin und Leistung. Mit einer Sechs in Englisch wird er nicht versetzt. Die Folgen brauche ich dir wohl nicht zu erklären.«

Das war so ungerecht. Was wusste er denn wirklich über Tobias' Noten? Das konnte ich so nicht hinnehmen. Hatte Antonia mich nicht gerade noch dazu ermutigt, mich abzugrenzen? Hier war eine Gelegenheit, und ich würde sie nutzen.

»Hör zu, er ist in der Pubertät. Da ist es völlig normal, dass die ein oder andere Arbeit verhauen wird. Aber wenn ich ihn darauf anspreche, bekomme ich nur patzige Antworten. Er ist jetzt in einem Alter, in dem er seinen Vater braucht. Als Autorität und als Kumpel. Du kannst dich nicht immer aus der ganzen Erziehung heraushalten, nur weil du ›das Geld verdienst‹. Und anstatt dich den ganzen Abend hinter deiner Arbeit zu verschanzen, könntest du ruhig einmal mit ihm reden. Ich bin doch hier nicht für alles zuständig.«

Uff! Mir ging die Luft aus. So eine lange Rede hatte ich schon lange nicht mehr an meinen Mann gerichtet. Mir war heiß. Ich musste mich hinsetzen. Bekam die Kurve nicht und stieß mir heftig den Oberschenkel am Esstisch an. Aua!

Manfred sah mich ausdruckslos an. »Bist du fertig?«

»Tobias hat übrigens gemerkt, dass wir gar nicht mehr miteinander reden. Für dich ist das doch alles sehr bequem hier. Hauptsache, alles funktioniert und du hast mit nichts etwas zu tun.«

»Ziemlich viele ›alles‹ und ›nichts‹ in deinen Sätzen, findest du nicht?« Manfred drückte auf den roten Knopf der Fernbedienung, erhob sich in Zeitlupe vom Sofa und ging an mir vorbei zur Tür. »Tobias braucht Nachhilfe in Englisch. Kümmere dich darum.«

Fahr doch zu deiner Geliebten, wollte ich ihm nachrufen, aber das traute ich mich dann doch nicht.

Als ich hörte, dass Manfred die Schlafzimmertür schloss, ging ich mir die Zähne putzen. Ich trödelte herum, schrubbte mein rot-fleckiges Gesicht, bis es noch mehr glühte, warf den weißen Pullover mit den Schweißflecken in die Wäschetonne – und wunderte mich über mich selbst. Ich war nicht wirklich beunruhigt. Im Grunde verstand ich Manfred. Er hatte einfach Angst, dass Tobias abrutschen könnte.

Manfred hatte seine prollige, von Sozialhilfe lebende Familie hinter sich gelassen. Für seine Eltern war er der Verrückte, der aus der Art geschlagen war. Hätte nicht damals sein Großonkel Erich seinen Ehrgeiz und absoluten Leistungswillen erkannt und ihm die Chance gegeben, in seiner Polsterei eine Ausbildung zu machen, wer weiß, was aus ihm geworden wäre.

Vielleicht übertrieb er es jetzt etwas.

Mit meiner perfektionistischen Mutter verstand er sich natürlich ausgezeichnet. Sie waren richtig gut darin, die Augen zu rollen und den Kopf zu schütteln, wenn es wieder um meine Schusseligkeit, mein Gewicht und meine Disziplinlosigkeit ging.

Aber vorhin hatte er überhaupt nicht argumentiert. Und das konnte nur bedeuten, dass er keine Argumente hatte. Und das bedeutete, dass ich recht hatte.

Ziemlich zufrieden mit mir kuschelte ich mich unter meine Decke und lauschte Manfreds regelmäßigen Atemzügen. Mir fiel ein, dass ich nicht einmal einen Toast mit Marmelade gegessen hatte.

Donnerstagmorgen: noch ein Kilo weniger. Wie konnte das denn sein? Na klar, dank der engen Jeans und dem Streit mit Manfred hatte ich gestern sehr viel weniger gegessen als sonst.

Die Erkenntnis traf mich wie ein Keulenhieb: Schlanksein kommt vom Nichtessen.

Ich dachte an die ganzen »Essen Sie sich schlank«-, »Nudeln machen schlank«-, »Kartoffeln machen schlank«- Ratgeber in meinem Wohnzimmerregal. Alles Blödsinn.

Nicht zu essen macht schlank.

Na ja, ich war kein Fan von Nulldiäten oder Fastenkuren und wollte es auch nicht werden. Also sagen wir lieber: Weniger essen macht schlank.

Weniger Kalorien reinstopfen = weniger Fett auf den Hüften.

Wieso kam mir das so sensationell vor? Während ich für Tobias und mich den Frühstückstisch deckte, dachte ich darüber nach. In der Theorie war mir das natürlich längst klar gewesen. Ein einfaches Ursache-Wirkungs-Prinzip.

Aber wirklich *gespürt* hatte ich es bisher nicht.

Wie konnte etwas so Schönes, Erfüllendes und Lebensnotwendiges wie Essen so schreckliche Folgen haben, dass ich den Blick in den Spiegel vermied, meinen Körper hasste und mein Selbstbewusstsein verlor?

Beim Mittagessen in der Kantine sprach ich mit Gisela darüber. Es dauerte ein wenig, es ihr zu erklären, aber dann gab sie mir recht.

»Schokolade, die im Mund schmilzt und ein Glücksgefühl zaubert. Mmmhhhh. Stimmt, in dem Moment hat das nichts mit Zunehmen zu tun. Oder so richtig pappsatt sein, bis nichts mehr rein geht, wenn du eine ganze Pizza verdrückt hast …«

»Oder zwei Portionen Lasagne.«

Gisela grinste. »Oder zwei Stück von der himmlischsten, sündigsten Buttercremetorte.«

»Das reizt mich jetzt weniger«, warf ich ein.

»Ist ja auch egal. Jedenfalls, wenn du dich so satt, zufrieden und getröstet fühlst wie ein Baby. Nee, in dem Moment hat das null und gar nichts mit der Zahl auf deiner Digitalwaage zu tun.«

»Die du ja auch erst am nächsten Morgen siehst …«

»… wenn überhaupt …«

»… und dann denkst du: So geht das wirklich nicht weiter, ich muss unbedingt abnehmen.«

»Genau. Und jetzt haben wir gelernt, dass das ›Müssen‹ nicht funktioniert.«

Uff! Wir sahen uns an.

»Weil wir keine Kalorien essen, sondern … «, ich sah auf meinen Teller hinunter, »Wirsingeintopf. Zum Beispiel.« Wie froh war ich jetzt, dass ich auf die Mettwurst verzichtet hatte.

»Tjaaa«, machte Gisela. »Yvonne könnte dir jetzt die genaue Kalorienzahl sagen. Und auch, wie viele du heute noch essen darfst.«

Ich rollte mit den Augen. »Nein danke.«

Ein paar Augenblicke aßen wir schweigend.

»Und was machen wir jetzt mit unseren Geistesblitzen?«, fragte Gisela.

»Antonia hat gesagt, Genuss sei wichtig«, sinnierte ich.

»Das geht nur, wenn man bewusst isst. Dann merkt man auch eher, ob man schon satt ist.«

»Oder ob man nicht eigentlich etwas ganz anderes als Leberwurstbrote und Kekse braucht.« Zum Beispiel Kuscheln oder Sex, dachte ich bitter.

»Die Essstrategie!«

»Der Schutzschild!«

Wir sprachen beide gleichzeitig mit vollem Mund.

»Ein Glück, dass wir in dem Kurs sind«, strahlte Gisela.

Als ich aus der Pause zurückkam, saß Annette an ihrem Schreibtisch und raufte sich die Haare. »Barbara, ich brauche deine Hilfe. Kannst du ein bisschen länger bleiben? Ich habe eine Terminarbeit und schaffe es nicht allein.«

Sie sah mich flehend an, und mir wurde ganz schlecht. Heute Nachmittag hatte ich so viel zu erledigen. Reinigung, Schreibwarengeschäft, Schuster ... Zur Belohnung wollte ich draußen in der Frühlingssonne sitzen und einen Cappuccino trinken.

»Barbara?«

Annettes Stimme holte mich in die Realität zurück.

»Ich weiß nicht«, stotterte ich, »das heißt ... nein.«

Hey, hatte nicht ausgerechnet Annette mir erst gestern unter die Nase gerieben, ich müsse dringend lernen, mich abzugrenzen? Hallo? Ich lächelte sie an.

»Eine sehr nette Kollegin hat mir geraten, öfter Nein zu sagen. Und siehe da, es funktioniert.«

»Och, Barbara, musst du denn ausgerechnet heute damit anfangen?«

»Keine Rechtfertigungen!« hatte ich in einem schlauen Buch gelesen. Also schwieg ich und hoffte, sie merkte nicht, dass mir der Schweiß ausbrach. Wie lange würde ich das wohl durchhalten?

»Ja, ich finde es auch ganz toll, wie schnell du lernst«, zischte sie, warf ihren Kugelschreiber hin und stürmte aus dem Büro.

Schutzschild, dachte ich, ich brauche dich. *Jetzt!*

Wuuuschsch – bläuliche Energie um mich herum. Ich schloss kurz die Augen und stellte mir vor, wie Annettes

Ärger an mir abprallte. Ob es normal war, dass hinter meinem Schutzschild mein Herz wie verrückt klopfte?

Ein paar Stunden später hatte ich Manfreds Hemden abgeholt, Schulhefte für Tobias gekauft und saß wie erträumt vor meinem aufgeschäumten Kaffee auf einer sonnigen Terrasse. Ein bisschen nagte das schlechte Gewissen an mir, wenn ich an Annette dachte. Aber hauptsächlich wunderte ich mich. In den letzten vierundzwanzig Stunden hatte ich ein paar Mal gegen meine Regel Nr. 1 verstoßen. Und weder war der Himmel eingestürzt noch hatten sich die Pforten zur Hölle geöffnet, um mich zu verschlingen.

Ich war in aufgekratzter Stimmung, als ich die Einkaufsstraße hinunterbummelte. Welcher Teufel ritt mich, die Edelboutique neben der Apotheke zu betreten? Nur mal gucken, dachte ich.

Eine Verkäuferin, die verblüffende Ähnlichkeit mit Iris Berben hatte, schwebte auf mich zu, und augenblicklich fühlte ich mich wie ein Walross auf Landurlaub. Ich murmelte etwas von »nur kurz umsehen« und überlegte fieberhaft, wie ich so elegant wie möglich den Rückzug antreten könnte. Sie lächelte, als stünden meine Gedanken in einem Display auf meiner Stirn in Leuchtbuchstaben geschrieben und reichte mir einfach einen schwarzen und einen grünen Pullover.

In der richtigen Größe.

»Frühlingsware«, sagte sie strahlend. »Bei so einem Wetter wie heute stellt doch jede Frau fest, dass sie überhaupt nichts zum Anziehen hat. Ist es nicht so?«

Das stimmte bei mir schon länger, wenn auch aus anderen Gründen.

Wer auch immer es war, der Umkleidekabinen mit drei Spiegeln erfunden hat, in denen man sich, ob man will oder nicht, von allen Seiten betrachten kann, sollte dafür in der Hölle schmoren. Mein Hintern sah gewaltig aus. Bevor ich das so überdeutlich vor Augen geführt bekam, war es mir wesentlich besser gegangen. Drei Kilo weniger, und kein Mensch merkt's. Wozu überhaupt die ganze Quälerei?

Einmal hatte Ellen mir aus dem Urlaub eine Postkarte in Schwarz-Weiß geschickt, auf der ein paar gut gelaunte Frauen im Stil der Fünfziger Jahre zu sehen waren. Auf der Vorderseite stand: »Was wäre die Welt ohne Männer? Keine Kriege und lauter dicke, glückliche Frauen.«

Ich zog den schwarzen Pullover über und staunte. Er hatte genau die richtige Länge, kaschierte die Speckröllchen optimal und sah trotzdem nicht wie ein Zelt aus.

»Darf ich?«, fragte Iris Berben und steckte den Kopf in die Kabine. »Toll!«

Ich musste ihr recht geben. Der grüne Pulli, obwohl ganz anders geschnitten, saß genauso gut. Und sah auch gut aus.

»Die Farbe passt ausgezeichnet zu Ihrem Teint und zu Ihren braunen Haaren.«

»Wenn nur die Speckröllchen nicht wären«, seufzte ich.

»Wissen Sie, sogar ganz schlanke Frauen haben Speckröllchen. Das ist eben so.« Sie zwinkerte mir zu. »Auf die richtige Kleidung kommt es an. Es wäre ein Jammer, wenn Sie die beiden Teile nicht nehmen würden. Zumal ich Ihnen noch zehn Prozent Rabatt einräumen kann. Manchmal muss man sich das selbst wert sein.«

Sie hatte die Zauberworte gesagt. Ich zückte meine EC-Karte.

Um einhundertfünfzig Euro ärmer und mit einer eleganten schwarzen Plastiktüte am Handgelenk schwebte ich nach Hause. Hatte Antonia nicht gesagt, man solle sich bei Erfolgen belohnen? Immerhin hatte ich keinen Kuchen zum Kaffee genommen. Und wenn ich nicht selbst gut für mich sorgte, wer würde es dann tun?

Keine Rechtfertigungen!

Ich dachte wieder an meine Regel Nr. 1: Wenn du dick bist, musst du immer nett sein.

Was für ein Schwachsinn.

Schon wieder Mittwoch

Feierabend. Erschöpft ließ ich mich auf den Autositz fallen. Was sollte ich bloß heute Abend über meine Woche erzählen? Ich konnte mich ja kaum an gestern erinnern.

Gestern. Nach dem Abendessen war ich vierzig Minuten »gegangen«. Letzten Freitag auch. Hm, zweimal in einer Woche, gar nicht schlecht. Dank der Sommerzeit war es abends jetzt noch hell, wenn ich in Turnschuhen aus dem Haus ging. Mittlerweile war es mir sogar egal, ob die Nachbarn mich sahen.

Was noch? Ein frostiges Wochenende mit Manfred lag hinter mir. Mein Schutzschild fühlte sich irgendwie durchlässig an. Vielleicht hatte ich ihn überstrapaziert. Nutzte der sich ab? Das wäre eine Frage, die ich Antonia stellen könnte.

Und auch im Büro nichts als Stress und Hetze. Alle Kunden machten Druck, weil sie noch unbedingt vor den Feiertagen eine Lieferung brauchten. Dabei waren wir ohnehin unterbesetzt. Natürlich blieben auch alle Vorbereitungen für den Osterurlaub an mir hängen. Sommersachen waschen, eine Badehose für Tobias kaufen, die Koffer vom Speicher holen. So kam ich gar nicht dazu, mich zu fragen, ob ich überhaupt Lust auf eine Woche Mallorca mit Manfred und Tobias hatte. Der Urlaub war gebucht, und wir würden fliegen.

Und noch ein grauenvoller Gedanke: Ich musste alle T-Shirts vom letzten Sommer anprobieren und schauen, ob sie noch passten.

Am liebsten hätte ich Ellen angerufen und für heute abgesagt. Doch als ich ihre Autohupe hörte, nahm ich meine

Jacke und ging. Manfred war bereits zu Hause, das musste ich ausnutzen. Wahrscheinlich wollte ich mich nur nicht seinem kritischen Blick aussetzen, der mir ohne Worte sagen würde: »Du hältst doch sowieso nichts durch.«

Jetzt freute ich mich tatsächlich darauf, für zwei Stunden unerreichbar zu sein. Ich war so in Gedanken, dass ich nicht viel von Ellens Geplapper mitbekam. An der Tür zum Seminarraum blieb ich stehen. Wo wollte ich denn heute sitzen? »Perspektivwechsel«, hatte Antonia gesagt. Anita zeigte auf den Platz neben sich und nahm mir damit die Entscheidung ab.

»Hallo, Barbara«, sagte sie, kaum dass ich saß. »Hast du Lust, in den Osterferien mit mir einen Kaffee trinken zu gehen?«

Ich dachte an den Urlaub und antwortete nicht sofort.

»Wenn du nicht willst, ist es auch okay«, sagte sie rasch.

»Nein, nein, entschuldige«, ich sah sie an und bemerkte zum ersten Mal, wie viele Sommersprossen sie hatte. »Wir fahren für eine Woche weg, und ich musste überlegen, wann es am besten passt.«

»Ach so.« Sie riss ein Blatt aus ihrer Kladde und schrieb ein paar Ziffern darauf. »Hier ist meine Telefonnummer. Ruf einfach an.«

»Gern. Ich freue mich.«

Das stimmte wirklich. Ich war neugierig auf Anita. Manchmal schien sie in höheren Sphären zu schweben, manchmal hatte sie einen erfrischend bodenständigen und direkten Humor. Inzwischen waren alle Stühle besetzt. Auch Yvonne war wieder da und hatte ihren Stammplatz genau gegenüber von Antonia eingenommen. Das, zusammen mit den Kommentaren, die sie zu allem abgab, ließ den Eindruck aufkommen, sie sei die Co-Trainerin.

Nur dass sie dafür zu fett war. Darüber hätte ich jetzt gern mit Ellen gelästert. Sie saß jedoch drei Plätze entfernt und schaute mich demonstrativ nicht an. Es war noch hell genug, um ohne die grelle Neondeckenbeleuchtung auszukommen. Nur die Kerze brannte. Daneben leuchtete auf dem blauen Seidentuch ein Topf voll gelber Narzissen. Eine schöne Farbkomposition. Früher hatte ich mich viel mit Farbenlehre und Inneneinrichtung beschäftigt. Sozusagen in einem anderen Leben.

»Guten Abend, meine Lieben«, sagte Antonia. »Die Hälfte unseres Kurses ist vorüber, und es liegen drei Wochen Pause vor uns. Was braucht ihr, um gut durch die Osterferien zu kommen? Was hat bisher gut funktioniert? An welche Erfolge könnt ihr anknüpfen? Damit werden wir uns heute Abend beschäftigen. Aber zuerst wie immer die Frage«, sie drehte den bunten Softball in den Händen, »wie ist es euch in der letzten Woche ergangen? Welche neuen Erfahrungen habt ihr gemacht?«

»Aber es sind doch nur zwei Wochen Osterferien«, sagte Yvonne kopfschüttelnd.

»Das ist richtig«, lächelte Antonia, »und das bedeutet, dass wir uns in drei Wochen wiedersehen.«

»Heute ist mein Tag«, rief Edith, und Antonia warf ihr den Ball zu. Ich freute mich, denn Ediths Beiträge versprachen meistens gute Unterhaltung.

»Also, früher«, begann Edith bedächtig, »früher dachte ich immer, ich muss gesunde Sachen essen, zum Beispiel Joghurt. Oder Obstkuchen, wenn ich zum Kaffee eingeladen war. Ich mochte das aber gar nicht. Viel lieber hätte ich das Stück Sahnetorte genommen. Und dann war das meistens so, dass ich nach dem Obstkuchen doch noch die Sahnetorte gegessen habe.« Sie holte Luft. »Durch den Kurs bin ich jetzt darauf gekommen, die gesunden Sachen einfach wegzulassen, dann habe ich *die* Kalorien schon mal gespart. Jetzt esse ich sofort das, worauf ich wirklich Appetit habe.«

Wir lachten. Edith redete weiter. »Meine Schwester ist ganz neidisch. Ich habe nämlich schon zweieinhalb Kilo abgenommen und esse alles, was ich will. Letzten Sonntag beim Familientreffen hat meine kleine, knubbelige Cousine aus Aachen das Stück Sahnetorte auf meinem Teller fassungslos angestarrt und mich gefragt: ›Weißt du eigentlich, wie viele Kalorien das hat?‹ ›Klar‹, hab ich gesagt. ›Siebenhundert‹. Die hat den Mund nicht mehr zugekriegt. Ich habe mich schon lange nicht mehr so gut amüsiert.«

Es war eine Stimmung wie auf einer Karnevalssitzung. Gisela wischte sich die Lachtränen aus den Augen. Edith hob die Hand. »Aber das Beste kommt noch. Abends mache ich für meinen Mann und mich immer einen Abendbrotteller zurecht. Damit setzen wir uns dann gemütlich vor den Fernseher. Vorgestern lagen auf meinem Teller zwei Riegel Bounty und ein paar Erdbeeren. Das war nämlich genau das, worauf ich Lust hatte. Mehr habe ich an dem Abend auch nicht gegessen. Er guckt auf meinen Teller, guckt noch mal hin, guckt mich an und fragt: ›Was ist das denn?‹ Ich sage ganz lässig: ›Ich bin schwanger.‹«

Wir schrien vor Lachen. So fühlte ich mich sonst höchstens nach ein paar Gläsern Prosecco.

»Ja, wir haben darüber dann auch sehr gelacht«, schmunzelte Edith. »Und gestern Mittag sagt mein Mann zu mir: ›Hör mal, wegen mir brauchst du nicht immer mittags zu kochen. Mir reicht auch ein Joghurt oder ein Salat. Oder wir gehen wandern und essen unterwegs eine Kleinigkeit.‹« Edith sah stolz in die Runde. »Und so werden wir das in Zukunft machen.«

Wow! Man konnte also auch im Rentenalter noch seine ganzen Gewohnheiten umkrempeln. Wenn man nur wollte.

»Wenn das keinen Beifall wert ist«, japste Antonia. »Heute ist wirklich dein Tag, Edith. So gewinnt ihr beide eine ganz neue Lebensqualität. Das ist toll.«

Edith nickte. »Am Anfang habe ich ja nicht so richtig geglaubt, dass das hier funktioniert. Aber jetzt weiß ich es.«

Sie warf den Ball zu Renate. In der Sekunde, die das dauerte, sagte Yvonne: »So ein Stück Sahnetorte hat aber wirklich die Hälfte deines Tagesbedarfs an Kalorien. Gesund ist das nicht.«

»Wen interessiert's?«, zischte Ellen so laut, dass ich es drei Plätze weiter hören konnte. Neben mir lehnte sich Anita ein Stück nach vorn, sah Yvonne an und sagte mit zuckersüßer Stimme: »Ich glaube, du hast den Witz nicht verstanden.«

Antonia dagegen ignorierte sämtliche Zwischenbemerkungen und sah lächelnd Renate an. »Wie geht es dir?«

»Tja, ich habe etwas Merkwürdiges festgestellt«, Renate fuhr sich mit einer Hand durch ihre grau-schwarzen Haare. »Ich denke gar nicht mehr so viel ans Essen. Es gibt ganz andere Dinge, die mich im Moment beschäftigen und viel wichtiger sind.«

»Klingt gut«, meinte Antonia. »Frei nach John Lennon: ›Leben ist das, was passiert, während du dabei bist, andere Pläne zu machen.‹ Oder an Essen zu denken.«

»Da geht's mir aber ganz anders«, rief Claudia dazwischen, und Renate warf ihr rasch den Ball zu. »Ich denke den ganzen Tag ans Essen. Ist das eine Folge des Kurses?«

»Nicht wirklich.« Antonia sah sie nachdenklich an. »Ich vermute, du hast vorher genauso viel ans Essen gedacht, und jetzt wird es dir bewusster. Das ist völlig normal.«

»Vielleicht«, murmelte Claudia. Sie kam mir immer so kratzbürstig vor. Als Freundin wäre sie nicht gerade meine erste Wahl.

»Für Essen gibt es eben keinen Ersatz«, rief Yvonne.

»Ja und nein.« Antonia wandte sich Yvonne zu. »Natürlich können wir uns das Essen nicht abgewöhnen, als wäre es eine schlechte Angewohnheit. Allerdings können wir lernen, unser Essverhalten so zu verändern, dass wir nicht jeder Versuchung kritik- und willenlos ausgeliefert sind. Deshalb seid ihr hier.«

Yvonne klappte den Mund auf, schloss ihn aber wieder, als Sabine anfing zu reden. Wann würde sie endlich kapieren, dass diejenige sprach, die den Ball in der Hand hielt?

Sabine erzählte, sie sei, ausgestattet mit ihrem Schutzschild, zu ihren Nachbarn gegangen und habe um weniger Lärm gebeten. Der Erfolg ihrer Aktion hielt sich bisher in Grenzen. »Ich hoffe, du hast es anders formuliert und um mehr Ruhe gebeten«, grinste Antonia. »Du weißt ja, unser Unterbewusstsein versteht Verneinungen nicht.«

»Oh«, machte Sabine erschrocken.

»Geh doch einfach zum Mieterschutzbund«, warf Yvonne ein. »Wozu gibt es gesetzlich festgelegte Ruhezeiten? Daran muss sich jeder halten.«

Antonia warf ihr nur einen kurzen Blick zu. »Habe ich euch schon die Geschichte vom Bären und der Todesliste erzählt? Nein?« Sie setzte sich und begann, mit ihrer Märchentantestimme zu erzählen.

»Im Wald geht das Gerücht herum, der Bär habe eine Todesliste. Alle Tiere sind sehr aufgeregt. Schließlich geht der Hirsch zum Bären und fragt: ›Bär, stehe ich auf deiner Todesliste?‹ – ›Ja‹, sagt der Bär, ›du stehst auf meiner Todesliste.‹ Und tatsächlich, zwei Tage später ist der Hirsch tot. Die Tiere im Wald sind jetzt noch viel aufgeregter. Endlich traut sich der Fuchs zum Bären und fragt: ›Bär, stehe ich auch auf deiner Todesliste?‹ – ›Ja‹, antwortet der Bär, ›du stehst auch auf meiner Todesliste.‹ Und richtig, zwei Tage später ist der Fuchs auch tot. Im Wald bricht Panik aus. Wildes Gerede, viele Gerüchte. Es dauert lange Zeit, doch dann traut sich eines Tages der Hase zum Bären und fragt mit zitternder Stimme: ›Bär, stehe ich auch auf deiner Todesliste?‹ – ›Ja, Hase‹, sagt der Bär, ›auch du stehst auf meiner Todesliste.‹ – ›Kannst du mich davon streichen?‹ – ›Okay, kein Problem.‹«

Als das Lachen abebbte, sah uns Antonia der Reihe nach bedeutsam an. »Kommunikation hilft.«

Sie zwinkerte Yvonne zu, die irritiert in die Runde guckte. Dann war der Ball bei mir, und plötzlich war meine ganze Energie verpufft. Es kam mir albern vor, meine Pulloverkäufe oder meinen »Sport« zu erwähnen.

»Kann man seinen Schutzschild überstrapazieren?« Die Frage war mir herausgerutscht, bevor ich darüber nachdenken konnte.

»Ganz im Gegenteil«, grinste Antonia. »Er wird mit jedem Gebrauch stabiler und selbstverständlicher, sodass man ihn überhaupt nicht mehr bewusst einsetzen muss. Das geschieht dann ganz automatisch.«

Gott sei Dank. Wahrscheinlich las Antonia wieder alle meine Gedanken und Empfindungen aus meiner Mimik ab, denn sie sagte: »Klingt beinahe so, als hättest du ein paar Erfahrungen mit Abgrenzen und Neinsagen gemacht.«

»Wie kannst du das denn wissen?« Am liebsten wäre ich auf die Größe einer Stubenfliege geschrumpft. Ich wollte hier nichts über meine Ehe preisgeben. Den Konflikt mit Annette konnte ich wegen Gisela nicht ansprechen. Außerdem hatte sich Annette ja am nächsten Tag bei mir entschuldigt. Ein Primeltöpfchen hatte auf meinem

Schreibtisch gestanden, und auf einem daran geklebten Zettel stand: »Sorry! Du bist auf dem richtigen Weg. Weiter so!« Sie hatte mich zerknirscht angeschaut. Natürlich war ich ihr nicht böse gewesen. Ganz im Gegenteil. Ich war froh, dass sie nicht mehr sauer auf mich war.

Tja, und logischerweise konnte ich auch nicht über meine Abgrenzungsversuche Ellen gegenüber sprechen. Was also tun? Ich gab mir einen Ruck. »Ich hatte eine ziemlich stressige Woche, denn tatsächlich gab es ein paar Situationen, in denen ich das Neinsagen geübt habe.« Ich rang mir ein Lächeln ab. »Mehr will ich dazu im Moment lieber nicht sagen.«

Antonia nickte verständnisvoll und meinte dann augenzwinkernd: »Ich verrate euch ein Geheimnis. Eure Umgebung wird nicht unbedingt jubeln, wenn ihr anfangt, euch zu verändern. Könnte durchaus sein, dass ihr damit ein paar Leuten auf die Füße tretet.«

Sabine begann, hysterisch zu lachen. »Mein Freund hat gestern zu mir gesagt: ›Gib doch nicht immer Widerworte.‹ Ist das zu fassen?«

Der Schutzschild nutzte sich also nicht ab. Das war gut. Ich hatte so eine Ahnung, dass ich ihn in der nächsten Zeit noch oft brauchen würde. Ich reichte den Ball an Anita weiter.

»Ich war so wütend in der letzten Woche. Und das ohne besonderen Grund. Bei ganz blöden Kleinigkeiten bin ich total ausgerastet und hätte mich am liebsten mit allen Leuten angelegt. Ich verstehe mich selbst kaum. Vielleicht habe ich die ganze Wut vorher immer runtergeschluckt. Kann das sein?«

Ich sah Anita von der Seite an. Dieses sanfte Wesen sollte wütend werden können? Kaum zu glauben. Aber Antonia nickte ernst.

»Ja, da hast du wahrscheinlich recht, dass du diese und andere Gefühle mit dem Essen runtergeschluckt hast. Jetzt isst du bewusster und spürst deine Gefühle besser. Kann sein, dass da noch ein paar alte Gefühle in deinem Bauch sind, die jetzt nach draußen drängen. Das dürfte aber eine Phase sein, die vorübergeht.« Sie lächelte Anita an. »Hoffe ich jedenfalls.«

Ich hatte doch etwas Ähnliches bemerkt, dachte ich aufgeregt. Essen als Mittel gegen Stress. Essen, um Gefühle wie Frust und Deprimiertsein wegzudrücken. Ich zog meine pinkfarbene Kladde aus der Handtasche und fing an zu schreiben. Das würde ja bedeuten ...

»Das hat mit Erlaubnissen zu tun«, sagte Antonia. »Darf ich so sein, wie ich bin? Sind auch Gefühle wie Wut, Hass und Traurigkeit akzeptabel? Wenn wir anfangen, uns damit zu beschäftigen, landen wir schnell bei den Erfahrungen aus unseren ersten Lebensjahren.« Sie stand auf. »Wir kommen darauf zurück. Heute Abend geht es zunächst um andere Dinge.«

Das würde bedeuten ... Essen würde nicht mehr der Trost in allen Lebenslagen sein. Es müsste bessere Möglichkeiten geben.

Antonia fragte: »Was hat bisher für euch gut funktioniert? Womit könnt ihr zum Beispiel zu fettes Essen ersetzen?«

»Dunkle Schokolade«, rief Ellen. »Davon kann ich nur ein kleines Stück essen, aber mein Bedürfnis nach Süßem ist trotzdem gestillt.«

Ich war nicht richtig bei der Sache. Essen statt fühlen. Wie blöd war das denn?!

»Ihr wisst ja, es geht hier nicht um Ernährungsberatung«, hörte ich Antonia wie aus weiter Ferne sagen. »Und doch gibt es einige Erkenntnisse, die wohl nicht von der Hand zu weisen sind. Zum Beispiel, dass es besser ist, mit frischen und vollwertigen Zutaten selbst zu kochen, anstatt ein Fertiggericht in die Mikrowelle zu schieben. Die ganzen Geschmacksverstärker und anderen Zusatzstoffe können unserem Körper nicht wirklich guttun. Frisches Obst und Gemüse, Kartoffeln, Vollkornnudeln und so weiter enthalten Vitalstoffe, die dafür sorgen, dass wir uns zufriedener und gesättigter fühlen. Und ich weiß nicht, wie es euch geht: Ich habe die Erfahrung gemacht, dass ich nach einem solchen Essen weit weniger Heißhunger auf Süßes habe.«

Ich versuchte, mich auf das neue Thema zu konzentrieren. Keine Fertiggerichte. Na klar, wenn man die Zeit hat. Wenn Tobias mittags ausgehungert aus der Schule kam, musste allerdings schnell etwas auf dem Tisch stehen.

Eigentlich gut, dass es jetzt wieder um konkrete Dinge ging. Essen und Gefühle, das war wie ein verfilztes Wollknäuel. Wie sollte ich das entwirren?

Zu dem neuen Thema hatten anscheinend alle etwas beizusteuern. Ich hörte Ellen sagen, dass es ab und zu einfach Pommes sein müssten und auch Fertiggerichte könnten doch lecker sein. Und für eine Person würde sich das Kochen sowieso nicht richtig lohnen. Claudia meinte, ein Wrap beim Burgerbrater sei doch keine Sünde, schließlich sei Salat dabei. Und mageres Hähnchenfleisch. Ich dachte an Tiefkühlpizza und Einliterbehälter mit Schokoladeneis. Dafür hätte ich jetzt sterben können. Irgendwie hatte Abnehmen doch mit Verzicht zu tun.

Antonia klatschte in die Hände und bat um Ruhe. »Ein spannendes Thema, ich weiß. Es geht hier nicht um richtig oder falsch, sondern um individuelle Lösungen. Ihr wisst selbst am besten, bei welchen Gelegenheiten ihr zu viel oder zu fett esst. Mit welchen alternativen Nahrungsmitteln könntet ihr ebenso zufrieden sein? Womit würde sich euer

Körper wohler fühlen? Womit kämt ihr schneller an euer Ziel, schlank, fit und gesund zu sein?«

Ich musste zugeben, dass der Gedanke an Pizza und Schokoladeneis gerade einen ekligen Beigeschmack bekam. Aber was wollte ich stattdessen?

»Na, kommt schon«, rief Antonia. »Wenn ihr so weitermachen wolltet wie bisher, dann wärt ihr nicht hier.«

Das stimmte allerdings. Vielleicht lohnte sich Disziplin ja doch. Vielleicht könnte sogar ich Alternativen für das süße und fettige Zeug finden, das ich bisher so gern in mich hineingeschlungen hatte. Mit Genuss hatte das ja meistens nichts zu tun gehabt.

»Ich könnte«, sagte Renate langsam, »mir abends einen Rohkostteller fertig machen und damit Chips und Schokolade ersetzen. Hauptsache, ich kann mir etwas in den Mund stopfen. Das beruhigt die Nerven.«

»Das stimmt«, rief Claudia. »Das mit dem Reinstopfen kenne ich. Aber ist es wirklich egal, was ich esse?«

»Manchmal geht es ja nur ums Kauen«, sagte Antonia, »als eine Möglichkeit, Stress und Aggressionen abzubauen.«

»Könnte passen.« Claudia verzog das Gesicht. »Vielleicht versuche ich es mit Kaugummi.«

»Okay, ihr seid auf dem richtigen Weg. Was ersetzt ihr durch was?«

»Exquisite Schokolade statt Unmengen billiger Kekse«, rief Sabine.

»Das mache ich jetzt schon«, sagte Anita. »Ich kaufe mir zum Beispiel eine ganz teure, gefüllte, dunkle Schokolade und lasse jedes Stückchen auf der Zunge zergehen. Das hat viel mit Genuss zu tun und …«

Gisela unterbrach sie mit einem hysterischen Lachen. »Ich stelle mir das gerade bildlich vor: Ich sitze abends vor dem Fernseher, vor mir habe ich einen Teller mit Kohlrabi- und Paprikastückchen und mittendrin thront eine Edelpraline.«

Die übermütige Stimmung war ansteckend. »Möhrengemüse an Trüffel«, prustete ich los, ohne nachzudenken. Ich erntete schallendes Gelächter. Was für eine Gruppe. Ich hatte mich schon lange nicht mehr so wohlgefühlt. Eigentlich war ich nicht der Typ, der in Gruppen Witze reißt.

»Fassen wir zusammen«, sagte Antonia. »Dunkle Schokolade, edle Süßigkeiten in kleinen Mengen, vielleicht auch mal Trockenobst und Nüsse, geschnipseltes Gemüse. Lieber frische Sachen selber kochen als Fertiggerichte aus der Mikrowelle. Was haltet ihr davon?«

»Könnte klappen.« Claudia kniff die Augen zusammen. Gisela und Anita schrieben eifrig in ihre Kladden.

»Gut, dann probiert das in den nächsten Wochen aus«, lächelte Antonia. »Und schon ist es Zeit zum Entspannen.«

Während sie am CD-Player hantierte, schwollen Reden und Lachen im Raum wieder an. Wie auf einer Party, dachte ich. Ich breitete meine Decke auf dem Teppich aus und ließ mich auf den Boden sinken.

»Lass dich von den Wortfetzen, von dem Lachen um dich herum, das vielleicht noch in dir nachklingt, ganz allmählich in eine angenehme Entspannung treiben ... Du spürst, wie deine Muskeln mehr und mehr loslassen ... dein Atem geht ruhig und gleichmäßig ... und du weißt schon, wie gut es dir tut, in den nächsten Minuten ganz bei dir selbst zu sein und dich an alles zu erinnern, was heute Abend an wichtigen Erfahrungen und Erkenntnissen für dich dabei war ... sodass dein Unterbewusstsein dich gut unterstützt und deine neuen Fähigkeiten dir ganz einfach und selbstverständlich zur Verfügung stehen ...«

Mmmh, schön. Jemand seufzte, und dann merkte ich, dass ich das war. Ich spürte buchstäblich, wie alle Belastungen mit dem Ausatmen aus mir herausflossen.

»Denke wieder an dein Ziel, was willst du für dich erreichen? Schlank und leicht sein, beweglich ... angenehm fühlt sich das an, schön, wenn du im Spiegel deine Erfolge siehst, vielleicht hörst du sogar, wie jemand dir Komplimente macht ... Spür jetzt ganz intensiv dein neues leichtes und schlankes Körpergefühl ... dein Wohlfühlgewicht ... Und jetzt schau dir genau an, wie du dahin gekommen bist. Du bewegst dich mehr als bisher, hast neue Essgewohnheiten, genießt frische Lebensmittel ... Dein Körper weiß genau, was ihm guttut und was er braucht ... schau dir an, welches neue Verhalten du ab jetzt umsetzt und wie sich das anfühlt ...«

Es war faszinierend. Ich konnte mich innerlich sehen, wie ich mindestens dreimal pro Woche meine Runde drehte. Vielleicht würde ich sogar zum Nordic Walking übergehen. Es erschien mir mit einem Mal gar nicht mehr so peinlich und unvorstellbar, mit Skistöcken durch die Gegend zu laufen. Unvermittelt tauchte ein ganz anderes Bild auf: Ich sah mich auf Mallorca im Swimmingpool. In meinem alten Badeanzug. Fett und kein bisschen sexy.

»Recken und strecken«, hörte ich Antonia sagen, »und mit einem tiiieefen Atemzug hierher zurückkommen, hellwach und erfrischt, jetzt.«

Der Gedanke an Mallorca hatte mich ein bisschen aus der Fassung gebracht. Neben mir stemmte sich Ellen in die Höhe. »Schöne Ferien!«, tönte es um mich herum. Ich versprach Anita, sie nach unserer Rückkehr anzurufen. Im Foyer verabschiedete ich mich von Gisela und tappte schweigend neben Ellen zum Parkplatz. Sie schimpfte über irgendetwas, aber ich hatte den Anfang verpasst, und es interessierte mich auch nicht. Sie hatte ja nicht einmal meinen neuen Pullover bewundert.

Mallorca

Warmer Wind streichelte meine Haut, die Sonne brannte mir auf Bauch und Beine. Ein großer Sonnenschirm sorgte dafür, dass mein Kopf im Schatten blieb. Hinter meinen geschlossenen Lidern tanzten goldene Funken. Alle Geräusche außer dem sanften Anrollen der Wellen drangen nur wie durch Watte an meine Ohren. Ich seufzte vor Wonne. So konnte es bleiben. Ich war wunschlos glücklich.

Tobias hatte sich mit Begeisterung dem Animationsprogramm für die größeren Kinder angeschlossen. Manfred war den ganzen Tag mit dem Mountainbike unterwegs. Wie einfach es sich doch vermeiden ließ, miteinander zu reden. Wann immer ich meinen Mann sah, starrte er auf sein Handy oder drückte wie wild auf den Tasten herum.

Ich wischte den Gedanken beiseite, ob er »ihr« Liebes-SMS schickte. Es war herrlich warm, ich lag leicht bekleidet am Meer, und niemand wollte etwas von mir. Das gleichförmige Rauschen der Wellen versetzte mich in einen Schwebezustand, wie kurz vorm Einschlafen. Was brauchte ich mehr?

Etwas zu essen. Ein Zwicken in meiner Magengegend meldete mir, dass es angesagt wäre, die Hotelgastronomie zu erkunden. Sollte das üppige Frühstück vom Büffet nicht etwas länger vorhalten? Müsli, frische Brötchen, Rührei, Kaffee ... Die Croissants und das spanische Gebäck aus Blätterteig und Pudding hatte ich heldinnenhaft links liegen lassen.

Ich setzte mich langsam auf, kniff die Augen zusammen und sah mir zum ersten Mal meine Umgebung etwas genauer an. Mittlerweile waren viele der Doppelliegen belegt, die hellen Stoffsonnenschirme aufgeklappt. Links von mir cremte eine füllige blonde Frau mit Birnenfigur ihre beiden kleinen Mädchen ein. Ältere Paare spazierten Hand in Hand an der Wasserkante entlang. Üppige Frauen, bierbäuchige Männer. Um mich herum sprach man deutsch.

Ich blinzelte gegen das silbrige Glitzern der Sonne auf dem Wasser an. Hinter mir säumten Hotels und Appartementanlagen die Küste. Überall Palmen. Langsam streifte ich Leggins über meine bereits leicht geröteten Beine, zog mein T-Shirt in Übergröße über den Badeanzug und schlüpfte in die Badelatschen. Auf dem kurzen Weg zwischen Strand und Hotelanlage dachte ich daran, was ich mir hoch über den Wolken geschworen hatte, als die Flugbegleiterinnen Drinks servierten. Barbara, hatte ich zu mir gesagt, du wirst diese Woche genießen. Probleme lösen wir später.

Ein verführerischer Duft von Gegrilltem zog mich magnetisch zur Pool-Snackbar. Ich bestellte einen großen Salat mit Pinienkernen und gegrillten Hähnchenstücken. »Kein Verzicht«, das hatte Antonia ausdrücklich gesagt.

Der Nachmittag verging ebenso angenehm wie der Vormittag. Ich lag flach auf meiner Liege und ließ mich von beiden Seiten rösten. Mann und Sohn traf ich erst abends im Appartement, wo wir uns umzogen, um ins Restaurant zu gehen. Tobias sprudelte über von seinen Erlebnissen. Manfred widmete ihm seine ganze Aufmerksamkeit, und mir fiel auf, dass er mich kaum einmal ansah. Umso besser, da konnte ich mich voll und ganz auf das exquisite Büffet konzentrieren.

Zwei Tage später. Unser Ferienprogramm »Wie vermeide ich den Kontakt mit meinem Ehepartner?« lief äußerst erfolgreich. Ich wechselte zwischen Strand und Pool, las, schlief oder schaute gedankenlos aufs Meer. Mein Kopf war so leer wie eine Pralinenschachtel nach einer Fressattacke. Am Abend traf ich Tobias und Manfred, die von Radtouren, Tennisturnieren, Schnitzeljagden, Kletterwänden und ähnlichen Männerabenteuern schwärmten. Rot glühend und sonnensatt tat ich so, als würde ich zuhören. Ein Schalter in meinem Kopf hatte sich von »Dauereinsatz« zu »außer Betrieb« umgelegt. Jetzt merkte ich erst, wie unglaublich erschöpft ich war.

Am Nachmittag des vierten Urlaubstages, zufällig war es ein Mittwoch, passierte etwas Seltsames. Mir war langweilig. Mein Buch langweilte mich. Aufs Meer zu blicken langweilte mich. Ich spürte eine kribbelnde Unruhe in meinem ganzen Körper. Unschlüssig ging ich bis zur Wasserkante und ließ die weiß schäumenden kleinen Wellen über meine Füße rollen. Dann ging ich einfach los, im Badeanzug, barfuß, immer dicht am Wasser, atmete tief ein und aus und freute mich an der Bewegung.

Ich war so beschäftigt mit Gucken und Gehen und Atmen, dass ich vergaß, darüber besorgt zu sein, was irgendjemand über mich denken könnte.

Irgendwann fiel mir auf, dass Menschen sich von ihren Sonnenliegen erhoben, ihre Sachen einpackten und ihre Pullis überzogen. Die Sonne verschwand im Meer, und es wurde kühl. Der Rückweg zog sich. Manfred war wütend, als ich verschwitzt endlich im Appartement ankam. Er und Tobias hatten mich am Strand gesucht und nur meine Sachen gefunden. Er hatte sich doch nicht etwa Sorgen gemacht? Ich stürzte mich aufs Abendbüffet und fiel danach in einen komatösen Schlaf.

Am Donnerstagmorgen kam ich kaum aus dem Bett, weil mein ganzer Körper schmerzte. Besonders schlimm war der Muskelkater in den Waden vom langen Barfußlaufen. Nach dem Frühstück humpelte ich zu meiner Liege am Strand. Doch der Himmel war grau. Ein kühler Wind vom Meer her wirbelte den Sand auf. Was nun? Ich hatte mal gelesen, dass man Muskelkater am besten mit Bewegung bekämpfte. Na dann, auf!

Ich zog Sandalen und T-Shirt an und lief los. Nach einer Weile erreichte ich eine kleine Strandbar. Ich bestellte einen Cappuccino und, nach einem kurzen Zögern, ein Stück spanisches Gebäck. Es zerging auf der Zunge.

Gedankenfetzen trieben in meinem Kopf herum wie Algen im heranrauschenden Meerwasser. In den letzten Tagen hatte ich vergeblich versucht, Pläne zu machen und Entscheidungen zu treffen. Ich musste doch unbedingt meine Ernährungsgewohnheiten ändern. Meine Ehe mit Manfred konnte auch nicht ewig so weiterdümpeln. Doch kaum dachte ich: Was soll ich bloß machen?, fiel mir ein, dass Tobias neue Schuhe brauchte oder dass ich für Ostermontag noch kein Restaurant reserviert hatte. Lauter unwichtiges Zeug verklebte meine Gedanken wie Zuckerwatte.

Aber jetzt, in diesem Augenblick, war alles perfekt: die windgeschützte Ecke, in der ich saß, köstlicher Kaffee, dazu die Stimme von Frank Sinatra aus den Lautsprechern und das einlullende auf- und abschwellende Rauschen der Brandung. Es war wie im Kurs bei der Abschlussentspannung. Einfach da sein. In diesem Augenblick hatte ich das Gefühl, unerschütterlich stark zu sein. Als könnte ich allen Dramen meines Lebens mit Humor und heiterer Gelassenheit begegnen.

Anita

»Und auf dem Rückflug hat Tobias zwischen mir und Manfred gesessen, damit wir uns bloß nicht unterhalten mussten.« Ich schob die leere Tasse auf dem kleinen Kaffeehaustisch herum und sah Anita an, als könnte sie etwas für meine eheliche Misere. Meine mallorquinische Gelassenheit war unter der Anspannung der letzten Tage zerbröckelt. Ich wusste einfach nicht mehr, wie ich mit meinem Mann umgehen sollte. Ging er mir aus dem Weg? Oder bildete ich mir das nur ein? Lief da etwas mit einer anderen oder doch nicht?

Anita hörte mir schon ziemlich lange sehr geduldig zu und sah immer noch nicht genervt aus. Es war ganz anders als bei Gisela, die schnell überfordert wirkte, oder bei Ellen, die gute Ratschläge verteilte, bevor ich ausgeredet hatte.

»Hört sich echt nicht gut an«, sagte Anita und nahm einen Schluck von ihrer Apfelsaftschorle. »Was sagt denn dein Bauchgefühl? Gibst du deiner Ehe noch eine Chance?«

»Ich denke doch«, sagte ich erschrocken. An Trennung hatte ich bisher jedenfalls nicht gedacht. Es war der Dienstag nach Ostern. Wir saßen im Café, umgeben von Frauen in unserem Alter. Im Gegensatz zu den meisten hatten wir standhaft auf Kuchen verzichtet. Ich hatte lediglich den in Zellophan verpackten Keks in winzige Teile zerbröselt und zum Kaffee genossen.

Anita legte mir sanft die Hand auf den Arm. »Ich kann gut verstehen, wie es dir geht. Eine ganz blöde Situation.«

Sofort schossen mir die Tränen in die Augen. Am liebsten hätte ich den Kopf auf die Marmortischplatte gelegt und hemmungslos geschluchzt. Aber das tat ich natürlich nicht. Anita reichte mir ein bereits entfaltetes Papiertaschentuch. Rasch tupfte ich mir die Tränen aus den Augenwinkeln und putzte mir die Nase. Schluckte meinen Kummer hinunter. Wie immer.

Schuldbewusst, weil ich sie so lange für mich beanspruchte, sah ich Anita an. Doch sie lächelte nur verständnisvoll. »Die Engländer sagen: ›Love it, leave it, or change it.‹ Fällt dir dazu etwas ein?«

Lieben? Das konnte ja wohl niemand von mir verlangen. Verlassen? Was oder wen? Schon das Wort löste Panik in mir aus. Verändern? Klar. Wenn ich nur wüsste, was.

»Ich weiß es nicht«, seufzte ich. »Keine Ahnung, was sich tun müsste.«

»Was *du* tun müsstest«, erinnerte mich Anita augenzwinkernd. »Du weißt doch, Ziele sollen eigenständig erreichbar sein.«

»Was *ich* tun müsste«, stimmte ich ihr widerwillig zu. »Erzähl mir lieber etwas von dir. Ich habe dich jetzt lange genug zugemüllt.«

Anita sah mich einen Moment nachdenklich an. Vielleicht beschloss sie, meinem inneren Durcheinander eine Pause zu gönnen. »Na ja«, meinte sie langsam, »ohne Mann ist es auch nicht einfacher. Seit meine letzte Beziehung vor fünf Jahren in die Brüche gegangen ist, bin ich Single. Manchmal glaube ich, dass ich gar keinen Mut mehr habe, mich auf eine neue Beziehung einzulassen.«

Du liebe Zeit. Vielleicht war mir meine schlechte Ehe doch lieber als gar keine Beziehung.

»Weißt du, was ich glaube«, sagte Anita. »Ich glaube, dass unsere jeweilige Beziehungs- und Lebenssituation nur ein Vorwand ist, um zu essen. Das eine hat mit dem anderen rein gar nichts zu tun. Wir können weder die

Umstände noch andere Menschen für unser Glück verantwortlich machen.« Sie kniff die Augen zusammen. »Hast du noch Zeit?«

Ich nickte. Tobias durfte bei seinem Freund übernachten, und Manfred hatte angekündigt, es würde spät werden.

»Dann lade ich dich jetzt zu einem Cocktail ein.«

In der kleinen Cocktailbar war um diese Uhrzeit nichts los. Wir setzten uns in die hinterste Ecke und stießen mit unseren Campari-Orange an.

»Ich schlage vor«, grinste Anita, »dass wir ab jetzt nur über positive Dinge reden. Über alles, was Freude und Genuss ins Leben bringt.«

»Gute Idee.«

»Ich finde es zum Beispiel schön, dich kennengelernt zu haben.«

Wow! »Ich auch.«

»Erzähl mir von Mallorca. Was war gut dort?«

»Dass es mir in der Woche einfach egal war, ob ich zunehme oder nicht. Ich hatte Antonias Worte über Plan A und Plan B im Ohr und hatte mir eine Auszeit zugestanden.«

»Die mediterrane Küche gilt ja als sehr gesund.«

»Es kommt sicherlich auf die Mengen an. Ich habe von allem, was mich wirklich anlachte, nur ganz kleine Portionen genommen, so, wie wir es im Kurs besprochen haben. So hatte ich nie das Gefühl, auf etwas zu verzichten.«

»Siehst du, es funktioniert.«

»Und die Strandspaziergänge. Der ganze Urlaub war wie ein Traum«, schwärmte ich. »Ich glaube, ich war einfach zu erschöpft, um zu denken. So blieb mir gar nichts anderes übrig, als im Hier und Jetzt zu sein. Klingt das sehr kitschig?«

»Überhaupt nicht.« Sie prostete mir zu.

»Meinst du, das kommt durch den Kurs? Dass man keine Lust mehr hat, sich Sorgen zu machen?«

»Wer weiß? Wäre ja kein schlechter Nebeneffekt, oder? Meistens ist es doch so, dass wir uns wegen zukünftiger Ereignisse Sorgen machen. Dann entwickeln sich die Dinge ganz anders, und die düsteren Gedanken waren umsonst.« Sie nippte an ihrem Drink. »Antonia hat recht. Wir sollten viel mehr auf unsere Gedanken achten. ›Nie sind die Dinge schlecht, nur die Art, wie du sie siehst.‹ Keine Ahnung, von wem das ist, aber es stimmt.«

Nie sind die Dinge schlecht, nur die Art, wie ich sie sehe? Hm. Schon wieder etwas zum Nachdenken. »Du beschäftigst dich viel mit solchen Sachen, nicht wahr?«

»Oh ja, die Esoterikszene rauf und runter«, lachte Anita. »Ich lege mir zum Beispiel jeden Morgen eine Tarotkarte.«

»Und die bestimmt dann, wie dein Tag wird?«

»Nein. Sie gibt mir nur einen Hinweis auf meine augenblickliche Gefühlslage.«

»Du scheinst da viel weiter zu sein als ich. Du kennst dich gut und bist dir über vieles bewusst.« Ich fühlte mich schon wieder unzulänglich.

Anita lachte. »Also fast schon erleuchtet, was? Wäre ich dann wohl im Kurs? Theorie und Praxis. Habe ich dir eigentlich erzählt, dass ich zu einem Trommelkurs gehe?«

Ich schüttelte den Kopf.

»Das macht dermaßen Spaß. Ich verausgabe mich völlig, und es ist unglaublich befreiend.«

Ich sah sie ungläubig an. Anita, wie sie mit den flachen Händen oder mit Stöcken auf Trommeln einschlägt, während ihr die roten Haare wild um den Kopf fliegen und Schweißtropfen in alle Richtungen sprühen – vielleicht musste ich meinen Eindruck von ihrer esoterischen Sanftheit revidieren.

»Und apropos Freude und Genuss: Nächstes Wochenende fahre ich mit einer Freundin zu einem Wellnesswochenende an die Mosel.«

»Wie schön.« Der Alkohol stieg mir schon zu Kopf, und meine Beine waren ganz schwer. »Ich werde ab morgen wieder walken«, sagte ich mutig, um zu testen, wie sich das anhörte. Gar nicht so verkehrt, oder? »An den Ostertagen habe ich es wegen des Familientreffens nicht geschafft.« Ich biss mir auf die Zunge. Erstens hatten unsere Familientreffen nicht viel mit Freude und Genuss zu tun, und zweitens war es taktlos von mir. Wahrscheinlich war Anita an den Feiertagen unfreiwillig allein gewesen.

Der Kellner stellte einen zweiten Campari-Orange vor uns ab. Das brachte meine Gedanken vom gestrigen Familientag in die Gegenwart zurück.

»Hey, ich muss noch Auto fahren.«

»Notfalls fahre ich dich nach Hause«, kicherte Anita. »Mir kann man ja nicht den Führerschein abnehmen. Ich habe nämlich gar keinen.«

»Sehr witzig.« Wie zu Teeniezeiten fühlte ich mich aufgekratzt, schwerelos und ein wenig ängstlich.

»Trinken wir auf mehr Sex in meinem Leben«, rief Anita, anscheinend vom Alkohol enthemmt. Erschrocken sah ich mich um. Die beiden Männer vor dem Tresen und der Barkeeper beachteten uns nicht. Ach, was soll's, dachte ich. »Wenn du meinst, dass es hilft, verheiratet zu sein, irrst du dich. Ich hätte auch nichts gegen mehr Sex in meinem Leben.«

»Schon wieder eine Illusion weniger.«

»Scheiße, ja.«

Wir kreischten wie Dreizehnjährige, und der Barkeeper grinste zu uns herüber. Hatte er etwa doch zugehört?

»Was würdest du gern tun, was du dir bisher nie erlaubt hast?«, fragte Anita.

»Heiße Dessous tragen«, platzte ich heraus.

Anita sah mich erstaunt an. »Und warum tust du es nicht? Es hindert dich doch niemand.«

»Ab einer bestimmten Kleidergröße wirkt das doch bloß lächerlich.«

»Blödsinn«, rief sie und schwor, sie würde mich bei nächster Gelegenheit in einen Wäscheladen schleifen. Ich glaubte ihr aufs Wort und war froh, dass die Geschäfte schon geschlossen hatten. Sie erzählte, dass sie einmal auf einer Dessousparty gewesen sei.

»Das war lustig. Im Grunde ist doch jeder Körper schön. Und letzten Endes kommt es auf die Persönlichkeit an. Auf die Ausstrahlung. Auf die Dauer wollen die Kerle doch keine hohle Nuss mit Modelfigur.«

Da war ich nicht so sicher. Schon dachte ich an Manfred, sah auf die Uhr und stellte erschrocken fest, dass es nach acht war. »Ich muss nach Hause.«

Den zweiten Drink ließ ich zur Hälfte stehen. Anita zahlte, und untergehakt marschierten wir die Hauptstraße hinauf, bis ich zum Parkplatz abbog.

Das war wirklich schön gewesen. Ich hatte eine neue Freundin. Anita war einundvierzig, also drei Jahre jünger als ich. Wir waren gleich groß und ungefähr gleich schwer, obwohl ihre überzähligen Kilos anders verteilt waren als meine. Es machte total Spaß, mit ihr zusammen zu sein. Mit Anita könnte ich lernen, mutig zu sein. Vielleicht sogar übermütig. Ich trällerte einen Song aus dem Autoradio mit und bog mit Schwung in unsere Straße ein.

Dass Manfreds Auto vor der Tür stand, riss mich jäh aus meiner ausgelassenen Stimmung. Hatte er nicht gesagt, es würde spät? Ich fühlte mich schuldig, weil er nicht wusste, wo ich gewesen war. Weil ich beschwipst nach Hause kam und er gearbeitet hatte, während ich mich vergnügte. Mit klopfendem Herzen ging ich ins Wohnzimmer. Manfred sah von seinen Arbeitsunterlagen auf. Am besten versuchte ich es auf die lockere Tour.

»Hast du mich vermisst?«

»Wo warst du denn?«, antwortete er mit einer Gegenfrage.

Ich setzte mich zu ihm an den Tisch und erzählte von Anita und unserem Treffen. Wortlos hörte er zu.

»Ich wollte dich schon lange etwas fragen«, sagte ich unvermittelt und war selbst von mir überrascht. »Wir reden so selten. Und im Urlaub ...«

»Was gibt es denn?«, unterbrach er mich.

»Hast du eine andere?« Ich ärgerte mich sofort über meine direkte Frage. Es wird ausgehen wie immer, dachte ich resignierend. Er wird fragen, was ich mir einbilde, mich mit Gegenfragen auseinandernehmen und mir irgendeine Geschichte erzählen. Manfred schwieg. Ließ den Blick durch den Raum gleiten. Es dauerte.

»Seit heute nicht mehr.«

Was? Er gab es zu? Es war also wahr?

Er sah mich an, als erwarte er einen Nervenzusammenbruch. Irgendwie musste ich reagieren. Doch der Alkohol hatte einen Puffer zwischen mich und die Realität geschoben. Es war, als hätte das alles gar nichts mit mir zu tun.

»Du wirst darüber reden wollen. Aber heute nicht mehr.« Er tätschelte kurz meine Hand, schob seinen Stuhl zurück und ging.

Ich blieb einfach sitzen. Registrierte das wackelige Gefühl in meinen Beinen und die Leere in meinem Kopf. Wischte mechanisch ein paar Krümel von der Tischplatte.

Lauschte auf Manfreds Geräusche im Bad. Als es ganz ruhig geworden war, gab ich mir einen Ruck und stand endlich auf, hängte meine Jacke an die Garderobe und legte mich in Tobias' Bett.

Die Wirkung des Alkohols war verflogen. Ich lag auf der ungewohnten Matratze und starrte auf die Leuchtsterne an der Decke. Wieso seit heute? Hatte er Schluss gemacht? Oder sie? Und warum? Was bedeutete das für uns? Wer war sie eigentlich? Würde er sie wiedersehen? Wollte er mich noch?

Erst Tage nach dieser mehr oder weniger schlaflosen Nacht fing ich an, mir die richtigen Fragen zu stellen.

Stillstand

Gegen sechs Uhr erwachte ich aus einem unruhigen Schlaf. Auf Tobias' dünnem Kopfkissen hatte ich schief gelegen und mir die Schulter gezerrt. Schlimmer war das pelzige Gefühl im Mund, eine Folge der anderthalb Campari-Orange. Doch seit wann verursachte Alkohol akute Halsschmerzen? Ich konnte kaum schlucken, und meine Stirn glühte.

Ich wankte in die Küche. Manfred zog bei meinem Anblick alarmiert die Augenbrauen in die Höhe. »Lieber Himmel!«

»Bin krank«, krächzte ich.

»Das sehe ich«, sagte er und schob mir einen Stuhl hin. Mir war schwindlig.

»Leg dich sofort wieder hin.«

Dieser Aufforderung kam ich nur zu gern nach. Manfred brachte Tee und eine Schmerzsalbe, mit der er mir die Schulter einrieb. Sobald die Apotheke öffnete, besorgte er Grippemittel und Halstabletten. Ich lag jetzt in meinem eigenen Bett und versank in einen fiebrigen Schlaf, aus dem ich nur für Sekunden hochschreckte, wenn Manfred oder Tobias nach mir sahen. Musste Manfred denn nicht arbeiten? Ich brachte nicht genügend Energie auf, um diesen Gedanken oder irgendeinen anderen weiterzuverfolgen. Mal klapperten mir die Zähne, dann war mir wieder so heiß, dass ich die Bettdecke wegstrampelte. Mal fand ich Kamillentee und Zwieback auf meinem Nachttisch, mal ein Glas Wasser. Die Jalousien waren heruntergelassen, sodass ich keine Ahnung hatte, ob gerade Tag oder Nacht war.

Ich machte die Augen auf und hatte Appetit auf Rührei. In der Wohnung war es ganz ruhig. Ich griff nach dem kleinen Funkwecker auf meinem Nachttisch. Freitag, 21. April, 7:27 Uhr. Vorsichtig richtete ich mich auf und wartete, bis das Kreiseln in meinem Kopf nachließ. Dann schlüpfte ich in meine Hausschuhe und tappte in die Küche. Tobias und Manfred saßen beim Frühstück und sahen mich an, als hätten sie eine Erscheinung. Was ich besser verstehen konnte, als ich später in den Spiegel sah.

»Mama! Geht's dir wieder gut? Du hast zwei Tage geschlafen.«

»Kann ich Rührei bekommen? Und Kaffee?«

Manfred musterte mich skeptisch, stellte aber trotzdem die Pfanne auf den Herd und verrührte zwei Eier. Tobias streichelte meine Hand. Sieh an, pubertierende Jungs können doch Gefühle ausdrücken. Heute mal kein »Mamaaa, du bist so peinlich!« Es musste mir wirklich schlecht gegangen sein.

Nach dem Frühstück war ich völlig erledigt und verschwand wieder im Bett. Doch nach ein paar weiteren Stunden in der Horizontalen konnte ich einfach nicht mehr liegen. Ich zog aufs Sofa um, wo ich wenigstens aufrecht sitzen und fernsehen konnte. Meine Temperatur hatte sich normalisiert, und mein Kopf war wieder einigermaßen klar.

Es brauchte wohl keinen Psychologen, um meine Fieberattacke als psychosomatische Reaktion zu verstehen. Manfreds Eingeständnis am Dienstagabend hatte mich buchstäblich aus den Schuhen gehauen.

Ich hatte an meinen freien Tagen so viel vorgehabt: Walken, Schränke aufräumen, Kleidung aussortieren, lesen. Das erzählte ich Anita, die zu meiner Freude am Nachmittag anrief.

»Tja, stattdessen räumst du dein Leben auf.«
»Meinst du?«
»Na sicher. Fieber hat eine reinigende Wirkung und brennt alles Überflüssige weg.«
»Dann sollte ich vielleicht mal auf die Waage gehen«, scherzte ich.

Anita ging nicht darauf ein. »Erinnerst du dich an die Essstrategie? Was will ich jetzt wirklich? Das ist die richtige Frage für alle Lebenslagen.«

Ich seufzte und wünschte ihr ein tolles Wellnesswochenende.

Da lag ich nun auf dem Sofa, zappte ziellos durch vierzig TV-Kanäle und fragte mich, was ich *wirklich* wollte. Tee, ein Butterbrot und ein paar Kekse war die nächstliegende Antwort, denn ich hatte nicht nur Hunger, auch mein Appetit kehrte zurück. Dann blätterte ich durch eine Zeitschrift, konnte mich aber nicht auf den Text konzentrieren. Auch für körperliche Aktivitäten fehlte mir die Kraft.

Also was? Ganz vorsichtig wagte ich mich an die entscheidenden Fragen: Liebe ich meinen Mann eigentlich noch? Hat unsere Ehe noch eine Chance? Was will ich wirklich?

Am Sonntag durfte Tobias mit Kevin und dessen Eltern ins *Fantasialand* fahren. Manfred und ich taten, was wir schon sehr lange nicht mehr getan hatten. Nein, kein Sex. Wir setzten uns zusammen und redeten. Und so erfuhr ich, dass Manfred seit etwa drei Monaten eine Affäre mit einer ebenfalls verheirateten Kollegin hatte. Ihr Mann war dahintergekommen, und am vergangenen Dienstag hatten sie vereinbart, sich nicht mehr zu treffen. Beruflich konnten sie sich natürlich schlecht aus dem Weg gehen.

Das sei aber kein Problem, versicherte Manfred. Die Dinge seien zwischen ihnen völlig klar.

So weit die Fakten.

Doch meine Gefühle fuhren Achterbahn. Ich glaubte ihm nicht. Und selbst wenn es stimmte, dass die Geschichte zu Ende war: Was bedeutete das für uns? Ich heulte und schrie. Er hatte mich betrogen. Er schrie zurück. Ob ich mir denn einbilde, das Ganze hätte mit mir nichts zu tun. So, wie ich mich gehen lassen hätte.

Ich konterte, dann solle er doch mal die Augen aufmachen und die Veränderungen bei mir wahrnehmen.

»Welche Veränderungen?«

»Siehst du, es interessiert dich einfach nicht, was ich mache.«

»Du hast schon so oft etwas angefangen und nicht zu Ende gebracht.«

»Du unterstützt mich ja auch nicht.«

Ein Wort gab das andere. Und mit jedem Satz wurde es schlimmer statt besser. Bis wir uns nur noch stumm und feindselig anschauten.

»Was soll denn jetzt aus uns werden?«, fragte ich schließlich.

»Woher soll ich denn das wissen?«, schnaubte Manfred. »Sag du doch, was du willst.«

»Ich weiß es nicht.«

»Und ich weiß es auch nicht«, sagte er müde.

Am Sonntagabend holte ich Schokolade und Gummibärchen an der Tankstelle. Ich brauchte das jetzt, die Folgen waren mir in dem Moment egal. Seit der Rückkehr aus Mallorca hatte ich mich nicht mehr auf die Waage getraut. Aber bald war ja Mittwoch, und dann würde ich zu Plan A zurückkehren.

Drei Tage können jedoch lang sein und aus vielen verzweifelten Minuten und Stunden bestehen. Zwar stürzte ich mich am Montag wie gewohnt in die Arbeit und plauderte locker mit Annette über meinen Urlaub. Doch in Wirklichkeit lief ich wie auf Autopilot.

Schon bei der Heimfahrt war ich ein Verkehrsrisiko, tränenblind und unkonzentriert. Ich dachte unentwegt ans Essen. Am Montag hatte ich in der Kantine eine große Portion Spaghetti Bolognese verdrückt und feststellen müssen, dass die betäubende Wirkung kürzer war als die einer Schmerztablette. Die Schuldgefühle dagegen immens. Lohnte sich das? Mir war, als würden in meinem Inneren ein Engelchen und ein Teufelchen gegeneinander kämpfen.

Außerdem redete ich innerlich ständig mit Manfred, beschimpfte und verwünschte ihn und machte ihm Vorwürfe. Tatsächlich sahen wir uns jedoch kaum, da er sich wie gewöhnlich in die Arbeit flüchtete. Ich spürte einen dumpfen Schmerz in meinen Eingeweiden und hatte Panikattacken, wenn ich an die Zukunft dachte. Durch das viele Weinen waren meine Augen so rot und verquollen, dass ich in der Firma eine plötzlich aufgetretene Frühblüherallergie erfinden musste. Ich konnte mich nicht erinnern, jemals in meinem Leben so viel geweint zu haben. War das so, wenn man die Gefühle nicht mehr durch Essen wegdrückte? Ich war nicht sicher, ob ich das haben wollte. Dann vielleicht doch lieber ein bisschen Übergewicht?

Ohne die Telefongespräche mit Anita hätte ich diese Tage nicht überlebt. Sie hörte zu, bestärkte mich und versprach, dass alles wieder besser werden würde. Danach saß ich auf dem Sofa, dachte ans Essen, konnte mich aber nicht dazu aufraffen, in die Küche zu gehen. Oder ich stand unschlüssig vor dem Kühlschrank und hatte auf nichts Appetit. Ich öffnete die Schublade mit den Süßigkeiten und machte sie wieder zu. Und es wurde Mittwoch.

Der siebente Abend

Am Mittwochmorgen zeigte die Waage dreihundert Gramm mehr an als vor dem Urlaub. Das war ein sensationelles Ergebnis, das mich kurzzeitig euphorisch stimmte. Denn es bedeutete, dass ich mein Gewicht gehalten hatte. Ich war zwar erst gestern wieder meine Runde gegangen, dafür hatte ich aber zwei Tage so gut wie nichts gegessen. Anita würde mir heute Abend ihre Walking-Stöcke zum Ausprobieren mitbringen.

»Alles okay bei dir?«, fragte Ellen, als ich zur üblichen Zeit in ihr Auto stieg.

»Klar«, antwortete ich knapp. Ich lüge nicht gut, und Ellen hat häufig so eine Art siebten Sinn, einen auf mich ausgerichteten Seismografen, der mir schon manches Mal unheimlich war.

Prompt sagte sie: »Du klingst aber nicht so.«

Ich legte die Stirn in Falten. »Dann weißt du mehr als ich.«

Ich würde Ellen bestimmt nicht erzählen, dass ich mich seit Tagen elend fühlte. »Hab nur Heuschnupfen, halb so wild«, nuschelte ich.

»Hattest du doch noch nie.«

»Das kriegen eben immer mehr Leute.«

Kurze Pause. »Dann kannst du ja gar nicht walken gehen.«

»Hab ich gestern auch gemerkt.« Ich verzichtete auf die Belehrung, dass »walken« und »gehen« das Gleiche bedeuten.

»Und bei dir?« Gegenfragen waren bei Ellen immer gut und wirkungsvoll. Dachte ich. Aber dieses Mal irrte ich mich.

Sie schnaubte. »Lenk nicht ab. Ich kenne dich doch. Entweder hast du im Urlaub fürchterlich zugenommen, oder du hast Stress mit Manfred.«

Sie schwieg bedeutungsvoll, und noch vor Kurzem hätte sie sicher sein können, mich damit weichzukochen. Doch jetzt tat ich so, als hätte ich sie gar nicht gehört.

»Na schön, wie du willst. Meinst du, ich hätte nicht mitgekriegt, dass du dich mit Anita triffst? Es ist schon traurig, als alte Freundin, die immer für dich da war, so abserviert zu werden.«

In meinem Kopf formulierte ich schon eine beschwichtigende Antwort, als ich plötzlich glasklar sah, was hier vor sich ging. Das machte sie immer wieder mit mir. Ellen, das arme Opfer mit dem vorwurfsvollen und leidenden Unterton in der Stimme. Wer da kein schlechtes Gewissen bekam, hatte wahrscheinlich gar keins. So versuchte sie, mich unter Druck zu setzen. Hatte ich vielleicht einen Vertrag unterschrieben, keine Freundin neben ihr haben zu dürfen?

Absurdes Theater, das war es. Ich fing an, zu lachen, und konnte mich überhaupt nicht mehr beruhigen. »Oh, Ellen, wenn du dich hören könntest. Diese leidende Stimme.« Ich musste mir die Lachtränen wegwischen. Wahrscheinlich eine hysterische Überreaktion nach der ganzen pechschwarzen Verzweiflung der letzten Tage.

»Tut mir leid«, brachte ich mühsam heraus, »es ist nur …« Ich bekam kaum noch Luft vor Lachen. »Es ist nur so komisch. Dass ich das bisher nie gemerkt habe. Du machst das wirklich klasse. Und beinah wäre ich schon wieder darauf hereingefallen.«

Ellen warf mir Blicke zu, die Beleidigtsein, Besorgnis und völliges Unverständnis ausdrückten. Wahrscheinlich überlegte sie, ob sie mich in die Notaufnahme bringen sollte. Auf Ellens Fahrkünste hatte die Ablenkung katastrophale Auswirkungen. Fast hätte sie einen parkenden Pkw gestreift und einen Fußgänger erwischt. Ich war froh, als wir den VHS-Parkplatz erreichten.

»Entschuldige, Ellen«, ich schnappte immer noch nach Luft. »Mir ist nur gerade klar geworden, wie geschickt du mich manipulierst. Fast so gut wie meine Mutter.«

Ich sah ihr an, dass sie überhaupt nichts verstand.

»Ich habe mir nur Sorgen um dich gemacht«, sagte sie pikiert.

»Na klar.«

Im Foyer warteten Gisela und Anita auf uns. Anita sah mich forschend an, und ich nickte ihr zu. Alles in Butter, zumindest in diesem Augenblick. Der Lachanfall hatte mich aus meiner Depri-Stimmung gerissen. Nicht zuletzt deshalb, weil ich merkte, dass ich mich verändert hatte. Es gab Hoffnung.

Wir stapften die Treppen hoch, der Musik entgegen: Frank Sinatras *Strangers in the Night*. Meine Laune hob sich noch mehr. Ich sah die kleine Strandbar in Cala Millor vor mir, hörte das sanfte Anrollen der Wellen und spürte wieder den warmen Wind auf der Haut.

Als wir auf unseren Plätzen saßen, stupste Anita mich an und wies nach vorn. Auf dem Flipchart stand heute ein Spruch: »Der Kopf ist rund, damit das Denken die Richtung ändern kann.«

Das passte ja super. Ich riskierte einen Blick zu Ellen. Sie sah immer noch eingeschnappt aus. Wenn sie doch auch mehr von diesem Kurs profitieren und die Richtung ihrer Gedanken ändern würde.

Nancy Sinatra löste ihren Vater auf dem CD-Player ab. Wie immer brachte ihr Song augenblicklich meine Füße zum Wippen.

Antonia stand vorn und sah uns der Reihe nach grinsend an.

»Eine kleine Geschichte zum Beginn. Eine Kranichmutter flog mit ihrem Jungen eine weite, weite Strecke, und nach einiger Zeit hörte sie von hinten, wie das Junge rief: ›Mama, frag mich doch mal, wie es mir geht.‹ ›Halt den Schnabel‹, sagte die Mutter, ›spar deine Kräfte, der Weg ist noch weit.‹ Nach einer Weile kam wieder von hinten: ›Mama, Mama, frag mich doch mal, wie es mir geht!‹ ›Papperlapapp, flieg weiter!‹, rief die Mutter über die Schulter. Der kleine Kranich seufzte und flog, doch irgendwann rief er wieder, dieses Mal drängender: ›Maaamaaa, frag mich doch mal, wie es mir geht!‹ ›Na gut‹, sagte die Mutter, ›wie geht es dir denn?‹ ›Ach, frag mich nicht.‹«

Wir lachten. Meinen Gefühlszustand hatte Antonia damit auf den Punkt getroffen: Frag mich nicht. Auch ein paar andere nickten.

»Ich schlage vor, dass wir in der Anfangsrunde heute nur die positiven Erfahrungen der letzten Wochen erzählen. Okay?« Ohne eine Antwort abzuwarten, warf Antonia den Ball zu Sabine.

»Super«, strahlte Sabine. »Mir geht es nämlich richtig gut. Ich habe über Ostern mein Gewicht gehalten und denke gar nicht mehr so viel ans Essen. Ich bin sicher, das schaffe ich auch weiterhin.«

Neidisch sah ich mir die schlanke, sportliche Sabine an, die nur hier war, weil sie Angst gehabt hatte, mit jedem weiteren Lebensjahr ein Kilo zuzunehmen. Ihre Ausstrahlung hatte sich sehr positiv verändert.

Anita beugte sich vor, um den Ball zu fangen. »Darf ich da gleich anschließen? Ich bin am Wochenende mit einer Freundin durch die Weinberge an der Mosel gewandert. Und dabei hat meine dünne Freundin ununterbrochen vom Essen geredet. Vorher hatte ich geglaubt, schlanke Menschen sind schlank, weil Essen für sie keine große Rolle spielt.«

Sie drehte den Ball in den Händen. »Ich habe viel nachgedacht, und mir ist klar geworden, dass ich einen inneren Widerstand gegen das gängige Schlankheitsideal in mir habe. Oder hatte? Das ist wohl aus meiner Pubertät übrig geblieben, als ich einfach nicht der Norm entsprechen wollte. Aber jetzt«, sie lächelte ein wenig verlegen, »bin ich älter, und es wäre dumm, aus Protest dick zu sein, oder? Da würde ich mir ja nur selbst schaden.«

»Gratuliere«, sagte Antonia. »Du gibst also ein altes Muster auf, das du nicht mehr brauchst, und erlaubst dir jetzt, schlank zu sein.«

Anita nickte nachdenklich und reichte den Ball an mich weiter. Ich war selbst überrascht, wie viel Positives ich zu erzählen hatte. Besonders meine neue Strategie, mit dem Heißhunger auf Süßigkeiten umzugehen – Schublade auf, Schublade zu – sorgte für Heiterkeit. Ich warf Yvonne den Ball zu. Bis jetzt hatte sie noch keinen einzigen Ratschlag verteilt.

Sie wirkte aufgekratzt. »Ich setze mir keine Ziele mehr, weil die meistens ja doch zu hoch gesteckt sind. Wenn ich sie dann nicht erreiche, bin ich frustriert. Ich zähle weiter Kalorien und komme damit gut klar.«

Antonia sah aus, als wolle sie das kommentieren und würde sich im letzten Moment dagegen entscheiden. Sie nickte nur. Yvonnes schwarze Jeans spannten über den Hüften und an den Oberschenkeln. So erfolgreich konnte das Kalorienzählen nicht sein. Wieso war sie hier, wenn sie nicht etwas Neues ausprobieren wollte?

Renate war dran. »Ich habe den Job«, jubelte sie. »Am 2. Mai geht es schon los. Ich bin total glücklich. Danke für deine Unterstützung, Antonia.« Wir applaudierten spontan.

Edith erzählte, dass sie neuerdings über vieles lachen konnte, worüber sie sich früher geärgert hatte. Sie hatte sogar ihren Mann schon damit angesteckt. Claudia seufzte. »Mein Mann unterstützt mich überhaupt nicht. Im Gegenteil. Habe ich etwa auf der Stirn stehen, dass man mit mir alles machen kann?« Sie sah missmutig in die Runde.

»Gar nichts Positives?«, fragte Antonia. »Wolltest du nicht in den Osterferien eine Freundin besuchen?«

Claudia nickte. »Habe ich auch gemacht. Der Preis dafür war, dass ich tagelang bitterböses Schweigen zu ertragen hatte. Seit ich zurück bin, kritisiert mein Mann mich bei jeder Gelegenheit. Da war mir das Schweigen fast noch lieber.«

Antonia seufzte. Was sollte man dazu auch sagen?

»Heute stehen zwei Übungen auf dem Programm, die euch in einen guten Zustand bringen können. Ich hoffe, sie helfen dir auch.«

Gisela hatte einen »gesunden« Oster-Brunch mit der Familie gemacht. Sie war verwundert, dass es allen auch ohne die gewohnten Mengen an Butter und Sahne geschmeckt hatte. Den Erfolg auf der Waage sah sie auch schon. Ellen war als letzte an der Reihe.

»Ich habe bisher nur ein Kilo abgenommen«, murrte sie. »Eigentlich weiß ich gar nicht, wofür ich das alles mache. Mir geht es doch gut.«

»Mhmm«, machte Antonia, »ein Kilo ist ein Anfang, oder? Du wirkst unzufrieden. Wie kommt's?«

»Na ja, das ist ja wohl kein großer Erfolg, in zwei Monaten ein Kilo abzunehmen. Ziele habe ich auch nicht, außer, dass mein Sohn endlich eine nette Frau findet.«

Antonia, die nicht wissen konnte, dass Ellens Sohn schwul war, sah sie nachdenklich an. »Möchtest du, dass Enkelkinder deinem Leben einen Sinn geben?«

»Was ist verkehrt daran?«, zickte Ellen.

»Nichts, wenn man davon absieht, dass du wenig Einfluss auf die Wunscherfüllung hast. Wir kommen nicht umhin, eigene Ziele für unser Leben zu entwickeln. Auch wenn uns das nicht immer gefällt.«

Ellen nickte stumm. Jemand, der sie weniger gut kannte als ich, hätte das für Einsicht halten können. Hoffentlich ließ Antonia sich nicht täuschen. Ich wünschte, sie würde ihr sagen: »Wach mal auf, du blöde Kuh, und kritisiere nicht ständig alles!«

»Ich weiß nicht, ob ihr das kennt«, sagte Antonia stattdessen, »manchmal macht man etwas, ohne genau zu wissen, wieso und wofür. Und irgendwann trägt das Früchte, die du niemals erwartet hättest.«

Hä? Was meinte sie denn damit? Und was hatte das mit Ellen zu tun? Ich war verwirrt.

»Wie vielleicht bei der folgenden Übung«, fuhr Antonia fort, »eine Ressource-Übung, die du jederzeit zur Verfügung hast und die wie ein Türöffner funktioniert.« Sie setzte sich.

»Nehmt bitte euer Schreibzeug, und denkt an ein Problem, das ihr mit der gesamten Thematik noch habt. Das schreibt ihr dann in einem Satz auf, zum Beispiel so: ›Das Problem ist, dass ich so wenig Zeit für Sport habe.‹ Oder: ›Das Problem ist, dass ich immer zu viel koche.‹ Okay?«

Nicken in der Runde.

Ich wollte unbedingt Hilfe für meine Situation bekommen und schrieb in meine pinkfarbene Kladde: »Das Problem ist, dass ich nicht weiß, wie es mit meiner Ehe weitergeht.« Dann ging mir auf, dass wir das möglicherweise vorlesen mussten und ich schrieb auf das nächste Blatt: »Das Problem ist, dass ich so viele Süßigkeiten esse.« Ich konnte ja parallel an beiden Themen arbeiten.

»Habt ihr alle einen Satz hingeschrieben?«, erkundigte sich Antonia. »Gut. Das Ganze ist eine Übung in vier Sätzen, und der zweite Satz beginnt mit: ›Die Situation ist …‹ Es geht immer noch um das gleiche Thema. Um bei den Beispielen zu bleiben: ›Die Situation ist, dass ich so wenig Zeit für Sport habe.‹ Oder: ›Die Situation ist, dass ich immer zu viel koche.‹ Vielleicht ändert sich der Text aber auch bereits. Alles klar?«

Alles klar. »Die Situation ist, dass meine Ehe auf der Kippe steht.« Ups! War es das, was ich dachte? Ich nahm mir das zweite Blatt vor. »Die Situation ist, dass ich nicht gut auf Süßigkeiten verzichten kann.«

Ich sah noch nicht, wo die Übung hinführen sollte, vertraute jedoch darauf, dass gleich alles einen Sinn ergeben würde.

»Der nächste Satz beginnt mit: ›Die Herausforderung ist …‹«

Unsere Mimik erheiterte Antonia offensichtlich. »Einfach schreiben, aus dem Bauch heraus«, ermunterte sie uns.

Hm. »Die Herausforderung ist, Klarheit zu gewinnen.« Das stand da auf einmal auf dem Papier. Zweites Blatt: »Die Herausforderung ist, auf Süßes zu verzichten.« Das schmeckte mir aber gar nicht. Schon ging es weiter. Antonia kündigte die vierte und letzte Frage an: »Meine Chance ist …«

Puuuh! Ein paar Frauen begannen zu kichern. Die hatten wohl schon ein Aha-Erlebnis. Ich las meine drei Sätze zum Thema Ehe durch. »Meine Chance ist … glücklich zu sein.« Dachte ich. Und schrieb es auf. Und nun? Erst einmal das zweite Blatt vornehmen. »Meine Chance ist, schlank zu werden.« Das klang gut. Doch wie sollte das eine Ressource sein?

Als alle fertig waren, fragte Antonia: »Habt ihr von Satz zu Satz einen Unterschied im Gefühl bemerkt? Das Wort ›Problem‹ fühlt sich ganz schwer an, wie eine Last auf den Schultern, nicht wahr? ›Situation‹ dagegen ist neutral. ›Situation‹ besagt: Es ist, wie es ist. Und wenn nun diese ›Situation‹ zur ›Herausforderung‹ und sogar zur ›Chance‹ werden darf, haben wir einen kompletten Perspektivwechsel geschaft. Wie gesagt, diese vier Sätze sind wie ein Türöffner. Du bist deinem Problem nicht mehr ausgeliefert, sondern wirst wieder handlungsfähig.«

»Das ist genial«, strahlte Anita, »und völlig überraschend. Wie eine Antwort aus dem Unbewussten.«

»Magst du denn deine vier Sätze vorlesen? Niemand muss das tun; allerdings profitieren wir alle davon, wenn ihr euch outet«, sagte Antonia lächelnd. Das hatte ich ja vorausgesehen.

»Kein Problem«, meinte Anita. Sie las vor: »Das Problem ist, dass ich für alle Verständnis habe, außer für mich.« Sie sah von ihrer Kladde auf. »Das war nämlich auch noch eine Erkenntnis in den letzten Wochen.«

Sie rückte ihre Brille zurecht. »Die Situation ist, dass ich für alle Verständnis habe, außer für mich. Stimmt wirklich, ›Situation‹ klingt viel normaler und weniger bedrückend. Die Herausforderung ist, mich selbst in den Mittelpunkt meines Lebens zu stellen. Und meine Chance ist, meine Ziele zu erreichen und ein glückliches Leben zu führen.«

»Sehr schön«, lobte Antonia. »Wie ging es dir beim Schreiben? Wo kam der Kick?«

»Bei der Herausforderung natürlich.«

»Nun ist das ja ein sehr großes Thema. Du könntest jetzt die vier Sätze noch einmal mit einem Unterthema aufschreiben. Zum Beispiel: ›Das Problem ist, dass ich noch nicht so viel Übung darin habe, mich in den Mittelpunkt meines Lebens zu stellen.‹«

»Das trifft es genau.« Anita begann bereits, wieder zu schreiben.

»Barbara, magst du?«

Ich nickte und las meine vier Sätze zum Thema Süßigkeiten vor. Antonia nickte. »Genau. Du hast als Chance aufgeschrieben, was dich wirklich motiviert. Du hast ein Ziel, nämlich schlank zu sein. Dafür lohnt es sich womöglich, Verhaltensweisen zu überdenken, neue Gewohnheiten zu schaffen und gelegentlich auf etwas zu verzichten. Ich glaube, wir wissen alle, dass der Schokoriegel, den wir hastig im Auto essen, weder wirklich befriedigt noch mit Genuss gegessen wird.«

Sie zwinkerte mir zu. Woher wusste sie das nun wieder? Manchmal war ich nahe daran zu glauben, dass ich doch mit versteckter Kamera verfolgt wurde.

Gisela sagte: »Ich habe das Thema »Zu viel kochen« ausgewählt. Also: Das Problem ist, dass ich meistens zu viel koche und dann die Reste esse. Die Situation ist, dass ich zu viel koche. Die Herausforderung ist, weniger zu kochen. Meine Chance ist, abzunehmen.« Sie sah unsicher von ihrer Kladde hoch. »Ich weiß nicht, ob ich das richtig verstanden habe.«

»Das ist völlig in Ordnung«, sagte Antonia beruhigend. »Wie ging es dir denn beim Schreiben?«

»Ich dachte: Wenn es so einfach wäre.«

»Na ja, es ist ähnlich wie bei Barbara. Du hast ein großes Ziel und bist motiviert. Und du hast ja schon vieles in deinem Verhalten verändert. Vielleicht ist das bewusste Einkaufen der nächste Schritt?«

Gisela nickte und machte sich Notizen.

»Ellen?«

»Bei mir hat das nicht richtig funktioniert. Bei ›Herausforderung‹ und ›Chance‹ ist mir nichts eingefallen.«

»Okay, wir helfen. Lies einfach vor, was du hast.«

»Das Problem ist, dass mein Sohn noch keine Frau gefunden hat. Die Situation ist, dass mein Sohn keine Frau hat. Ja, und dann«, sie sah auf, »wusste ich nicht weiter.«

»Hm, ja.« Antonia schien nachzudenken. »Kannst du bitte formulieren, was genau *für dich* das Problem daran ist?« Ellen stand anscheinend gerade auf der Leitung, sodass Antonia helfen musste.

»Zum Beispiel: ›Das Problem ist, dass es mich ärgert, dass mein Sohn keine Frau und ich keine Enkelkinder habe. Oder traurig macht?‹«, bot sie an.

»Eher traurig.«

»Gut, dann schreib das bitte auf. Ich komme gleich darauf zurück.«

Yvonne und Claudia wollten ihre Sätze nicht vorlesen. Ich wäre neugierig gewesen, ob Claudia ihre Beziehungssituation thematisiert hatte. Edith brachte uns wieder alle zum Lachen.

»Das Problem ist, dass ich nicht so intelligent bin wie die anderen. Die Situation ist, es ist mir egal. Bei ›Herausforderung‹ ist mir nichts eingefallen. Meine Chance ist: Ich kann andere Sachen. Und damit«, fügte sie gleich hinzu, bevor Antonia fragen konnte, »geht es mir sehr gut. Ich bin hier im Kurs viel selbstbewusster geworden.«

»Super!« Antonia strahlte sie an. Edith war wirklich ein Goldstück, vielleicht tatsächlich etwas einfacher gestrickt als manche andere hier, aber ihr Humor und ihre Abgeklärtheit machten das mehr als wett.

»Sabine?«

»Ja, gern. Mein Problem ist, dass die Nachbarn immer noch sehr laut sind. Die Situation ist unerträglich. Die Herausforderung ist, noch einmal mit ihnen zu reden. Meine Chance ist, tja, da war ich nicht ganz sicher. Dass sich die Nachbarn ändern? Du sagst doch immer, man kann nur sich selbst ändern.«

»Das stimmt leider«, grinste Antonia. »Wie wäre es mit: ›Meine Chance ist, dass ich mit meinen Wünschen ernst genommen werde.‹ Oder: ›dass ich meine Einstellung verändere.‹ Es gibt viele Möglichkeiten. Manchmal lösen sich solche Probleme in Luft auf, wenn wir den Fokus nicht mehr darauf richten.«

Auch Sabine machte sich Notizen. Renate war die Letzte in der Reihe. »Das Problem ist, dass ich nicht konsequent bin. Die Situation ist, dass ich glaube, nicht konsequent zu sein. Die Herausforderung ist, mir bewusst zu machen, wo ich schon überall konsequent bin. Meine Chance ist, abzunehmen.«

»Ja. Und dir mehr zuzutrauen«, bestätigte Antonia. »Du hast das sehr gut auf den Punkt gebracht: Du glaubst nur, nicht konsequent sein zu können. Das heißt, du brauchst nur deine Einstellung zu überdenken. Seid ihr nicht alle«, sie wandte sich wieder an die ganze Gruppe, »in vielerlei Hinsicht konsequent und habt schon oft Durchhaltevermögen gezeigt? Wie lange seid ihr in einer festen Beziehung oder an ein und derselben Arbeitsstelle? Das ginge wohl kaum ohne Konsequenz und den Entschluss, jeden Morgen aufzustehen und weiterzumachen. Denkt an eure langjährigen Freundschaften. Halten eure Freundinnen euch für wankelmütig und unzuverlässig?«

So hatte ich die Dinge noch nie betrachtet. Auch bei mir war die Angst aufgetaucht, dass ich vielleicht ins Schwanken gerate und meine neuen Verhaltensweisen nicht durchhalten könnte.

Nach einem ermunternden Blick von Antonia las Ellen ihre vier neuen Sätze vor.

»Das Problem ist, dass es mich traurig macht, dass mein Sohn keine Frau und ich keine Enkelkinder habe. Die Situation ist anscheinend nicht zu ändern. Die Herausforderung ist, deswegen nicht mehr traurig zu sein. Meine Chance ist gut.«

»Schon besser, oder?«, fragte Antonia mitfühlend. »Wenn du nicht mehr traurig bist, was bist du dann?« Na klar, sie wollte einen Satz ohne Verneinung hören.

Ellen sah sie verständnislos an.

»Wie klingt das für dich: ›Die Herausforderung ist, die Situation zu akzeptieren‹?«

»Schwierig. Aber was bleibt mir übrig?«

»Ja, das ist eine sehr kluge Einstellung, Ellen.« Antonia wandte sich wieder an alle. »Ihr habt den Perspektivwechsel deutlich gespürt. Diese vier Sätze sind eine wunderbare Möglichkeit, ganz schnell den Blickwinkel zu verändern und so aus jedem Problem eine Chance zu machen. Dazu braucht ihr nur ein Blatt Papier und einen Stift.«

Anita flüsterte mir zu, das sei ja eine tolle Sache. Sie habe schon ganz viele Ideen, wo sie das anwenden wolle. Ich stimmte ihr zu. So verpassten wir den Anfang des nächsten Programmpunktes und waren überrascht, als alle auf ihren Stühlen herumruckelten und die Augen schlossen. War denn schon Zeit für die Abschlussentspannung? »Powerwort«, raunte Gisela. Na gut, dann Augen zu.

»Jetzt, wo du die Augen geschlossen hast«, sagte Antonia mit ihrer sanften Stimme, »und es dir bequem gemacht hast, bitte ich dich, an eine Situation zu denken, in der es dir richtig gut ging, in der du voller Power und Energie warst ... Sieh dich in dieser Situation ... Wie siehst du aus, wie ist deine Umgebung, sind andere Menschen dort ... was gibt es zu hören ... zu riechen ... zu schmecken? ... Wie fühlt es sich für dich an, in deiner vollen Power und Energie zu sein? ... Und wenn du auf dem Höhepunkt dieses Erlebens bist, dann finde ein Wort, das dazu passt ... Vielleicht ist es der Name eines Ortes, vielleicht so etwas wie ›Super‹, ›Power‹, ›Ja‹ oder etwas ganz anderes ... Dein ganz persönliches Powerwort ... das dich sofort in einen guten Zustand bringt ... Genau ... Und dann komm langsam mit deiner Aufmerksamkeit hierher zurück ... jetzt.«

Zum zweiten Mal an diesem Abend reise ich mental in die kleine Strandbar in Cala Millor. Es war wunderbar. Keine Frage, mein Powerwort konnte nur »Cala Millor« heißen. Am liebsten wäre ich gar nicht in die Gegenwart zurückgekehrt.

Ich hörte nur mit halber Aufmerksamkeit, was die anderen erzählten. »Atlantik«, »Wasser«, »Sonne«, »Danke« waren einige Powerworte, die ich aufschnappte. Antonia bat uns, jetzt an eine schwierige Situation aus den letzten Tagen zu denken. Musste das sein? Die sogenannte Aussprache mit Manfred fiel mir ein, und ich spürte, wie mich die Depri-Stimmung wieder einholen wollte.

»Und jetzt sag dir innerlich dein Powerwort.«

Ich sah Antonia an, als hätte ich Zahnschmerzen oder sie nicht mehr alle Tassen im Schrank, tat aber wie geheißen. Als ich »Cala Millor« dachte, atmete ich wie von selbst tief ein. Und etwas Merkwürdiges geschah: Das Bild von Manfred und mir im Wohnzimmer verblasste, und der Ton wurde leiser. Stattdessen hörte ich Frank Sinatra *I did it my way* singen.

Ich fühlte mich stärker und ruhiger. Fast wieder so wie auf Mallorca. Die meisten hatten ähnliche Erfahrungen gemacht wie ich.

»Eine verblüffende Sache, wozu unser Gehirn in der Lage ist, nicht wahr?«, lachte Antonia. Auf die gleiche Weise probierten wir unser neues Zauberwort für eine zukünftige schwierige Situation aus. Auch hier musste ich nicht lange überlegen; die Vorstellung, gleich mit Ellen im Auto zu sitzen, stresste mich jetzt schon. »Cala Millor« zu denken, schuf eine Art Schutzhülle um mich herum. Der Praxistest würde ja nicht lange auf sich warten lassen.

»Und jetzt auf die Decken, es ist Zeit für unsere Abschlussentspannung«, rief Antonia und stellte den CD-Player an. Die Abenddämmerung tauchte den Raum in ein milchig-graues Licht. Mit einem tiefen Seufzer ließ ich mich auf den Boden sinken. Sobald Antonia leise zu sprechen begann, fielen meine Augen zu.

»Vielleicht hast du schon bemerkt, dass Musik läuft, du hörst meine Stimme … und schon hast du begonnen, dich mehr und mehr zu entspannen … tiefer zu atmen … wie von selbst … genau … Du erinnerst dich an all die positiven Erfahrungen der letzten Wochen, heute in der Anfangsrunde, an die Erfolge … deine Erfolge … und du weißt, du bist auf einem guten Weg … Und dann erinnere dich daran, wie du mit vier Sätzen aus einem Problem eine Chance machen kannst … ganz einfach … wie sich dein Gefühl dabei verändert … und du wieder handlungsfähig bist … Du kannst immer etwas tun, um dein Leben zu verbessern … Du fängst einfach da an, wo du gerade stehst … und das ist völlig in Ordnung … Es ist gut, Einwände zu bemerken, Dinge, die du noch verändern möchtest … und alles zu integrieren … Dann erinnere dich wieder an dein Powerwort, von dem du noch gar nicht weißt, in wie vielen Situationen du es gebrauchen wirst ... Ganz automatisch steht es dir zur Verfügung ... und bringt dich in einen guten Zustand ... Vielleicht spürst du sogar jetzt, genau in diesem Moment, wie du voller Power und Energie bist ... und wie dieses Gefühl, dieser Zustand, dich durch die nächste Woche tragen wird ... leicht ... immer leichter ... Und dann lass dich von diesem Gefühl wieder in die Gegenwart, in diesen Raum zurückbringen ... jetzt.«

Rascheln und Gähnen um mich herum. Ich rollte mich auf die Seite, um rückenschonend auf die Beine zu kommen. Das war wieder ein sehr schöner Abend gewesen. Ich nahm Anitas Walking-Stöcke an mich und sah, dass sie mit einem Einmachgummi einen Umschlag daran befestigt hatte.

Ob Ellen mich überhaupt nach Hause fuhr? Sie wirkte in sich gekehrt wie selten. Bestimmt war sie noch sauer auf mich. Und schon war ich verunsichert. Meine Güte, ein schräger Blick oder ein längeres Schweigen reichte aus, um mich aus der Balance zu bringen.

»Also, die Antonia meint wohl, mein Sohn würde nie eine Frau finden und ich müsste mich damit abfinden«, murmelte Ellen, als sie den Zündschlüssel umdrehte. »Da hat sie sich aber geschnitten.«

Also das war es. Sie war wieder nur mit sich und ihren eigenen Themen beschäftigt. Ich war so erleichtert, dass ich herausplatzte: »Ellen, dein Sohn ist schwul. Das ändert sich auch nicht mehr.«

Ein giftiger Blick traf mich von der Seite. Dann war Funkstille, bis sie mit quietschenden Reifen vor unserer Haustür anhielt.

Im Flur stellte ich Anitas Walking-Stöcke an die Garderobe und riss den Umschlag auf. Eine bunte Postkarte fiel heraus; die Vorderseite zeigte einen wunderschönen Strand im Sonnenschein. »Dein Auge kann die Welt trüb oder hell dir machen. Wie du sie ansiehst, wird sie weinen oder lachen« stand darüber. Ein Zitat von Friedrich Rückert. Und auf die Rückseite hatte sie geschrieben: »Viel Erfolg! Deine Freundin Anita.«

Wie schön. Ich war gerührt.

Im Haus war es still und dunkel. Nur unter der Tür des Arbeitszimmers schimmerte Licht. Ich setzte mich ins dunkle Wohnzimmer und starrte in die Nacht. Auch wenn ich »Cala Millor« wie ein Mantra vor mich hinmurmelte, konnte es doch nicht die Panik überdecken oder auslöschen, wenn ich an meine Zukunft dachte. Trennung, Scheidung, alles aufgeben? Allein sein? Wollte ich das?

Die Anspannung kroch schmerzhaft in Schultern und Nacken.

Das Problem ist, dass ich Angst habe. Die Situation ist, dass ich panische Angst habe. Die Herausforderung ist … keine Ahnung. Meine Chance … keine Ahnung.

Migräne

Ich wachte auf, weil sich ein dicker Stahlnagel in meine rechte Schläfe bohrte. Den Tag konnte ich abhaken. Sinnlos, aufzustehen und eine Tablette zu nehmen. Der Schmerz zog sich von der Schläfe über Nacken und Schulter bis zum Ischiasnerv.

Neben mir bewegte sich Manfred. Mit einem Ruck zog er die Jalousie hoch, und das Morgenlicht stach mir schmerzhaft in die Augen. Mir war übel.

Er kapierte schnell, was mit mir los war. »Soll ich in deiner Firma anrufen?«

»Ja, bitte.«

»Kamillentee und Tablette?«

»Das wäre nett von dir.«

Die Worte rollten schwerfällig aus meinem Mund, wie eine fremde Sprache. Ich drehte mich auf die Seite und schloss die Augen. Den säuerlichen Geruch, der Manfreds Bettdecke entströmte, konnte ich kaum ertragen. Ach, wäre der Tag doch schon vorüber.

Nach einer Weile hörte ich, dass die Schlafzimmertür geöffnet wurde.

»So. Firma weiß Bescheid. Ich nehme Tobias jetzt mit. Wird spät heute.« Manfred schob die Tür zu und öffnete sie noch einmal. »Gute Besserung!«

Weg war er. Ich wartete auf die Wirkung der Tablette, die ich schließlich doch mit ein paar Schlucken Tee genommen hatte. Am liebsten hätte ich hemmungslos geheult, doch das würde die Schmerzen noch tausend Mal schlimmer machen. Ich zog mir die Decke über die Ohren und tat mir schrecklich leid. Irgendwann schlief ich ein.

Gegen elf schreckte ich aus wirren Traumbildern auf und horchte in mich hinein. Das Pochen im Kopf hatte nachgelassen. Ich schleppte mich in die Küche, machte mir ein Leberwurstbrot und einen Tee, stellte alles auf ein Tablett und trug es vorsichtig zum Sofa. Wenn ich mich nicht zu viel bewegte, war der Schmerz gerade noch auszuhalten.

Und so saß ich und kaute mechanisch. Die Gedanken schwirrten in meinem Kopf herum wie Mücken an einem Sommerabend. Wie fremd mir mein Mann geworden war. Wie förmlich wir miteinander redeten. Wie mich mittlerweile alles an ihm nervte. Und riechen mochte ich ihn auch nicht mehr.

Apropos riechen: Ich ging ins Schlafzimmer, um an dem Hemd zu schnuppern, das er gestern getragen hatte. Haftete ihm nicht ein Hauch dieses ganz speziellen Parfüms an? *Ihrem* Parfüm.

Sie arbeiteten doch zusammen. Wie sollte die Beziehung denn zu Ende sein? Nach unserem missglückten Versuch einer Aussprache am vergangenen Sonntag hatte keiner von uns das Thema noch einmal aufgegriffen.

War es nur Sex? War es etwas Ernstes? Ich hatte keine Ahnung. Jedenfalls bemühte sich Manfred nicht darum, unsere Ehe zu retten und einen Neuanfang zu machen. Mir war schon wieder zum Heulen zumute. Rasch wählte ich Anitas Handynummer, und zum Glück nahm sie ab.

»Das sind doch bis jetzt nur Vermutungen«, meinte sie, als ich mit meiner Klagelitanei fertig war. »Die meisten Paare machen einfach weiter. So schnell lässt man sich nicht scheiden. Weißt du denn, wie dein Mann die Dinge sieht? Hast du mit ihm darüber gesprochen?«

»Wann denn?«, maulte ich. »Er ist ja nie da.«

»Barbara, meine Mittagspause ist zu Ende. Tut mir leid. Lass uns doch morgen zusammen schwimmen gehen. Da tun wir etwas Gutes für uns, kommen auf andere Gedanken und haben auch noch Spaß dabei.«

Ich seufzte. Spaß war im Augenblick ein Fremdwort für mich. »Ich kann aber erst abends. Um acht im Eingangsbereich?«

Kaum hatte ich aufgelegt, klingelte es, und ich dachte, Anita wäre doch noch etwas Tröstliches eingefallen. Doch es war meine Mutter.

»Von euch hört und sieht man nichts«, fiel sie gleich mit der Tür ins Haus. »Ich kenne meinen Schwiegersohn ja fast nicht mehr. Wann kommt ihr denn endlich mal wieder vorbei? Du könntest ruhig einmal anrufen und dich nach deiner alten Mutter erkundigen. Dem Papa geht's auch nicht gut, aber wenn dich das nicht interessiert ...«

Bedeutungsschwangere Pause. Sie schaffte es immer wieder, genau die richtigen Knöpfe bei mir zu drücken.

»Mama, bitte! Ich habe Migräne.«

»Das weiß ich schon«, sagte sie fröhlich, »ich habe in der Spedition angerufen. Aber so schlimm wird es wohl nicht sein.«

Mein Mund klappte auf und wieder zu. Als sie dann noch sagte: »Also, dann kommt ihr am Sonntag ...«, drückte ich einfach die Taste mit dem roten Hörer und schleuderte das Telefon in die Sofaecke. Sollte sie ihren Schwiegersohn doch adoptieren, wenn sie ihn so vermisste. Und endlich aufhören, über mein Leben zu bestimmen.

Es klingelte erneut. Da ich nicht abnahm, sprang der Anrufbeantworter an. »Ich glaube, wir wurden unterbrochen, Kind.« Ihre Stimme klang pikiert. »Also, wenn ich nichts mehr von euch höre, ist es abgemacht. Sonntag um vier zum Kaffee. Schließlich ist am Montag ein Feiertag, da ist das doch nicht zu viel verlangt.«

Ich hielt mir die Ohren zu und bekam trotzdem noch mit, wie sie nach einer kleinen Pause ganz förmlich »Auf Wiederhören« sagte. Sie sprach nicht gern auf den Anrufbeantworter. Da tat sie mir beinah leid. Immerhin war sie zweiundsiebzig, und ich würde sie wohl nicht mehr ändern können. Was predigte Antonia uns immer? »Du kannst nur dich selbst ändern.«
Trotzdem rief ich nicht zurück.

Im Laufe des Nachmittags ging es mir etwas besser. Ich blieb auf dem Sofa liegen und dachte nach. Es musste sich etwas ändern. Und die einzige Person, die dafür sorgen konnte, war ich selbst, das hatte ich nun verstanden. So unbequem das auch war. Ich suchte meine pinkfarbene Kladde heraus und schrieb:
»Neuen Friseur suchen, Termin machen.
Einkaufsbummel mit Anita? Neue Klamotten sind fällig.« Oder sollte ich damit lieber noch ein paar Wochen warten?
»Make-up-Beratung????
Essverhalten ändern: Plan für die ganze Woche, Vorkochen für Tobias und mich.
Kantine meiden!« Das Essen dort war auf jeden Fall zu viel und zu fett. Erst recht, wenn ich zwei Stunden später auch noch mit Tobias aß.
»Keine Süßigkeiten kaufen!!!!
Stattdessen: Trockenobst, Nüsse, Knäckebrot, Gemüse!«
Nach längerem Zögern fügte ich noch hinzu: »Mit Manfred reden.«
Um sechs brachte Kevins Mutter Tobias nach Hause, der einen seiner gesprächigen Tage hatte. Großspurig erzählte er von seinen super Torschüssen. Die gegnerische Mannschaft hatte keine Chance gehabt. Während er sei-

ne Geschichte mit comicartigen Geräuschen untermalte, schob ich eine Tiefkühlpizza für uns beide in den Ofen. Ab nächste Woche nur noch gesundes Essen, versprochen.

Beim letzten Bissen meiner Pizza Hawaii kam mir eine geniale Idee. Wir hatten doch ein winziges Gästezimmer, das als Rumpelkammer und Bügelzimmer diente. Wenn ich … Rasch räumte ich die Teller in die Spülmaschine und wies Tobias an, englische Vokabeln zu lernen.

»Manno«, maulte er, »das haben wir gar nicht auf.«

»Denk an unsere Vereinbarung. Wenigstens zehn Minuten, dann darfst du fernsehen.«

Ich lief nach oben. Sobald ich mich bewegte, spürte ich wieder das Pochen in der Schläfe. Ich war noch wackelig auf den Beinen wie ein Seemann auf Landgang. Tobias' Zimmertür stand offen, und ich machte den Fehler, einen Blick hineinzuwerfen. Kaum war er fünf Minuten zu Hause, sah es dort aus wie nach einem Erdbeben. Der Inhalt seiner Schultasche war auf Schreibtisch, Bett und Fußboden verteilt. Das nasse Fußballtrikot lag neben dem Bett, und der PC war eingeschaltet.

Doch im Moment war mir das egal. Im Gästezimmer roch es ein wenig muffig. Auf dem schmalen Bett lag ein Haufen Bügelwäsche. Das Bügelbrett stand mitten im Raum und versperrte den Zugang zum Fenster. In einer Ecke stapelten sich Verpackungen von elektronischen Geräten, deren Garantiezeit längst abgelaufen sein dürfte. In dem alten Kleiderschrank verwahrten wir Weihnachtsdekoration und Marmeladenvorräte. Auch die Winterstiefel lagerten dort und allerlei Krimskrams, den man eigentlich schon längst hätte wegwerfen können. Alte Brettspiele für Kinder im Grundschulalter, Blumentöpfe in den falschen Farben, Tischdecken für besondere Anlässe, die niemals kamen.

Was wäre denn, wenn ich mir hier ein eigenes Zimmer einrichten würde, einen Zufluchtsort nur für mich? Eine Möglichkeit, getrennt von Manfred zu schlafen? Sicher, der Raum war sehr klein. Aber es kribbelte mir in den Fingerspitzen. Den Müll entsorgen und ein bisschen frische Farbe an die Wand. Stoffe in meinen Lieblingsfarben.

Ich sah es fertig vor mir und starrte versonnen die Wände an, bis mir einfiel, dass ich nach Tobias sehen sollte. Im Vorübergehen machte ich rasch die Betten und warf Manfreds Hemd in die Wäschetonne.

Und dann fiel mein Blick auf eine weitere Zimmertür.

Leonies Zimmer.

Das ich normalerweise nur betrat, um einen Stapel frisch gebügelte Wäsche auf ihrem Bett abzulegen. Leonie reagierte sehr empfindlich auf die Verletzung ihrer Privatsphäre. Aber im Grunde wohnte sie ja gar nicht mehr hier. Seit sie studierte, kam sie nur selten an den Wochenenden nach Hause. Sie hatte neue Freunde gefunden und mochte ihr Appartement im Studentenwohnheim. Und im Augenblick war sie definitiv nicht da.

Ich öffnete die Tür und betrachtete das große, helle Zimmer, das breite Bett mit der guten Matratze. Es wäre ein Traum, diesen Raum nach meinen eigenen Vorstellungen einzurichten. Doch was nutzten Träume? Leonie würde niemals zustimmen, ihr Zimmer aufzugeben und bei ihren seltenen Besuchen im Gästezimmer zu schlafen. Das konnte ich vergessen.

Im Wohnzimmer hing Tobias quer auf dem Sofa und starrte auf den Fernseher. Das Englischbuch lag demonstrativ aufgeklappt auf dem Couchtisch. Wetten, dass er nicht eine einzige Vokabel gelernt hatte?

»So, dann frage ich dich jetzt ab. Mach den Fernseher aus.«

»Ich will das aber sehen.«

»Tobias!«

»Ich bin viel zu müde zum Lernen.«

»Dann musst du ins Bett gehen.«

»Spinnst du, es ist doch noch hell.«

»Tobias, du machst sofort den Fernseher aus. Und rede nicht in diesem Ton mit mir.«

Er löste nicht einmal den Blick vom Bildschirm. Mit meiner mütterlichen Autorität war es wohl nicht weit her. Plötzlich war ich es leid, dass ich mich nicht einmal gegen einen Zwölfjährigen durchsetzen konnte. Ich griff nach der Fernbedienung, doch er hatte sie schneller in den Fingern und fand das auch noch lustig.

»Hahaha, kriegst du nicht.«

Wortlos stand ich auf und drückte den Powerknopf am Fernseher. Das Bild schnurrte zusammen.

»Ey, ich wollte das sehen.« Er funkelte mich wütend an.

Leise, aber so bestimmt, wie ich nur konnte, sagte ich: »Du verschwindest sofort in deinem Zimmer, und ich will dich heute nicht mehr sehen. Dein PC bleibt aus.«

Mein Ton sagte ihm wohl, dass er es überreizt hatte. Er erhob sich in Zeitlupe vom Sofa und schlich murrend zur Tür.

»Hältst du dich nicht an das, was ich gesagt habe, verschwindet morgen der PC aus deinem Zimmer.« Sein Blick sagte mehr als Worte, was er davon hielt.

»Doch, das kann ich machen. Verlass dich darauf.«

Ich hörte ihn die Treppe hochschlurfen. Konnten Jungs in dem Alter nicht die Füße vom Boden heben? Dann knallte seine Zimmertür zu.

Bestand das Leben eigentlich nur aus Kampf? Ich war aufgewühlt und erschöpft zugleich und wollte nur noch ins Bett, möglichst ohne Manfred zu begegnen. Der ja schon angekündigt hatte, dass es spät werden würde. Ich verscheuchte die Bilder von ihm und seiner Geliebten aus meinem Kopf, so gut es ging. Als ich aus dem Bad kam, öffnete ich leise Tobias' Zimmertür. Richtig, er saß im Schlafanzug und mit Kopfhörer auf den Ohren am PC und zockte. Schuldbewusst drehte er sich um. Ich sagte nichts und zog die Tür wieder zu.

Ups and Downs

Am nächsten Morgen: Business as usual. Ich war froh, ohne Kopfschmerz aufzuwachen und setzte mich mit einer Tasse Kaffee an den Esstisch. Tobias tat so, als hätte es den gestrigen Abend gar nicht gegeben. Kaum war er aus der Haustür, flitzte ich in sein Zimmer und entfernte den Monitor von seinem PC, was mir angesichts des Kabelsalats unter seinem Schreibtisch die einfachste Lösung zu sein schien. Ich versteckte ihn in Leonies Zimmer. Da sollte sich mein pubertierender Sohn doch wundern, wie konsequent seine olle Mutter sein konnte.

Der Vormittag in der Firma flog dahin. Am Mittag kochte ich schnell ein paar Spaghetti für Tobias und mich. Unsere Mahlzeit verlief friedlich, weil er den Verlust seines Monitors noch gar nicht bemerkt hatte. Kaum hatte er sein Zimmer betreten, stimmte er ein sirenenartiges Geheul an, und es hörte sich an, als würde er ein paar Gegenstände durchs Zimmer werfen, bevor er die Tür zuknallte. Aber dieses Mal saß ich am längeren Hebel. Nach ein paar Minuten rief er von oben: »Und wann krieg ich den wieder?«

Ich tat, als hätte ich nichts gehört. Sein motziges Jungengesicht erschien in der Küchentür und er wiederholte seine Frage.

»Das kannst du dir verdienen.«

»Und wie?«

»Als Erstes hilfst du mir beim Wochenendeinkauf, und dann sehen wir weiter.«

»Das ist sooo unfair!«

Mein warnender Blick stoppte ihn, bevor er dem Türrahmen einen Tritt versetzen konnte.
»Es gibt Plus- und es gibt Minuspunkte.«
»Und ...«
»Genau, über die Vergabe entscheide ich.«
Beim Einkaufen war er sehr bemüht, mir zu helfen. Konsequent zu sein, war gar nicht so schwer. Hach, war ich stark. Ich kaufte jede Menge Gemüse und Obst ein. Keine Chips, keine Schokolade und natürlich gab es heute kein Eis zur Belohnung.

Nicht essen macht schlank, dachte ich, während ich Möhren und Paprika abwog und eine Packung Cashewnüsse in den Einkaufswagen legte. Nein, eigentlich musste es heißen: Anders essen macht schlank.

Tobias verdiente sich weitere Punkte, als er anschließend klaglos seine Hausaufgaben machte. Wenn er morgen seine englischen Vokabeln beherrschte, würde sein PC bald wieder komplett sein. Das versprach ich ihm. Er sollte mit seinem Vater üben, der rechtzeitig zu Hause war, sodass ich zum Schwimmbad fahren konnte.

Als wir unsere Bahnen durch das Wasser pflügten, erzählte ich Anita ausführlich von meinen ganzen Ideen. Sie war begeistert und sagte, sie fände unsere Gespräche so anregend. Unser Kontakt täte ihr gut. Ich wurde rot, war ich doch diejenige, die so viel profitierte.

Anita riet, noch ein paar Wochen zu warten, bevor ich neue T-Shirts und Hosen kaufte. Sie fand, ein peppiger Haarschnitt und eine Farb- und Stilberatung wären unbedingt jetzt schon dran.

»Ein bisschen mehr Make-up und Schmuck und du fühlst dich gleich ganz anders, und deine Persönlichkeit kommt besser zur Geltung.«

»Das mache ich. Egal, was es kostet.«

»Was sage ich immer: die Folgekosten«, grinste Anita und ließ sich rücklings im Wasser treiben.

»Und was deine Tochter angeht: Du kennst ihre Antwort erst, wenn du sie gefragt hast. Wie heißt es so schön: Nur sprechenden Leuten kann geholfen werden.«

Ich war skeptisch, nickte jedoch.

Später saßen wir zusammen im Foyer und sammelten Rezeptideen. Nudelauflauf mit Gemüse und magerem Schinken, Kartoffelauflauf, Gemüselasagne, Nudeln mit Zucchini- oder Tomatensoße, Hähnchenbrustfilet mit Gemüse, gedünsteter Fisch ...

»Du wirst dich wundern, wie viel du essen darfst und wie satt du bist, wenn du dich so ernährst«, sprach meine neue Ernährungsexpertin. »Das kannst du alles gut am Abend vorbereiten oder innerhalb von zwanzig Minuten auf dem Tisch haben. Und dann nimmst du dir ein Brot mit Tomaten und Kresse in die Firma mit. Oder klein geschnittenes Obst und Gemüsestifte. Dann bist du nicht ausgehungert, brauchst nicht in die Kantine zu gehen und musst dir auch nicht schnell einen Schokoriegel reinziehen.« Anitas Wangen glühten vor Begeisterung. »Für mich gilt natürlich das Gleiche«, meinte sie dann leicht verlegen. »Ich finde es nur viel einfacher, für dich zu planen. Ganz schön bescheuert, was?«

Ich lachte. »Schon okay. Plane du ruhig für mich. Wir setzen das dann beide um und erreichen unsere Ziele.«

Am Samstagmorgen erwähnte ich beiläufig, wir seien am nächsten Tag bei meinen Eltern zum Kaffee eingeladen.

»Schön«, murmelte Manfred abwesend.

»Was beschäftigt dich gerade?«

Er sah erstaunt auf. »Nichts Spezielles. Ich gehe eine Runde joggen.«

Sehr gut. Da konnte ich mich ungestört dem Entrümpeln des Gästezimmers widmen. Tobias sammelte weitere Pluspunkte, indem er unermüdlich zwischen der ersten Etage und dem Keller hin- und herflitzte, Sachen nach unten brachte, Kartons zerkleinerte und tote Spinnen zusammenfegte. Bügelbrett und Wäschekorb stellte ich in Leonies Zimmer. Als ich das Bett frisch bezog, fragte Tobias, wer denn zu Besuch käme.

»Niemand.«

»Und warum machst du das dann?«

Ich zögerte kurz. »Weil es dringend nötig war.«

Er fragte nicht weiter.

Bis halb zwölf hatten wir viel geschafft. Ich wusch mir die Hände und legte Hähnchenbrustfilets auf ein Backblech, gab Paprika- und Tomatenstücke, eine leichte Soße und geriebenen Käse dazu. Als ich die Backofentür schloss, klingelte das Telefon.

»Hi, gib mir mal den Papa.«

Ich rollte die Augen. Typisch Leonie. »Hi. Der ist noch nicht vom Joggen zurück.«

Hm, er hatte eigentlich nicht erwähnt, dass er einen Marathon laufen würde, dachte ich bissig. »Soll er dich zurückrufen?«

»Klar.«

Bevor ich auf die Idee kommen konnte, ihr Fragen zu stellen, hatte sie bereits aufgelegt. Kurz darauf kam Manfred verschwitzt zurück und verschwand in der Dusche. Ein paar Minuten später hörte ich ihn mit unserer Tochter telefonieren.

»Sie kommt morgen«, erklärte er, als ich das Essen auf die Teller verteilte.

»Fährt sie mit zu meinen Eltern?«, fragte ich überrascht.

»Hab sie nicht gefragt.«

»Fahren wir zu Oma und Opa?«, rief Tobias. »Cool!« Wenigstens er war gern dort.

»Wann kommt sie denn?«

»Mittags, nehme ich an.«

Ich war sprachlos. Die Kommunikation in dieser Familie war eine Katastrophe. Ich war, wie ich selbstkritisch zugeben musste, auch nicht besser als die anderen. Weder hatte ich meine Mutter zurückgerufen, um das Kaffeetrinken abzusagen, noch hatte ich mit Leonie wegen des Zimmers gesprochen. Ich war feige und hatte Angst vor Konfrontationen.

Manfred und Tobias hatten eine gemeinsame Radtour geplant und erschienen kurz nach dem Essen im Sportdress und mit Fahrradhelm. Anscheinend verstanden sie sich seit Mallorca bestens.

»Frag ihn doch unterwegs ein paar Vokabeln ab«, schlug ich vor. »So könnt ihr das Angenehme mit dem Nützlichen verbinden.« Manfred widersprach nicht, und Tobias streckte mir die Zunge heraus.

Ich kochte mir einen Espresso. Während ich die Küche aufräumte, schweiften meine Gedanken ab. Was wollte ich mit meinem freien Nachmittag anfangen? Vielleicht Farbe oder Stoff kaufen? Ich ging ins Gästezimmer hinauf und ließ es auf mich wirken. Ohne den ganzen Müll und mit frisch bezogenem Bett war es schon ganz passabel. Im Augenblick konnte ich hier nichts mehr tun. Bevor ich es mir anders überlegen konnte, griff ich zum Telefon und wählte Leonies Nummer.

»Ja?«

»Hallo Leonie, wir sehen uns ja morgen. Kommst du zum Mittagessen und fährst dann mit zu Oma und Opa?«

»Dafür hab ich doch gar keine Zeit. Der Paps richtet mir mein neues Notebook ein.«

»Ah ja, klar.« Innerlich knirschte ich mit den Zähnen. Wieso hatte Manfred das nicht erzählt?

»Wann wirst du hier sein?«

»Weiß ich doch jetzt noch nicht. Ich fahre los, wenn ich ausgeschlafen habe.«

Mit Leonie zu reden, war wie Waten im Schlamm. Heute zerrte es besonders an meinen Nerven. Wahrscheinlich platzte ich deshalb heraus: »Hör mal, du bist doch kaum noch hier und brauchst dein Zimmer eigentlich nicht mehr. Hast du etwas dagegen, wenn ich es für mich nutze?«

»WAS?« Sie schrie so laut, dass ich fast den Hörer fallen ließ. »Und wo soll ich dann hin, wenn ich heimkomme? Und meine ganzen Sachen. Auf gar keinen Fall. Du hast doch das ganze Haus!«

Ich hatte es gewusst. Anita und ihr positives Denken.

»War ja nur eine Frage.« Auf weitere Fragen verzichtete ich jetzt lieber. Leonie gab mir durch ihren gereizten Tonfall ständig das Gefühl, die nervigste Mutter der Welt zu sein. Ich atmete tief durch. »Bis morgen, Leonie.«

Bevor ich mir selbst leidtun konnte, schnappte ich mir Anitas Walking-Stöcke und ging flotten Schrittes an unserer Nachbarin vorbei, die ihren Vorgarten bepflanzte. Anita hatte mir gezeigt, wie das Nordic Walking funktionierte, und so konzentrierte ich mich darauf, alles richtig zu machen. Mein Gott, war das anstrengend. Bei anderen hatte es immer so leicht ausgesehen. Als ich meinen Rhythmus gefunden hatte, fing es langsam an, Spaß zu machen.

Nach dem Duschen setzte ich Teewasser auf und wählte die Nummer meiner Eltern. Zu meiner Freude nahm mein Vater ab. »Na, mein Schatz, alles in Butter?« Es tat gut, seine tiefe Stimme, in der immer Humor mitschwang, zu hören. Er versicherte, mit ihm sei alles in Ordnung. Nur meine Mutter hätte immer häufiger »ihre bekloppten fünf Minuten«, wie er das seit jeher nannte, wenn sie ihn wieder mit ihrer Akribie und ihren Arbeitsaufträgen nervte. Er würde ihr schonend beibringen, dass wir morgen nicht kämen.

»Wir kommen dann am Muttertag«, bot ich an.

»Und wenn nicht, geht die Welt auch nicht unter«, meinte er lakonisch.

Ach, wenn ein Gespräch mit meiner Mutter so entspannt sein könnte.

Leonie

Es war unmöglich, Leonie zu überhören. Quietschende Reifen, Hupen, Sturmklingeln. Sie warf die langen blonden Haare über die Schulter und nahm das Haus mit der Wucht eines Tsunamis in Besitz. In der Küche schaute sie rasch in alle Töpfe, rümpfte die Nase und rauschte ins Wohnzimmer, um ihren Vater und Tobias ungestüm zu begrüßen.

Als ich mit Leonie schwanger wurde, waren Manfred und ich eigentlich viel zu jung zum Heiraten. Doch wir wollten beide unseren Elternhäusern so schnell wie möglich entkommen. Ich konnte meine perfektionistische Mutter nicht mehr ertragen, und Manfred hatte von klein auf das Gefühl gehabt, in die falsche Familie geraten zu sein. Er hatte den Ehrgeiz, ein besseres Leben zu führen als seine prollige Verwandtschaft, die damit zufrieden war, das Sozialamt auszutricksen.

Ich goss die Kartoffeln ab und spürte den Muskelkater in meinen Armen vom Nordic Walking. Wie hatten wir unser Prinzesschen damals verwöhnt. Dann kam nach elf Jahren Tobias auf die Welt und stieß sie vom Thron. Kein Wunder, dass sie bis heute ein ambivalentes Verhältnis zu ihrem kleinen Bruder hatte.

Ich schichtete Kartoffelscheiben, Brokkoli, Schafskäse und Sonnenblumenkerne in eine Auflaufform. Vegetarisches Essen, Leonie zuliebe.

Manfreds und Leonies Lachen klang aus dem Wohnzimmer herüber. Wieso bekam immer ich Leonies schlechte Laune ab? Beim Mittagessen ging es um Browsereinstellungen, Speicherkapazitäten, Flatrates und dergleichen. Ich fühlte mich überflüssig. Tobias versuchte vergeblich, mit seinen Heldentaten beim Fußball bei Leonie zu landen.

»Was macht dein neuer Studiengang?«, fragte ich in eine Gesprächspause hinein.

»Was soll er machen? Es läuft so.« Nach je einem Semester Wirtschaftsinformatik und Soziologie war sie jetzt zur Psychologie gewechselt.

»Wer möchte Dessert?« Frustriert stand ich in der Küche, verteilte Vanilleeis auf Teller, übergoss es mit Himbeersoße und streute Schokostückchen darüber. Tobias löffelte sein Eis mit gerunzelter Stirn und verschwand dann wortlos in der oberen Etage.

Als ich später nach oben ging, sah ich ihn mit hoch gezogenen Schultern am PC sitzen. Die Tür zu Leonies Zimmer stand ebenfalls offen. Leonie saß auf ihrem Bett und blickte versonnen auf die Poster an den Wänden.

»Störe ich?«

»Nee.«

»Was nervt dich eigentlich immer so an mir, Leonie?«, platzte ich heraus.

Sie kniff die Augen zusammen und musterte mich ein paar Sekunden lang. Sollte ich wirklich eine Antwort bekommen?

»Dass du ständig das Opfer spielst. Du scheinst immer den Kopf einzuziehen und an allem schuld zu sein. Wieso stehst du nicht für dich ein? Oder für irgendetwas, das dir wichtig ist?«

Automatisch zog ich den Kopf ein. Dann merkte ich es, richtete mich auf und zog mir den Schreibtischstuhl heran, um auf Augenhöhe mit ihr zu sein.

»So wie jetzt gerade«, sagte sie spöttisch. »Dabei habe ich noch kaum etwas gesagt.«

Schutzschild, dachte ich flehend. Cala Millor. Es half. Ich atmete tiefer. Sagte nichts, sondern wartete einfach ab. Keine Rechtfertigung.

Ihr abschätzender Blick schien zu fragen, wie viel sie mir zumuten konnte. Das wusste ich im Augenblick selbst nicht so genau. Die Geister, die ich gerufen hatte, machten mir jetzt schon Angst.

»Meinst du, ich fände das gut, was der Papa macht? Die ständigen Affären? Hast du gedacht, ich wüsste nichts davon?« Sie schnalzte mit der Zunge. »Kinder werden immer unterschätzt.«

Und Ehefrauen erfahren es als letzte, dachte ich, während mir eine von Leonie wahrscheinlich falsch interpretierte Röte ins Gesicht schoss. Manfreds Affären würde ich aber jetzt auf keinen Fall mit Leonie diskutieren.

»Oder jetzt die Sache mit meinem Zimmer«, fuhr sie fort. »Du hast kein bisschen dafür gekämpft. Ich weiß ja nicht einmal, wofür du das Zimmer haben willst.« Sie verschränkte die Arme vor der Brust. »Du lässt dir von Tobias auf der Nase herumtanzen. Lässt dir von der Oma sagen, was du zu tun hast. Von deiner unsäglichen Freundin Ellen reden wir lieber gar nicht erst.«

So musste sich ein Boxer beim Auszählen fühlen.

»Entschuldige mich einen Moment.« Ich flüchtete ins Bad, setzte mich auf den Wannenrand und fühlte mich blöd, weil mir die Tränen kamen.

Was hatte ich denn erwartet? Leonie war eben gnadenlos ehrlich. Sie hatte ja recht. Ich war kein gutes Vorbild für sie gewesen. Kein Wunder, dass sie so schroff zu mir war.

Was sollte ich jetzt machen? Was würde Antonia tun? Gelassen bleiben und die Sache mit Humor angehen? Mir war nur gerade gar nicht zum Lachen zumute. Ich stellte mir die bläuliche Energie meines Schutzschildes vor, die mich kegelförmig umgab. Atmete ein paar Mal tief ein und aus. Das half.

Leider fiel mir im nächsten Moment ein, was Annette gesagt hatte. Respekt musste man sich verdienen. Vielleicht war es, was Leonie anging, dafür einfach zu spät.

Jedenfalls konnte ich nicht ewig auf dem Wannenrand hocken bleiben. Ich tupfte meine Augen mit kaltem Wasser ab und ging zurück. Leonies Zimmer hatte sich in der Zwischenzeit enorm verändert.

»Was ...?«

Sie verzog keine Miene. »Ich nehme noch ein paar von meinen Klamotten mit.« Sie hatte eine Zigarette in der linken Hand und spazierte aufreizend wie ein Model zwischen Kleiderschrank und Bett hin und her. Vor dem Bett stand ein bereits halb gefüllter Koffer. Alle Schränke und Schubladen standen offen und waren durchwühlt wie nach einem Einbruch. In einem Karton in der Zimmermitte sah ich ihre Lieblingspuppen und –stofftiere, ihre Poesiealben, ein paar CDs. Zuoberst lag ein Zettel, auf den sie in ihrer steilen Schrift mit Filzstift »AUFBEWAHREN« geschrieben hatte.

Sprachlos sah ich zu, wie sie den Karton durch den Flur bis zum Gästezimmer schleifte, den Koffer zuklappte und an die Treppe stellte. Dann ließ sie den Blick noch einmal durch ihr Zimmer schweifen, strich mit der Hand über ein Pferdeposter und drückte ihre Zigarette in einem leeren Blumenuntersetzer aus. Sie machte eine spöttische kleine Verbeugung in meine Richtung und eine Bewegung mit dem Arm, die den ganzen Raum umfasste: »Es gehört dir.«

»Wa...?«

»Mach damit, was du willst.« Sie ließ den Koffer von Stufe zu Stufe plumpsen und stürmte unten ins Wohnzimmer. »Hey Paps, bist du fertig? Ich muss los.«

Wie eine Schlafwandlerin ging ich hinter ihr her und sah zu, wie sie ihre Sachen ins Auto lud.

»Na, immer noch unter Schock?« Sie schlug die Heckklappe zu und setzte sich hinters Steuer. »Du hast gefragt. Tut mir leid, wenn dir die Antwort nicht gefallen hat.«

»So siehst du aber nicht aus. Als ob es dir leidtäte«, brachte ich mühsam heraus. »Wir hätten noch weiterreden können.«

Sie zog eine Augenbraue nach oben. »Sicher. Bei Gelegenheit.«

An der Art, wie sie Gas gab, merkte ich, dass sie nicht ganz so cool war, wie sie tat.

»Gut, dass sie weg ist, die blöde Kuh. Ich kann sie überhaupt nicht leiden.« Tobias stand am oberen Ende der Treppe und ballte die Fäuste.

»Ist nicht immer einfach mit Leonie«, stimmte ich ihm zu und legte kurz den Arm um seine Schultern. Dass er es sich gefallen ließ, war gar kein gutes Zeichen. Zusammen standen wir im Türrahmen von Leonies Zimmer und sahen uns das Chaos an.

»Kommt sie nie wieder?«, fragte Tobias mit rauer Stimme.

»Doch, natürlich. Sie hat nur alles ausgeräumt, was sie mitnehmen oder aufbewahren wollte, und überlässt mir ihr Zimmer.«

»DIR?«

»Ja, warum nicht? Für meine Hobbys und so.«

»Was hast DU denn für Hobbys?«

»Wirst schon sehen.« Ich strubbelte mit der Hand durch seine Haare, das konnte er nicht leiden. Brummelnd verschwand er in seinem Zimmer.

Im Gästezimmer stand der Karton mit Leonies Schätzen mitten auf dem frisch bezogenen Bett. Ich wuchtete ihn auf den Fußboden und ging nach unten. Aus dem Wohnzimmer tönte der Fernseher. In der Küche zeugten benutzte Tassen davon, dass Manfred mit seiner Tochter Kaffee getrunken hatte. Mechanisch räumte ich sie in die Spülmaschine, wischte Milchflecken vom Tisch und goss mir auch einen Kaffee ein.

Affären. Plural.

Es geht weiter

Früher hätte ich jetzt die Reste vom Mittagessen und eine ganze Tafel Schokolade gegessen, um den Frust loszuwerden. In Leonies Zimmer, meinem Zimmer, stopfte ich stattdessen alte Schulhefte, Bleistiftstummel, Tintenkiller und ramponierte Plüschtiere in Müllsäcke. Ich zerfetzte die Pferdeposter und warf Sachen für den Kleidercontainer in eine Zimmerecke. Auf Leonies kleiner Kompaktanlage spielte ich Chers *I am strong enough*. Ziemlich laut. Verbissen und wie im Rausch wütete ich fast zwei Stunden lang, ohne mir eine Pause zu gönnen.

Manche Dinge endeten eben. Die Kindheit meiner Tochter war unwiederbringlich vorüber. Ich konnte den Film nicht zurückspulen, um im zweiten Durchlauf eine bessere Mutter zu sein.

Vielleicht galt das genauso für meine Ehe.

Nach dem Staubsaugen breitete ich Bettdecke und Kopfkissen aus dem Gästezimmer auf meinem neuen Bett aus. Eigentlich wollte ich nur das Bett ausprobieren, doch kaum lag ich, wurde ich von einem Weinkrampf geschüttelt. Ich hörte kein Klopfen an der Tür und schrak hoch, als plötzlich Tobias im Zimmer stand.

»Mama, gibt es heute kein Abendessen?«, fragte er und sah mich mit großen Augen an.

»Doch, das macht der Papa«, schniefte ich und drehte mein Gesicht zum Fenster. Sollten sie mich doch alle in Ruhe lassen.

Kurz darauf hörte ich Schritte auf der Treppe, und Manfred stürmte herein.

»Was soll das? Willst du jetzt alle Pflichten auf mich abwälzen? Ich muss arbeiten.«

Anstatt ihm den nächstbesten Gegenstand an den Kopf zu werfen und »Raus!« zu brüllen, zog ich mir nur demonstrativ die Bettdecke über den Kopf.

»Unmöglich«, zischte er. Dann knallte die Tür.

Ich fühlte mich nur noch müde und erschöpft und wollte nichts als schlafen. Obwohl ich mir nur einen einzigen Keks zum Kaffee gegönnt und seitdem nur noch Mineralwasser getrunken hatte, war ich nicht hungrig. Vielleicht war ich aber auch nur zu feige, um in die Küche zu gehen.

Montagmorgen. Feiertag. Erstaunlicherweise hatte ich gut geschlafen. Einmal, erinnerte ich mich, war ich aus unruhigen Träumen nass geschwitzt erwacht.

In der Küche war Manfred in die Samstagszeitung vertieft. Tobias blinzelte mir zu und schnitt eine Grimasse.

»Darf ich zu Kevin? Seine Eltern machen einen Ausflug, und ich bin eingeladen.«

»Und was ist mit dem Mittagessen?« Ich konnte gut verstehen, dass er der angespannten Atmosphäre entfliehen wollte.

»Wegen mir brauchst du nicht zu kochen. Ich fahre gleich ins Büro«, tönte es hinter der Zeitung hervor.

»Nun gut. Freiheit für alle«, ich nickte Tobias zu. »Sieh zu, dass du spätestens um sieben wieder zu Hause bist. Ruf mich auf dem Handy an, wenn ich dich abholen soll.«

»Geht klar. Der Papa nimmt mich gleich mit.« Das war also schon abgesprochen. Vom Bad aus hörte ich Manfreds Wagen wegfahren. Ich rief Anita an und verabredete mich für den Nachmittag mit ihr.

Was machte ich überhaupt hier drinnen, wenn draußen die ganze Natur in Aufbruchstimmung war? Also Sportschuhe geschnürt, und los ging es mit den Walking-Stöcken.

Die frische Frühlingsluft tat mir gut. Ich durfte nur nicht an die Zukunft denken, die sich wie ein großes schwarzes Loch vor mir auftat.

Zwei Stunden später holte ich Anita ab. Bei einem Spaziergang erzählte ich ihr von dem seltsamen Gespräch mit meiner Tochter.

»Gut, dass du dich nicht verteidigt hast«, sagte sie nachdenklich, »und du hast auch nichts zu erklären versucht. Was du ›Leonies gnadenlose Ehrlichkeit‹ nennst, könnte man ebenso gut als Unverschämtheit bezeichnen. Wie spricht die denn mit dir?«

Ich nickte.

»Und jetzt sag mir bitte: Sind die Worte deiner Tochter in Stein gemeißelt? Oder stehen sie in der Bibel?«

Ich musste lachen.

»Was ich damit sagen will: Es ist einfach nur ihre Meinung, weiter nichts. Du musst dir diese Schuhe nicht anziehen.«

»Aber sie hat doch recht.«

»Es ist nur *eine* mögliche Sichtweise«, beharrte Anita.

»Und was wären die anderen?«, fragte ich verblüfft.

»Dass sie eine verwöhnte Zicke ist, zum Beispiel?«, schlug Anita vor. »Oder du nimmst ihre Äußerungen als Anregung, um über ein paar Dinge nachzudenken.«

»Sie weiß ja gar nicht, was bei mir in den letzten Wochen alles passiert ist.« Meine kleinen Siege über Tobias und Ellen. Die drei Kilo, die ich abgenommen hatte. Vielleicht war das nicht viel, aber …

»Ja, du hast wirklich viel für dich erreicht«, bestätigte Anita.

»Findest du wirklich?«, fragte ich zweifelnd.

Anita grinste und schüttelte leicht den Kopf. »Na gut, ich zähle dir einmal alles auf, okay?« Sie nahm ihre Finger zu Hilfe. »Du hast deinen anfänglichen Widerstand gegen Veränderung aufgegeben. Du hast Ziele entwickelt. Du bist gerade dabei, deine ganzen Ernährungsgewohnheiten umzustellen. Du warst an jedem Kursabend da. Du hast schon abgenommen.«

Sie streckte die zweite Hand in die Luft. »Du hast dich bei Tobias durchgesetzt. Hast dich Ellen gegenüber behauptet. War da nicht auch noch etwas mit deiner Mutter? Das heißt, dass du ehrlicher und authentischer geworden bist.«

Ja, da war etwas dran. Wir wichen einer Gruppe Radfahrer aus und überholten ein paar Leute. Anita war noch nicht fertig.

»Du hast tolle Ideen, um dein Äußeres zu verändern. Und vor ganz kurzer Zeit hättest du dich gar nicht getraut, Leonie zu fragen, was sie an dir nervt.«

»Stimmt.«

»Und nun hat sie dir ihr Zimmer abgetreten. Ich habe doch gesagt, du musst nur fragen.«

Ich lachte und legte ihr den Arm um die Schultern. »Wenn ich dich nicht hätte …«

»Nein, ernsthaft, Barbara. Du merkst doch auch, dass du ein ganz anderes Selbstwertgefühl bekommen hast, oder?«

»Meinst du wirklich?« Davon fühlte ich mich noch meilenweit entfernt.

»Ja, das meine ich wirklich«, japste Anita. »Und jetzt brauche ich dringend eine Pause und einen Kaffee.«

Wie bestellt kamen wir gerade an einem Gartenlokal an und fanden Plätze auf der Terrasse. Ich bestellte uns zwei Latte macchiato.

»An dir ist ja eine Therapeutin verloren gegangen.«

»Jahrelanger Eigenprozess«, grinste sie. Ich fragte, was sie damit meinte.

»Selbsterfahrungsgruppen, Yoga, kluge Bücher lesen, meine eigenen Motive und Gefühle hinterfragen und so weiter. Ich war schon immer sehr daran interessiert, mehr über mich selbst herauszufinden. Und doch habe ich mein ganzes Wissen nie auf mein Gewichtsproblem angewendet. Ich sauge die neuen Methoden geradezu auf. Und du glaubst es nicht«, sie machte eine bedeutungsvolle Pause, »ich habe knapp fünf Kilo abgenommen.«

»Wow! Dann kannst du ja bald figurbetonte Kleidung tragen«, rutschte es mir heraus. Zum Glück lachte Anita schallend.

»So gefällst du mir. Du hast recht, in meinen Flattergewändern fällt der Gewichtsverlust gar nicht auf. Wir sollten bald gemeinsam einkaufen gehen.«

Gemächlich spazierten wir zum Parkplatz zurück. Mein Leben erschien mir gar nicht mehr so düster. Es war toll, eine Freundin wie Anita zu haben. Als ich sie zu Hause absetzte, zog sie ein Buch aus ihrer Handtasche.

»Das leihe ich dir, wenn du magst.«

Skeptisch musterte ich das Cover. *Sanfte Selbstbehauptung*, von Barbara Berckhan. Zu Hause sah ich mir das Inhaltsverzeichnis an. Das Buch beschrieb die fünf besten Strategien, sich souverän durchzusetzen: Die königliche Muthaltung. Das kraftvolle Wollen. Das freundliche Nein. Die höfliche Hartnäckigkeit. Das beherzte Selbstvertrauen.

Das war ja fast so, als hätte Frau Berckhan das Buch nur für mich geschrieben. Eine Karte fiel aus den Seiten. Sie zeigte ein Segelboot auf glitzerndem Wasser. Anita hatte wirklich ein Händchen für Sprüchekarten.

Über dem Segelboot stand nämlich: »Alles, was es über das Leben zu wissen gibt, lässt sich in drei Worten zusammenfassen: Es geht weiter.«

Der achte Abend

Am Mittwochmorgen wäre ich vor freudigem Schreck fast von meiner Digitalwaage gekippt. Sie zeigte 81,4 Kilo an. Unglaublich. Seit ich im Kurs war, hatte ich genau 4,6 Kilo abgenommen.

Fast fünf Kilo. Es funktionierte also. Endlich. Vorbei die Zeit hemmungsloser Fressorgien. Meine Heißhungeranfälle auf Süßes stillte ich nun mit einem Marmeladentoast oder einem Knäckebrot mit Schokocreme. *Einem,* nicht fünf oder sechs.

Abends zog ich eine schwarze Jeans, die ich schon sehr lange nicht getragen hatte, und den neuen grünen Pullover an und wartete vor der Tür auf Ellen.

»Das war ja eine hektische Woche«, stöhnte sie, kaum dass ich mich angeschnallt hatte. »Alexander hatte Scharlach. Ich hatte keine ruhige Minute. Ich habe mir solche Sorgen gemacht, dass ich nicht einmal zum Kegeln gegangen bin.«

Ihr Busen in der braun-beige-geblümten Bluse hob und senkte sich, als sei sie kurz vorm Hyperventilieren. »Beinah wäre ich nach Berlin gefahren.«

»Warum hast du es nicht getan?«

Sie blitzte mich von der Seite an.

»Wir haben doch Räumungsverkauf wegen der Renovierung. Da konnte ich doch die Gudrun nicht alleinlassen.«

Na klar. Mir fiel der Witz ein von dem Mann, der ins Taxi steigt und sagt: »Bringen Sie mich irgendwo hin, ich werde überall gebraucht.«

Bis wir das Foyer der Volkshochschule betraten, kannte ich jedes Scharlachsymptom, alle Behandlungsmöglichkeiten und ihre Nebenwirkungen. Beim Treppensteigen ging Ellen zum Glück die Puste aus. Ich ließ mich auf meinen Stuhl fallen und sah mich um. Alle waren da, außer Yvonne.

Heute brannte ich auf die Anfangsrunde. Renate kam mir jedoch zuvor und platzte heraus: »Ich habe mir einen Stringtanga und einen dazu passenden BH gekauft.« Im gleichen Moment wurde sie rot wie ein Feuerlöscher und schlug sich mit der Hand auf den Mund. Antonia zwinkerte ihr zu.

»Klingt gut. Erzähl mehr.«

»Ein hauchdünnes Nichts sozusagen«, sagte Renate verlegen. »Das waren jedenfalls die Worte meiner Freundin. Und dabei sah sie aus, als hielte sie mich für gestört, weil ich so etwas gekauft habe. Traut die mir keine Erotik zu, nur weil ich ein paar Kilo zu viel habe?«

»Genau!«, rief Gisela, »Dicke haben einfach keine heißen Dessous zu tragen. Das Vorurteil kenne ich. Als ob wir nicht auch sexy und verführerisch sein wollen.«

Und dann outete sie sich als Besitzerin einiger Stringtangas, in denen sie sich sehr sinnlich fühlte. Sieh an, da lernte ich meine Kollegin ja von einer ganz neuen Seite kennen. Und mutig fand ich sie. Abgesehen davon, dass ich selbst Stringtangas höllisch unbequem fand, hätte ich so etwas hier auch niemals erzählt.

»Sinnlichkeit ist also heute unser Thema«, grinste Antonia, »gut so.«

Anita griff nach dem Ball. »Ich habe mal zu einem guten Freund gesagt: ›Ich bin keine Frau, der man nachschaut.‹ Da hat er mich ganz ungläubig angesehen.«

Das tat ich jetzt auch. Anita, die Zarte in ihren Flattergewändern, mit ihrem naturroten Haar und den vielen Sommersprossen. Die Frau, die einen mit ihrem

Humor umhauen konnte. Die hielt sich nicht für attraktiv? Sie hatte wahrhaftig Tränen in den Augen.

Ich wollte ihr schon die Hand auf den Arm legen, ließ es aber sein, als Antonia sie ganz sanft ansprach: »Anita, schau mich mal an.« Sie wartete einen Augenblick, bevor sie weitersprach. »Kann es sein, dass das eine ganz alte Traurigkeit ist, die mit deinem heutigen Leben gar nichts mehr zu tun hat? Ich weiß ja nicht, was passiert, wenn du in den Spiegel schaust. Sagst du dann zu dir: ›Wer ist bloß diese schöne Frau, die kenne ich ja gar nicht?‹«

Anita sah aus wie ein kleines Mädchen, das sich das Knie aufgeschlagen hat und dann einen Lutscher bekommt.

Antonia wandte sich an die ganze Gruppe. »Oft werden wir von ganz alten, längst überlebten Einstellungen ausgebremst, sogenannten Glaubenssätzen. Das sind Dinge, die wir über uns selbst glauben. Und schon sind wir genau bei unserem heutigen Thema. Es wird gleich darum gehen, uns solche Glaubenssätze bewusst zu machen und sie zu verändern.«

Edith erzählte, sie habe sich nackt vor den großen Schlafzimmerspiegel gestellt und sich für gut befunden. »Ich brauche keinen BH«, erklärte sie stolz. Beneidenswert. Sie hatte eine neue Frisur, richtig gut. Mein Friseurtermin war morgen, und ich konnte es kaum noch erwarten.

Edith war aber noch nicht fertig. »Ich muss euch unbedingt noch etwas von meinem siebenjährigen Enkel erzählen. Am Sonntag hat mein Mann beim Mittagessen zu ihm gesagt: ›Iss, damit du groß und stark wirst.‹ Darauf sagt der Kleine: ›Ich will aber gar nicht groß und stark werden, ich will blass und interessant sein.‹« Alle lachten. »Und zu mir hat er gesagt: ›Oma, es schmeckt gut, aber ich will jetzt trotzdem nichts mehr essen.‹«

Edith und ihre witzigen Geschichten. Am Morgen hatte sie den Kleinen gefragt, ob er Blumenkohl oder Spinat zu Mittag wolle. Die Antwort war Nein.

»Ja, Kinder haben in der Regel noch ein natürliches Gefühl dafür, was sie wollen und brauchen. Es wäre gut, wenn wir diese Fähigkeit zurückerlangten«, sagte Antonia.

»Ha!«, rief Claudia, »da fällt mir etwas ein: Ich habe tatsächlich vor ein paar Tagen ein Hungergefühl gespürt. Das kannte ich ja schon gar nicht mehr.«

Sieh an, sogar die sonst so angespannt wirkende Claudia konnte witzig sein. Dann erzählte Ellen ausführlich von der Sorge um ihren Sohn, und ich bewunderte einmal mehr Antonias Geduld. Sabine berichtete, sie habe es geschafft, Essensreste in den Müll zu werfen, anstatt sie selbst zu essen. »Meine Einstellung hat sich total verändert«, sagte sie. »Ich achte jetzt darauf, was ich wirklich will und was gut für mich ist.«

Endlich mein Stichwort. »Ich auch«, rief ich.

Dann erzählte ich, dass ich angefangen hatte, selbst zu kochen, anstatt in die Kantine zu gehen, dass ich mir Leonies Zimmer für mich einrichtete und dass ich knapp fünf Kilo abgenommen hatte. Ich bekam spontanen Applaus von der Gruppe und wurde rot. Ich spürte auch Ellens Blick auf mir und vermied es, zu ihr hinzusehen. Von Anitas Seite kam so eine positive und unterstützende Energie, dass mir ganz warm wurde.

Von dem Buch, das sie mir mitgebracht hatte, hatte ich das erste Kapitel verschlungen. Vor unserem Garderobenspiegel hatte ich die königliche Muthaltung ausprobiert. Frappierend, wie gestraffte Schultern, ein fester Stand und vertieftes Atmen sich auf mein Selbstwertgefühl auswirkten. Fast wie von selbst war ich mit genau diesem Gefühl heute Abend in Ellens Auto gestiegen.

»Okay.« Antonia klatschte in die Hände, und ich richtete meine Aufmerksamkeit wieder auf die Gruppe. »Bei euren ganzen Themen heute um Sex und Sinnlichkeit«, sie grinste, »ist mir eine schöne Idee gekommen. Sagt mir doch bitte, wie ihr innerlich mit euch selber redet, wenn ihr mit euch unzufrieden seid. Wie hören sich eure gedanklichen Beschimpfungen an?«

Gisela fing an zu lachen. »Ich sage zum Beispiel: ›Lass es doch einfach, du blöde Kuh.‹«

Antonia nickte.

»Ich bin ja sooo doof«, outete sich Sabine zögerlich.

»Schon wieder ich, denke ich oft, und dass das Leben ungerecht ist.« Claudia seufzte.

»Könntest du jetzt endlich einmal anwenden, was du gelernt hast. Das gibt's doch gar nicht, wie kann eine einzelne Person bloß so bescheuert sein«, schoss es aus Anitas Mund heraus, und dabei erglühten ihre sämtlichen Sommersprossen.

»Früher habe ich immer gedacht, ich wäre nicht so gut wie die anderen«, meinte Edith. »Aber das tue ich ja nicht mehr.«

»Nimm den Satz trotzdem«, antwortete Antonia.

Was sagte ich denn eigentlich in Gedanken zu mir? Meistens war es mir wohl nicht einmal bewusst. Langsam formten sich die Worte: »Du schaffst das sowieso nicht, vergiss es doch einfach. Du hast noch nie eine Diät durchgehalten.« Es war meine Stimme, die ich in meinem Kopf deutlich hörte, aber auch Manfreds. Ja, er schwächte mein ohnehin schon miserables Selbstbewusstsein noch mehr. Immer noch? Nicht mehr so stark wie früher. Trotzdem spürte ich, wie meine Schultern nach unten sackten.

»Ihr merkt sicher schon«, sagte Antonia, »das meiste davon klingt so, als würde ein Erwachsener mit einem

Kind reden. Das hört ihr auch am Duzen. Kein Wunder, dass ihr euch dabei so schlecht fühlt, oder? Bitte verändert zunächst die Form, und verwandelt alle Du-Sätze in Ich-Aussagen.«

»Ich schaffe es sowieso nicht, ich vergesse es einfach. Ich habe noch nie eine Diät durchgehalten.« Hm. Das wirkte ja so harmlos, als wolle jemand mit einer Nagelfeile bewaffnet eine Bank ausrauben. Aber es kam noch besser.

»Und jetzt möchte ich, dass du dir genau diesen Satz sagst, und zwar mit einer gaaaanz sexy Stimme.« Antonia machte es vor. Ich schloss die Augen und hauchte innerlich: »Ich schaffe es sowieso nicht …« Das klang so komisch, dass die Sätze jegliche Bedeutung verloren. Gisela neben mir verschluckte sich vor Lachen, und ich musste ihr auf den Rücken klopfen.

»Und jetzt«, Antonia hatte Mühe, sich Gehör zu verschaffen, »zur Verstärkung bitte das Gleiche noch einmal mit Micky-Maus-Stimme. Oder wie eine Schallplatte, die mit der falschen Geschwindigkeit abgespielt wird.«

Sie nahm Ediths Satz als Beispiel: »Ich bin nicht so gut wie die anderen.« Wenn sie mit hoher und schriller Micky-Maus-Stimme sprach, war der Text nicht mehr zu verstehen. Dann ganz langsam und tief: »Iiiich biiin niiiicht soo-oo guuut wiiiee diiieee aanndderen.«

Wahnsinn! Konnte Veränderung so leicht sein? Und dabei auch noch so viel Spaß machen? Warum hatte mir das bisher noch niemand erzählt? Spontan ließ ich den Standardbegrüßungssatz meiner Mutter am Telefon »Von euch hört man ja gar nichts« mit Micky-Maus-Stimme abspulen. Auch das klang nur noch lächerlich und erzeugte bei mir überhaupt keine schlechten Gefühle.

»Ist das nicht ein wunderbarer kleiner Zaubertrick?«

Antonia nahm mir quasi die Worte aus dem Mund. Prompt erzählte ich von meinem Experiment, auch den Äußerungen meiner Mutter den Stachel zu nehmen.

»Ungeahnte Möglichkeiten tun sich auf«, grinste Antonia. »Und wisst ihr, wieso das so gut funktioniert? Über das Hören sind wir sehr stark zu beeinflussen, oft ohne dass wir es überhaupt merken. Denkt nur an die Musik im Supermarkt. Die Ohren können wir nicht zuklappen. Dieser Kanal ist immer auf Empfang, sogar während einer Narkose oder im Koma. Da ist es gut, eine Methode zur Hand zu haben, durch die wir uns schützen und uns wieder in einen guten Zustand bringen können.«

»Doch nun geht es weiter.« Sie verteilte Blätter mit der Überschrift: »Einschränkenden Glaubenssätzen auf der Spur«.

»Das meint natürlich nicht Glauben im Sinne von Religion«, erläuterte sie. »Ihr habt jedoch alle schon erlebt, dass Menschen Sätze sagen wie ›Ich glaube, ich habe immer Pech im Leben‹ oder ›Ich glaube nicht, dass ich das schaffe‹. Unsere eigenen Einstellungen und die Meinungen anderer, zum Beispiel von Eltern und Lehrern, beeinflussen uns. Und manchmal blockieren sie uns sogar. Wenn uns die einschränkenden Sätze bewusst werden, können wir sie verändern.«

Sie bat uns, in die oberste Zeile das Ziel »Ich erreiche mein Wunschgewicht« oder etwas Vergleichbares zu schreiben. Dann sollten wir die vorgegebenen Satzanfänge spontan ergänzen.

Okay. Mein Zielsatz lautete: »Ich habe mein Wohlfühlgewicht«. Sofort sah ich mich wie auf einer Kinoleinwand: gestraffte Schultern, chic angezogen in Größe zweiundvierzig, neue Frisur, frisches Make-up. Der erste

Satzanfang lautete: »Wenn ich bekomme, was ich möchte, dann ...« Das war einfach. »... werde ich sehr glücklich sein«, schrieb ich in die leere Zeile.

»Mein Ziel zu erreichen, würde bedeuten ... mich wohl und attraktiv zu fühlen.«

»Ich darf mein Ziel nicht erreichen, weil ...« Was? Ich stutzte kurz, doch dann flossen die Worte wie von selbst aufs Papier: »... weil Ellen dann neidisch wäre.« Huch!

»Ich kann mein Ziel nicht erreichen, weil ... ich es noch nie geschafft habe.« Hatte ich das etwa gerade geschrieben?

Das war aber gar keine schöne Übung. Die anderen stöhnten auch und fanden die Sätze doof. »Macht einfach weiter«, sagte Antonia, »ihr werdet den Sinn gleich verstehen.«

»Es ist mir nicht möglich, so zu sein, wie ich will, weil ... ich gar nicht weiß, wie ich wirklich bin.« Ich schrieb.

»Ich bin nicht fähig, mein Ziel zu erreichen, weil ... Bin ich doch!« Auch das schrieb ich einfach hin. Ohne Nachdenken, aus dem Bauch heraus, wie Antonia es gesagt hatte.

»Ich werde immer dieses Problem haben, weil ... ich kein Durchhaltevermögen habe und es ein ständiger Kampf ist.«

Nicht, dass mir alle Antworten gefielen, die mir spontan in den Sinn kamen.

»Es ist falsch, dieses Ziel erreichen zu wollen, weil ... Stimmt nicht. Wer sagt das?«, schrieb ich auf. Und dann die letzte Frage. »Ich verdiene es nicht, mein Ziel zu erreichen, weil ...«

Mir fiel keine Antwort ein, doch gleichzeitig machte mich dieser Satzanfang so traurig, dass mir die Tränen kamen. Vielleicht war ich als dicke Person gedacht. Vielleicht war das einfach meine Veranlagung, schließlich kam ich nach meinem Vater.

Anita wirkte ebenfalls bestürzt. Waren denn die anderen mit ihrem Ergebnis zufrieden? Es sah nicht so aus. Ich wartete darauf, dass Antonia die schlechte Stimmung wieder auflösen würde, so wie sie es immer tat. Sie fragte, was wir über uns selbst herausgefunden hatten. Tatsächlich kristallisierte sich bei jeder von uns ein Hauptthema heraus, mit dem wir uns richtig mies fühlten.

»Ich halte nie etwas durch.«
»Ich habe keinen Erfolg verdient.«
»Ich muss auf jeden Genuss verzichten.«
»Ich bekomme keine Unterstützung.«
»Ich kann nicht Nein sagen.«
»Meine ganze Familie ist dick.«

Jede sagte ihren einschränkenden Satz laut. Das war das Schlimmste. Und gleichzeitig das Beste, weil wir feststellten, dass wir alle ganz ähnliche Probleme hatten. Auf einmal hatte ich viel mehr Verständnis für die anderen Frauen.

»Jetzt möchte ich gern von jeder von euch das Gegenteil dieses Satzes hören«, sagte Antonia.

Ich hatte keine Ahnung, wieso gerade der letzte Satz auf dem Blatt mich so traurig machte. Ich spürte nur, dass er die Barriere war, die mich von der Erreichung meiner Ziele abhielt. Deshalb hatte ich ihn ausgewählt. Aus »Ich verdiene es nicht, schlank zu sein« wurde nun »Ich verdiene es, schlank zu sein«.

Obwohl das in meinen Ohren ein wenig trotzig klang, fühlte es sich doch wesentlich besser an. Während die anderen an ihren neuen Sätzen feilten, schaute ich mir mein Arbeitsblatt noch einmal genau an. Könnte ich es aushalten, wenn Ellen neidisch wäre? Ja, das könnte ich. Hatte ich wirklich kein Durchhaltevermögen? Unsinn, das glaubte ich doch gar nicht mehr. Ebenso wenig glaubte ich, dass Abnehmen ein ständiger Kampf sein müsse. Heute Morgen auf der Waage: Das war ein großartiges Gefühl, wenn sich der Erfolg einstellte.

Und dann fiel mir noch etwas auf: Ungefähr die Hälfte meiner Sätze war positiv.

Ich ließ das Blatt sinken und hörte zu, wie Antonia beim Formulieren der neuen Sätze half. Auch den neuen Satz sagten wir jetzt alle laut:

»Ich halte durch!«

»Ich habe Erfolg verdient!«

»Ich kann gut Nein sagen!«

»Ich bin stark!«

»Ich genieße mein neues Essverhalten!«

Schön. Aber reichte das für eine dauerhafte Veränderung aus? Offensichtlich war Antonia noch nicht mit der Übung fertig. Wir mussten aufstehen, und sie erklärte: »Sobald die Musik zu spielen beginnt, tust du so, als würde der alte Glaubenssatz auf deiner linken und der neue auf deiner rechten Handfläche liegen. Und dann hüpfst du vom linken Bein aufs rechte und wieder zurück. Und mit jedem Hüpfer sprichst du den Satz laut aus, der auf der jeweiligen Handfläche liegt.« Sie machte es vor.

Und dann setzte die Musik ein. Ohrenbetäubend laut ertönte *We will rock you* von Queen. »Lauter!«, feuerte Antonia uns an. Sie machte mit.

»Ich verdiene es nicht, schlank zu sein. Ich verdiene es, schlank zu sein. Ich verdiene es nicht, schlank zu sein. Ich verdiene es, schlank zu sein.« Ich hüpfte und schrie meine beiden Sätze, anfangs noch verhalten. Doch es war dunkel im Raum, und ich schloss die Augen, um mich noch besser auf mich konzentrieren zu können. Meine Hemmungen verloren sich. Ich hüpfte im Takt von einem Bein aufs andere, und ganz von selbst vermischten sich die Sätze, verkürzten sich, wurden zu »Verdiene schlank sein«.

Nach zwei oder drei Minuten stellte Antonia die Musik ab. Ich war völlig außer Atem und nass geschwitzt. Als ich die Augen öffnete, sah ich in die lachenden Gesichter der anderen Frauen. Wenn es nicht funktionierte, hatte es wenigstens Spaß gemacht.

Erschöpft ließen wir uns auf die Stühle sinken. »Ihr könnt jetzt schon neugierig darauf sein, wie sich eure alten Glaubenssätze verändert haben, wenn wir nächste Woche darauf zurückkommen«, sagte Antonia. »Wir haben nur noch fünf Minuten. Also bleibt einfach auf euren Stühlen sitzen. In einer Turbo-Abschlussentspannung sammeln wir jetzt alles ein, was wir heute Neues dazugewonnen haben.«

Rasch wechselte sie die CD, und schon ging es los.

»Schließ deine Augen, und nimm wahr, wie du auf deinem Stuhl sitzt, sicher gestützt durch die Rückenlehne, die Füße fest auf dem Boden. Du hörst die Musik und meine Stimme, und ganz von selbst vertieft sich dein Atem, wird tiefer und tiefer. Und dann denk an die Themen von heute Abend: Sex und Sinnlichkeit. Du darfst sexy sein und dich auch so fühlen, darfst es zugeben, dass dies ein wichtiger Teil von dir ist. Und denk an deine sexy Stimme, wie du jetzt innerlich mit dir selbst sprichst und vielleicht sogar andere Stimmen und ihre Wirkung auf dich verändern kannst, indem du ihnen zum Beispiel eine Micky-Maus-Stimme gibst. So veränderst du deine inneren Einstellungen und erkennst, es geht ganz oft um Erlaubnisse. Darfst du alles sein, was du bist? Und was glaubst du, wer kann dir wirklich eine Antwort auf diese Frage geben? Genau, nur du allein. Und dann erinnere dich daran, wie du zur Musik gehüpft bist, deine alten und neuen Glaubenssätze laut gesagt hast und wie du damit den alten Sätzen die Macht genommen hast. Wo genau in deinem Körper spürst du das? Und nimm auch die Neugier in dir wahr, wie wird es sein, wenn dich das Neue durch die nächste Woche begleitet, ganz selbstverständlich, ganz automatisch ... Und nun öffnest du deine Augen, reckst und streckst dich, nimmst einen tiefen Atemzug und kommst mit deiner Aufmerksamkeit wieder hierher zurück, hellwach und erfrischt.«

Der ganze Text floss ohne Pause, sanft wie eine Sommerbrise, streichelte Körper und Seele und tat einfach nur gut. Mit einem tiefen Seufzer öffnete ich meine Augen. Das Licht ging an, und schon tappte ich, immer noch wie in Trance, hinter Anita, Ellen und Gisela her. Plötzlich war ich so müde, als hätte ich den ganzen Abend Steine geschleppt. Auf Ellens Geplapper reagierte ich mit einem ausgiebigen Gähnen.

»'tschuldigung«, murmelte ich, doch sie war ohnehin in ihrem eigenen Film. Welchen Satz hatte Ellen eigentlich bearbeitet?

Sie hielt vor unserem Haus und sah mich an. »Das war ja ein Schmarren heute Abend. Wie im Kindergarten.« Kopfschüttelnd fuhr sie davon, wie immer mit zu viel Gas im ersten Gang. Mit offenem Mund starrte ich ihrem Kleinwagen hinterher.

Krise

Seit ich aus dem gemeinsamen Schlafzimmer ausgezogen war, hatten Kälte und Sprachlosigkeit zwischen Manfred und mir einen neuen Höhepunkt erreicht. Als ich in die Küche kam, sah er nicht von der Zeitung auf. Ich hatte Tobias aus dem Bett geschmissen und machte seine Schulbrote fertig. Kaum war Tobias aus der Tür, war es auch für mich Zeit zu fahren.

Ich hatte schon die Haustür geöffnet, als mir einfiel, dass ich ein Päckchen Kaffee in die Firma mitnehmen wollte. Ich ließ die Tür wieder zufallen und ging in Richtung Küche, als ich Manfreds Stimme hörte: »Ja, mein Schatz.« Telefonierte er mit Leonie? Ich hielt die Luft an und rührte mich nicht von der Stelle.

»Ich weiß ... na klar ... das ... natürlich, mach dir keine Sorgen ... ja ... nicht mehr lange, bestimmt nicht ... okay, wir sehen uns ja gleich ... ich dich auch.«

Wir sehen uns ja gleich?? Mir wurde übel. Ich öffnete die Haustür leise und schloss sie, indem ich den Schlüssel von außen ins Schloss steckte, um das Zuknallen zu verhindern.

Also doch. So ein Mistkerl.

Als ich einparkte, hatte ich keine Erinnerung, wie ich bis zum Firmenparkplatz gekommen war. Antonia hatte gesagt, dass der größte Teil unserer Handlungen vom Unterbewusstsein gesteuert wird. Was für ein Segen.

»Alles okay?«, fragte Annette.

»Klar.« Ich vermied es, sie anzusehen. Hatte ich rote Flecken am Hals oder sah sonst irgendwie derangiert aus? Ich rief meine E-Mails ab, als Gisela hereinstürmte.

»Das war toll gestern, unglaublich. Ich bin ja so froh, dass du mich mitgenommen hast. Komm, lass dich mal drücken.« Sie riss mich einfach vom Stuhl und umarmte mich so heftig, dass ich kaum Luft bekam.

Im nächsten Moment hing ich schluchzend an Giselas Hals. Sie klopfte mir sanft auf den Rücken und machte beruhigende Geräusche, wie sie es wahrscheinlich bei ihren Töchtern zu tun pflegte.

»Willst du drüber reden?«

»Mmpff.« Ich schüttelte vehement den Kopf.

»Wär' aber gut.«

Woher wollte sie das wissen? Auf gut gemeinte Ratschläge konnte ich dankend verzichten. Annette hielt mir ein Taschentuch hin und zwinkerte mir aufmunternd zu. Ich löste mich von Giselas Schulter, schniefte noch ein bisschen und putzte mir die Nase. Mein Gott, war das peinlich.

Aber so war es eben gerade. Mein ganzes Leben war in Auflösung begriffen. Das durfte einen wohl aus der Fassung bringen. Ich gab mir einen Ruck.

»Ich glaube, ich habe gerade, als ich aus dem Haus gehen wollte, meinen Ehemann beim Telefonieren mit seiner Geliebten belauscht.«

Annette und Gisela klappten gleichzeitig den Mund auf. Sofort stoppte ich sie mit einer Handbewegung.

»Ich komme damit klar. Bitte kein Mitleid.« Ich versuchte vergeblich, mich an die königliche Muthaltung zu erinnern. Die beiden blickten sich ratlos an.

»Natürlich kommst du damit klar«, meinte Gisela dann entschieden. »Denk einfach an alles, was du im Kurs gelernt hast.«

Ich nickte.

»Manchmal hilft Ablenkung«, sagte Annette. »Komm, stürz dich in die Arbeit, und vergiss den Kerl.«

Ich nickte wieder.
»Wenn du reden willst ...«
Ich winkte ab.
Dann setzte ich mich an meinen Schreibtisch und versuchte, mich zu konzentrieren. Einige Kunden riefen an, und schon war es Mittag. Heute durfte ich mir einen Kantinenbesuch gönnen, denn um zwei würde ich Anita beim Friseur treffen. Die große Portion Nudeln mit Tomatensoße tat mir gut. Karlas und Theas Süßigkeitenteller war leer gewesen, als ich ein paar Mal daran vorbeigeschlichen war. Schade, ich hätte ein bisschen Schokolade als Seelentrost gut gebrauchen können.

Später erfuhr ich, dass Gisela – in realistischer Einschätzung meines Zustandes – die Zwillingsschwestern bekniet hatte, die Schokolade ausnahmsweise in der Schublade zu lassen.

Anita wartete schon beim Coiffeur auf mich. Ich nahm in einem bequemen roten Ledersessel Platz und rieb meinen verspannten Nacken, während sie sich mit einem smarten jungen Mann namens Angelo darüber beriet, was aus dem Wischmopp auf meinem Kopf wohl zu machen sei. Na ja, es konnte ja nur besser werden. Die beiden flüsterten miteinander, und ich hörte Wortfetzen wie »ausdünnen«, »graue Fäden überdecken« und »Glanzlichter«. Angelo ließ seine Hände prüfend durch meine Haare gleiten. Dann wurde ein Spülbecken zu mir herangefahren, und ich genoss die sanfte Kopfmassage.

Eingelullt von Wärme und leiser Musik schloss ich die Augen. Neben mir brachte Angelos Kollegin Serafina Anitas dünne rote Haare in Form. Angelo arbeitete konzentriert mit Schere und Messer, und ich war dankbar, dass er das schweigend tat. Hach, es war schön, sich verwöhnen zu lassen. Das konnte ich heute wirklich gebrauchen. Während die Haarfarbe einwirkte, wurden meine Fingernägel von einer Praktikantin maniküriert.

Nach dem Ausspülen der Farbe wurde eine besondere Pflege für trockenes Haar aufgetragen. Serafina zupfte meine Augenbrauen und schminkte mich. Da sie mit verschiedenen Pinseln hantierte, hielt ich die Augen geschlossen.

Zum Fönen drehte Angelo meinen Sessel herum. Statt mich selbst im Spiegel zu sehen, traf mein Blick den von Anita, die im Wartebereich saß und in einer Zeitschrift blätterte. Sie reckte beide Daumen in die Höhe. Dann musste es ja wohl gut aussehen.

Auf einen Wink von Angelo wurde Champagner für Anita und mich gebracht. Meine Herren! Langsam machte ich mir Sorgen wegen der Rechnung.

Angelo stieß mit uns an. »Auffe eine neue Frau!« Anita strahlte.

Endlich durfte ich in den Spiegel schauen. Beinahe erwartete ich Trommelwirbel und Blitzlichtgewitter, wie es bei solcher Art Verwandlungen im Fernsehen üblich ist.

Ich schrie auf und verschüttete den Champagner über dem roten Ledersessel.

Was war das denn?

Das war ja furchtbar.

Ich hatte ja fast keine Haare mehr.

Und was von meinen Haaren noch übrig war, stand in alle Richtungen ab, steif vor lauter Stylingschaum, Gel und Haarspray. Helle Strähnchen leuchteten in einem rotbraunen Grundton, der mit meiner Naturfarbe nichts zu tun hatte.

»Der Schnitt ist super«, sagte Anita. In dem Moment hätte ich sie am liebsten erwürgt. Wie hatte sie mir das nur antun können?

An jedem anderen Tag hätte ich mit dem letzten Rest meiner Fassung den Laden verlassen, um erst zu Hause zusammenzubrechen. Doch heute waren meine Reserven bereits erschöpft. Eine Flut von Tränen überschwemmte mein Gesicht und hatte katastrophale Auswirkungen auf mein Make-up. Schwarzer Kajal als Rinnsal auf den Wangen ist nie besonders attraktiv. Verzweiflung und Wut wuchsen, je länger ich mein Spiegelbild anstarrte. Es sah aus, als säße der Kopf einer geschminkten Marionette auf meinem alten Körper. Ich zitterte und nahm kaum wahr, dass Anita meinen Arm streichelte.

»Signora«, rief Angelo bestürzt, »du komme morgen zurück, wenne bis morgen nicke zufrieden.«

Damit er mir die restlichen Haare auch noch abschneiden konnte? Ich schnaubte, ging mit tränenverschleiertem Blick zur Kasse und zahlte, verachtungsvoll schweigend, einhundertneunundzwanzig Euro. Ohne Trinkgeld. Dann verließ ich den Laden, ohne zurückzublicken. Anita folgte und ging wortlos neben mir her. Das war das Beste, was sie tun konnte.

Jetzt merkte ich, dass Haare auch eine wärmende Funktion haben. In meinem Nacken spürte ich den Abendwind kühl und unangenehm.

Am besten ließ ich mich für mindestens eine Woche krankschreiben.

Anita begleitete mich zu meinem Auto. »Es tut mir wirklich leid, dass es dir nicht gefällt, Barbara. Aber glaub mir, nach ein paar Tagen wirst du merken, dass der Schnitt fantastisch ist und dich um Jahre jünger macht. Wenn du die Haare einmal selbst gewaschen und geföhnt hast …«
Ein Blick von mir, und sie verstummte.

Zu Hause wusch ich sofort das klebrige Styling-Zeug aus meinen Haaren. Beim Fönen flossen erneut die Tränen.

Wie ich aussah. Wie ein abgelutschter Heringsschwanz, würde meine Mutter sagen.

Tobias kam nach Hause und machte Oh! bei meinem Anblick.

Ich sah ihn warnend an. »Kein Wort!«

»Ich sag ja gar nix«, grinste er. Ich machte ihm ein paar Brote zurecht und zog mich in mein Zimmer zurück. Wenn ich in die Nähe eines Spiegels kam, schloss ich die Augen, um nicht wieder loszuheulen. Ich wollte nicht sehen, wie gut meine Pausbacken und mein Doppelkinnansatz mit der neuen Frisur zur Geltung kamen. Innerlich tobte ich die ganze Zeit. Wieso hatte ich auch nicht aufgepasst? Wieso hatte ich nicht gesagt, was ich wollte? Weil ich keine Meinung gehabt hatte. Die anfängliche Wut auf Angelo und Anita richtete sich mittlerweile gegen mich selbst. Wie konnte man nur so blöd sein? Irgendwann weinte ich mich in den Schlaf.

Freitagmorgen: Der Schreck, als ich mich im Badezimmerspiegel sah. Der Versuch, beim Fönen mehr Länge aus meinen Haaren herauszuholen. Mir fiel der Spruch ein »Das Gras wächst nicht schneller, wenn man daran zieht.«

Selbst Manfred bemerkte die Veränderung. Na, wie auch nicht? Er zog die Augenbrauen hoch. »Warst du beim Friseur, oder hast du das selbst gemacht?«

Diese Bemerkung war ja wohl keiner Antwort würdig.

Wohl oder übel musste ich in die Firma. Ich erwog, eine Mütze oder ein Kopftuch zu tragen, aber es war Mai.

»Wow!«, rief Annette. »Flott siehst du aus.«

Ich warf ihr einen vernichtenden Blick zu.

»Nein, ehrlich.«

»Es ist viel zu kurz.« Ich war schon wieder den Tränen nah.

Nachdenklich sah sie mich an. »Nein, warte mal.« Sie kramte in ihrer Schublade. »Da muss nur ein wenig Form rein. Darf ich?«

Schon stand sie hinter mir und knetete eine Art Wachs in meine Haarspitzen. Währenddessen erzählte ich ihr von dem ganzen Desaster. Inklusive missglückter Schminkaktion und meinem Zusammenbruch.

»Oh ja, das habe ich auch schon erlebt. Glaub mir, du gewöhnst dich an dein neues Spiegelbild.«

Ich verzog das Gesicht. »Du meinst, wie an Herpes oder Hühneraugen?«

»Jetzt mach mal halblang. Man hat dir schließlich keinen Arm abgehackt. Haare wachsen nach.« Sie trank einen Schluck Kaffee. »Oder stell dir vor, du hast Krebs, deine Haare fallen aus, und du kannst nichts dagegen tun. Das ist schlimm.«

Ich nickte schuldbewusst. Aber heimlich fragte ich mich: Hatte es jemals einem Kind in Afrika geholfen, dass ich meinen Teller leer gegessen hatte? Würde es irgendeinem krebskranken Menschen nutzen, wenn ich mich mit meinen kurzen Haaren versöhnte?

»Weißt du übrigens, dass man auch in deinem Gesicht schon sieht, dass du abgenommen hast?« Annette schob mir einen Zettel herüber, auf dem sie Haarwachs, Concealer, Lidschatten und Lippenstift notiert hatte, die ich unbedingt kaufen musste. »Deine Veränderung ist toll. Du musst jetzt einfach weitermachen.«

Keine Ahnung, ob Annette die Kollegen entsprechend geimpft hatte: Wer auch immer heute an meinem Schreibtisch vorbeikam, sparte nicht mit Komplimenten. Als der Feierabend näher rückte, war ich beinah geneigt, daran zu glauben. Aber auch nur beinah.

Am Samstag kaufte ich alles ein, was Annette mir aufgeschrieben hatte. Außerdem Walking-Stöcke, ein Geschenk für meine Mutter zum Muttertag und viel Gemüse.

Als ich abends mit meinen Einkäufen nach Hause kam, saßen Manfred und Tobias einträchtig nebeneinander auf dem Sofa und schauten *Wer wird Millionär*. Manfred lachte auf, als ich hereinkam.

»Ich kriege immer noch einen Schreck, wenn du plötzlich mit dieser neuen Frisur auftauchst.«

»Frag mich mal«, murmelte ich.

»Steht dir aber ganz gut.«

»Flott, wenn du läufst«, schrie Tobias dazwischen. Den Spruch hatte er von seiner Großmutter. Ich funkelte ihn an.

»Ein bisschen sieht man schon, dass du abgenommen hast.« Manfred musterte mich wie ein Käufer einen Gebrauchtwagen. Schätzte er ab, ob es sich noch lohnen würde, in mich zu investieren? Erschöpft ließ ich mich in den Sessel fallen. Kaum saß ich, begann die Werbepause. Unglaublich, wie viel Werbung mit Essen zu tun hatte. Joghurt, Pralinen, Fertiggerichte, Schokoriegel. Kein Wunder, dass Fernsehen dick macht.

»Denken Sie daran, am 14. Mai ist Muttertag«, sagte eine hübsche Blondine und hielt einen Parfumflakon in die Kamera.

»Was, Muttertag ist erst in einer Woche?«, fragte ich entgeistert.

»Na klar, immer am zweiten Sonntag im Mai. Das solltest du eigentlich wissen.«

»Aber wir fahren doch deswegen morgen zu den Eltern.«

»Das ist doch wegen der Kreuzfahrt.« Manfred war anscheinend schon wieder genervt von meiner Begriffsstutzigkeit.

»Oh Gott, die hatte ich ja völlig vergessen.«

Er rollte nur die Augen, griff sich die Fernbedienung und zappte im Schnelldurchlauf durch die Kanäle. Audienz beendet. Anscheinend bekam er bereits schlechte Laune, wenn ich mit ihm in einem Raum war.

»Ist übrigens gut, dass du jetzt in Leonies Zimmer schläfst«, sagte er dann, ohne den Blick vom Bildschirm zu nehmen. »Ich schlafe viel besser ohne dein Schnarchen.«

»*Ich* schnarche?« Das war einfach unglaublich. »Ich werde immer von *deinem* Gepuste wach.«

Tobias stieß einen schrillen, lang gezogenen Schrei aus und hielt sich demonstrativ die Ohren zu. Er hatte es noch nie ausstehen können, wenn wir stritten.

Manfred sah mich aus kalten Augen warnend an. »Ich sage doch, es ist gut, getrennt zu schlafen. Besser für uns beide.« Im Aufstehen gab er Tobias einen Klaps auf die Schulter. »Schlaf gut, Großer. Ich muss noch arbeiten.«

Wie hatte ich nur die Kreuzfahrt vergessen können? Am nächsten Freitag fuhren meine Eltern mit dem Zug nach Wien, um von dort zu einer einwöchigen Donauschifffahrt aufzubrechen. Deshalb waren wir schon morgen bei ihnen zum Kaffee eingeladen. Zum vorgezogenen Muttertag.

Muttertag

Während der Fahrt zu meinen Eltern demonstrierte Manfred durch unmelodisches Summen gute Laune. Das tat er wahrscheinlich nur, um mir auf die Nerven zu gehen. Als ob es nicht reichen würde, dass ich Muttertage hasste. Schon immer. Meine Mutter dagegen liebte es, diesen Tag zu zelebrieren.

Immer mehr grässliche Muttertagsszenen der letzten Jahre fielen mir ein. Allerbeste Voraussetzungen also für ein harmonisches Familientreffen.

Souverän wie die Queen stand meine Mutter im Türrahmen und »empfing«. Mein Vater sah ihr über die Schulter und zwinkerte mir zu. Tobias stürzte sich mit Geheul auf seinen geliebten Opa.

Mein Geschenk wurde mit spitzen Fingern entgegengenommen und unausgepackt auf die Kommode gelegt. Niemals traf ich den Geschmack meiner Mutter, egal wie viel Mühe ich mir gab. Auch dieser Kaschmirschal würde vermutlich die falsche Farbe haben.

Küsschen für den Schwiegersohn, ein kritischer Blick für mich. Das kannte ich, wenn die Lippen meiner Mutter ganz schmal wurden. Aber die Worte, die sie *nicht* sagte, klangen überdeutlich in meinen Ohren. »Warum gibt sie nicht etwas mehr Geld aus und geht zu einem *richtigen* Friseur?«

Sollte ich jetzt nicht einen Stich im Herzen spüren oder ein flaues Gefühl im Magen, das mir sagen würde, wie unzulänglich ich war?

Doch dieses Mal sah ich alles mit neuen Augen. Wie mit der distanzierten Neugier eines Insektenforschers. Ach, so habe ich bisher funktioniert, ist ja interessant. Ich sah die Regeln und Routinen, die meine Mutter zusammenhielten wie ein Korsett. Spürte ihre Angst hinter der perfekten Fassade. Es musste anstrengend sein, in ihrer Haut zu stecken.

»Man starrt die Leute nicht so an, Barbara«, zischte sie. »Setz dich endlich.«

Ich ließ den Blick über den perfekt gedeckten Tisch schweifen: feinstes Damasttischtuch, Erdbeertorte mit Schlagsahne, Mutters unwiderstehlicher Schokoladenkuchen. Und Schwarzbrot mit Käse, in kleinen Quadraten aufeinandergeschichtet, wie in den Sechzigern. Im Flur hatte es nach Kartoffelsalat und gefüllten Eiern gerochen. Also waren wir ungefragt fürs Abendessen eingeplant.

Sie schenkte Kaffee ein. Mein Vater saß neben mir und hatte die Hände im Schoß gefaltet. Hatte er resigniert oder seine eigenen kleinen Fluchtmöglichkeiten gefunden?

»Schön, dass ihr endlich einmal wieder den Weg zu uns gefunden habt.«

Micky-Maus-Stimme, dachte ich und grinste innerlich. Puh, beinahe hätte ich mich schon wieder schuldig gefühlt. Diese nette kleine Technik vom letzten Kursabend entlarvte solche Sätze als das, was sie waren: pure Manipulation.

Meine Mutter tätschelte Manfreds Arm. »Was macht die Arbeit, mein Lieber?«

»Alles bestens, Mutter.«

Staunend erfuhr ich von erfolgreichen Abschlüssen und neu gewonnenen Großkunden, Themen, über die Manfred mit mir nicht mehr redete. Meine Mutter saugte jedes Wort auf.

»Ich habe eine Zwei in Mathe«. Tobias hatte den Mund voller Schokoladenkuchen, zappelte auf seinem Stuhl herum und wollte ebenfalls Omas Aufmerksamkeit. Natürlich wurde seine Leistung mit einem kleinen Taschengeld belohnt. Zufrieden stürmte er in den Garten.

»Deinem Vater geht es gar nicht gut, Barbara. Aber er ist ja so unvernünftig, überanstrengt sich und geht nie zum Arzt. Er hört einfach nicht auf mich.«

Ich fand das eher klug von ihm. Wieso sprach sie über ihn, als wäre er nicht anwesend? Statt zu antworten, spießte ich in Zeitlupe ein Stück Erdbeertorte auf meine Gabel.

»Barbara, jetzt sag doch auch einmal etwas.«

»Was?«

»Das heißt ›bitte‹. Nimm dir ein Stück Schokoladenkuchen. Den habe ich extra wegen dir gebacken. Manfred?« Ihre Hand mit dem Tortenheber schwebte über seinem Teller.

»Gern, Mutter.«

Plötzlich ging bei mir gar nichts mehr. Noch ein Bissen Torte, noch ein weiteres Wort meiner Mutter, und ich würde mich hier am Tisch übergeben. Ich schob meinen Teller in die Tischmitte.

»Was würdest du denn gern hören?« Ich sprach betont langsam. »Vielleicht, dass ich neuerdings in Leonies Zimmer schlafe? Oder dass dein heiß geliebter Schwiegersohn eine Affäre mit seiner Kollegin hat?« Ich hörte selbst, wie meine Stimme laut und schrill wurde. »Vielleicht erzählt er dir ja, wieso er mich seit Jahren betrügt. Wie es weitergehen soll. Oder was …«

»Barbara!« Auf dem Gesicht meiner Mutter spiegelten sich ihre widerstreitenden Gefühle. Wenn Manfred das getan hatte, was ich ihm vorwarf, dann musste das doch wohl meine Schuld sein, oder? Ohnehin würde sie im Zweifelsfall eher ihm als mir glauben.

Manfred sah mich mit mühsam unterdrückter Wut an. »Das gehört ja wohl nicht hierher. Wie kannst du deinen

Eltern das zumuten? Außerdem habe ich dir doch gesagt, dass die Geschichte längst zu Ende ist.«

»Erspare dir die Lügen. Ich habe gehört, wie du mit ihr telefoniert hast. Am Donnerstagmorgen.«

Vage spürte ich die warme, beruhigende Hand meines Vaters auf meinem rechten Handrücken. In der linken Hand hielt ich eine völlig zerknüllte Serviette.

»Du benimmst dich völlig unmöglich. Sind das jetzt die Wechseljahre oder was?«

Ich war jedoch nicht mehr zu stoppen. »Wie soll das weitergehen, Manfred?«

»Das ist jetzt wirklich nicht der Moment.« Er schüttelte den Kopf, zog die Schultern hoch, hob die Hände.

Ich beugte mich vor. »Mir reicht es. Ich will, dass du ausziehst. So schnell wie möglich.« Nachdem ich es ausgesprochen hatte, wusste ich genau, dass es die Wahrheit war.

Auf einmal war mein Kopf so leer wie der Kühlschrank eines Junggesellen. Ich stieß meinen Stuhl zurück, ging in den Flur und nahm Jacke und Handtasche von der Garderobe. Bevor die schwere Haustür hinter mir zufiel, hörte ich noch, wie Manfred sich räusperte: »Nun ja, ich weiß auch nicht, in der letzten Zeit spinnt sie ein bisschen.«

Ich nahm ein Taxi zum Bahnhof. Ein wenig fühlte ich mich wie die Heldin in einem Hollywood-Drama. Ein knalliger Schlusssatz wie »Mit dir bin ich fertig« wäre noch gut gewesen.

Egal. Während ich mich mühte, dem Fahrkartenautomaten den richtigen Fahrschein zu entlocken, ging mir ständig durch den Kopf, was ich gesagt hatte. Bis der Regionalexpress eintraf, wanderte ich nervös auf dem Bahnsteig umher. Ein starker Abgang war ja eine Sache.

Aber das Leben ging weiter, und heute Abend würden Manfred und Tobias nach Hause kommen. Was dann? Hollywoodheldin hin oder her – innerlich zitterte ich vor Angst.

Das war eine Situation, die ich nicht allein bewältigen konnte. Ich rief Anita an.

Vierzig Minuten und eine weitere Taxifahrt später saß ich auf Anitas Balkon und erzählte ihr alles.

Freundinnen

»Da hätte ich doch gern am Kaffeetisch Mäuschen gespielt, nachdem du weg warst«, kicherte Anita.

Vor uns standen zwei mit Ramazotti gefüllte Gläser, die von den letzten Sonnenstrahlen des Nachmittags angeleuchtet wurden. Anita hatte gemeint, ich bräuchte etwas Stärkeres als Kaffee. Womit sie ganz und gar richtig lag. Seit ich angefangen hatte, zu erzählen, zitterte ich am ganzen Körper.

»Fühlt es sich richtig an? Dann ist es auch richtig«, sagte Anita sehr bestimmt. »Einfacher Test: Stell dir vor, du hättest das nicht gesagt und getan. Wie fühlt sich das an?«

Ich spürte ihren aufmerksamen Blick auf mir und malte mir aus, alles würde so weitergehen wie bisher. Prompt verzog ich das Gesicht, als hätte ich in eine Zitrone gebissen.

»Danke«, lachte Anita. »Da sind Worte überflüssig.«

Ich lehnte mich seufzend zurück und schloss die Augen. Wahrscheinlich hatte sie recht. Ganz überzeugt war ich trotzdem nicht.

»Ich hätte noch viel mehr sagen müssen.«

»Es war genau richtig.«

»Wieso?«

»Weil die Situation vorbei ist und du es sowieso nicht mehr ändern kannst.«

»Ich hätte in einem Aufwasch mit meiner Mutter abrechnen können.«

»Hmm.«

»Wieso ergreift sie niemals Partei für mich? Wieso?«

»Hm, hm.«

»Oh Gott, wie soll das nun finanziell weitergehen?«

»Dafür gibt es gesetzliche Regelungen.«

»Und der arme Tobias.«

»Ach so, bis jetzt hat er gedacht, Papa und Mama sind ein glückliches, sich liebendes Paar?«

Ich öffnete ein Auge. »So zynisch?«

»Barbara, Tobias ist kein Kleinkind mehr. Der verkraftet das schon.«

»Meinst du?« Sie hatte ja keine Kinder. »Und wie soll es jetzt weitergehen? Was soll ich machen?«

»Willst du ein paar Tipps?«

»Lass hören.«

»Erstens: Setze Manfred eine Frist, bis zu der er ausgezogen sein muss. Zweitens: Sobald er weg ist, lässt du neue Schlösser einbauen. Drittens – oder vielleicht besser als Erstes – sprichst du in aller Ruhe mit Tobias und erklärst ihm die Lage.«

Eine neue Welle von Schuldgefühlen überrollte mich. »Der Junge tut mir so leid. Mitten in der Pubertät. Er braucht seinen Vater. Und gerade haben die beiden gemeinsame Hobbys entdeckt.«

»Das geht doch nicht verloren.«

»Meinst du wirklich, ich habe das Richtige getan?«

»Natürlich hast du das.«

»Jetzt muss ich mit allem allein fertig werden.«

Anita schnaubte. »Das tue ich auch. Glaub mir, es funktioniert. Es ist sogar sehr schön, seine eigenen Entscheidungen treffen zu können. Keine Absprachen, keine Kompromisse.«

»Und keine Unterstützung.«

Sie beugte sich vor, sodass ich sie anschauen musste, und tat so, als sei sie ehrlich neugierig. »Du meinst die Sorte Unterstützung, die du bis jetzt in so reichlichem Maße von Manfred genossen hast?«

»Schon wieder zynisch.« Aber ich musste lachen und wischte mir gleichzeitig ein paar Tränen aus den Augenwinkeln.

»Sieh es doch einfach so«, meinte Anita lakonisch, »du hast endlich angefangen, dich selbst zu unterstützen. Ein Schritt in die richtige Richtung. Und er war längst überfällig.«

»Und wieso fühlt es sich noch nicht so an?« Ich hörte selbst, wie jämmerlich ich klang. Wahrscheinlich würde Anita mich gleich rauswerfen, weil ich so ein nerviger Jammerlappen war. Doch zu meiner Überraschung lachte sie.

»Ich glaube, du hast zu viel Ramazotti getrunken.«

Während sie uns etwas zu essen machte, ging ich ins Bad und betrachtete mich eingehend im Spiegel. Jämmerlich zu sein, war für sich genommen schon nicht schön. Dabei wie ein Clown auszusehen, machte es noch viel schlimmer. Ich wischte am verschmierten Augen-Make-up herum und zupfte an meinen Haaren.

Nach ein paar belegten Broten fühlte ich mich tatsächlich besser.

»Sieh mal«, sagte Anita kauend, »du hast mich als Unterstützung, die ganze Gruppe und deine Kolleginnen. Du hast abgenommen und dein Aussehen verändert.«

»Erinnere mich bloß nicht an den Friseurbesuch.«

»Na komm, das ist das einzige Problem, das sich von ganz allein löst.«

Ich blitzte sie von der Seite an.

»Nein, nein, nein, ich werde mich nicht schuldig fühlen, weil ich dich zu Angelo mitgenommen habe. Der Schnitt ist großartig, dabei bleibe ich.«

»*Du* bist großartig«, ich umarmte sie schnell, »und ich kann viel von dir lernen.«

Sie grinste. »Alles, was man jemand anderem beibringt, bringt man eigentlich sich selbst bei. Andererseits heißt es auch: Ist der Schüler bereit, zeigt sich der Lehrer.«

Ich stimmte in ihr Lachen mit ein.

»Und jetzt rufe ich dir ein Taxi. Wenn du noch einen Rat willst: Unternimm heute Abend nichts mehr. Ich glaube, du bist nicht in der Verfassung für ernsthafte Gespräche. Das hat Zeit bis morgen. Und dann schau nach vorn. Mach Pläne für dich.«

Ich nickte. Beim Aufstehen blieb ich an der Tischdecke hängen, und die leeren Ramazottigläser purzelten über den Tisch. Eins konnte Anita retten, das andere zerschellte auf den Balkonfliesen. Ich entschuldigte und bedankte mich abwechselnd, bis Anita mich einfach zur Tür hinausschob.

Klarheit

Manfred und ich saßen am Küchentisch und redeten so vernünftig miteinander, wie man es von zwei Erwachsenen erwarten kann. Dass sich diese Entwicklung schon lange abgezeichnet hatte. Dass wir es Tobias zuliebe schaffen würden, uns in aller Freundschaft zu trennen. Warum auch nicht? Wir würden einen gemeinsamen Anwalt nehmen, und Manfred würde noch heute mit der Wohnungssuche beginnen.

Dann klingelte der Wecker.

Noch bevor ich die Augen öffnete, wusste ich, dass ich nicht arbeiten gehen konnte. Stiche im Kopf, Übelkeit. Mühsam schälte ich mich aus der Bettdecke, um Tobias zu wecken. Ich rief Gisela an und bat sie, mich in der Firma krankzumelden.

Letzte Nacht hatte ich lange wach gelegen und darüber nachgedacht, wie es nun weitergehen würde. Ich hatte eine Höllenangst vor der Zukunft. Aber was gestern geschehen war, tat mir nicht leid. Alle Zweifel hatte ich bei Anita abgeladen und dort gelassen.

Wir trafen uns in der Küche wie zum Showdown.

Manfred war laufen gewesen und saß nun mit nassen Haaren und verkniffenem Mund am Tisch. Sah er nicht irgendwie verunsichert aus?

Ich atmete tief ein und aus.

»Hast du einen anderen?« Sein Blick klebte an der Zeitung.

»Einen anderen was?«

»Mann, was sonst?«

»Äh, nein.«

»Wo warst du gestern Abend?«

Das ging ihn eigentlich nichts an. »Wir müssen ein paar Dinge besprechen. Wann hast du Zeit?«

Er sah auf seine Armbanduhr. »Jetzt.«

Damit hatte ich nicht gerechnet.

»Das hast du ja gestern nicht ernst gemeint.«

Das war keine Frage, sondern eine Feststellung, und ich wurde sauer. »Hat es wie ein Scherz geklungen?«

Er antwortete nicht.

»Gut, dann wiederhole ich es: Ich möchte, dass du ausziehst. Und zwar innerhalb einer Woche.«

»Du spinnst doch. Das ist völlig unmöglich.«

»Manfred, du hast eine andere Beziehung. Und da wunderst du dich über mein Verhalten?«

»Und wie stellst du dir das finanziell vor? Das Haus und alles?«

»Das wird sich finden.« Ich hatte Schwierigkeiten, mich zu konzentrieren. Was wollte ich eigentlich? Es ging ja nicht darum, wer die besseren Argumente hatte. Mein Bauchgefühl sagte mir aber ganz deutlich, dass es keinen Weg zurück gab.

Manfred setzte die Kaffeetasse hart auf den Tisch und stieß seinen Stuhl zurück. »Dann ist ja wohl alles gesagt. Ich ziehe aus, wenn ich etwas Angemessenes gefunden habe.«

An der Tür drehte er sich um. »Ich hoffe, du hast auch daran gedacht, was das alles für Tobias bedeutet. Rede mit ihm.«

»Das sollten wir wohl beide tun.«

Aber er war schon weg und hörte meinen letzten Satz nicht mehr. So viel dazu, wie vernünftig zwei Menschen miteinander reden können.

Jetzt war mir danach, eine ganze Tafel Nugatschokolade auf einmal zu essen. Den Mund voll zart schmelzender Schokolade, tröstend und beruhigend. Ach, wäre das gut.

Und dann? Dann hätte ich einen dicken Klumpen aus Fett, Zucker und Kakao im Magen und ein wahnsinnig schlechtes Gewissen gratis dazu. Und die Probleme wären immer noch die gleichen. Also keine Schokolade. Ich rief Anita an. »Du bist mein Schokoladenersatz.«

»Weil ich so süß bin?«

Immerhin schaffte sie es, mich zum Lachen zu bringen.

»Das auch. Und weil du mir fast genauso guttust.«

»Okay, ich lasse es mir patentieren.« Bevor ich von meinem kurzen Wortwechsel mit Manfred erzählen konnte, fuhr sie fort: »Wir haben in drei Minuten Teamsitzung. Können wir später telefonieren?«

»Natürlich.« Ich drückte die Taste mit dem roten Hörer und starrte enttäuscht das Telefon an. Was nun? Wie auf Kommando klingelte es. Vielleicht hatte Anita doch noch ein paar Minuten für mich übrig.

»Ja?«

»Na, Kind, ich hoffe, du hast dich wieder beruhigt.«

»Hallo Mutter«, sagte ich matt und ärgerte mich, dass ich mit diesem Anruf nicht gerechnet hatte.

»Macht die Firma das denn so mit, dass du schon wieder krankfeierst?«

Ich schwieg.

»Barbara, du weißt, dass du einen netten, umgänglichen und vor allem fleißigen Ehemann mit einem guten Einkommen und mit Aufstiegschancen hast, nicht wahr? Das wirft man nicht so einfach weg. Da muss man als Ehefrau auch einmal ein Auge zudrücken können.«

Wut stieg in mir hoch, wie ich es bisher selten gespürt hatte.

»Und du weißt sicher, dass dich meine Entscheidung nichts angeht?«, fauchte ich.

Ich hörte nur das Atmen meiner Mutter in der Leitung. Dann kam es sehr unterkühlt:

»Barbara, ich nehme an, du willst dich für deinen Ton mir gegenüber entschuldigen.«

»Keineswegs. Und wie steht's mit dir, Mutter? Willst du dich für deine Einmischung in mein Leben entschuldigen?«

»Das ist sehr traurig, solche Sätze von der eigenen Tochter hören zu müssen. Ich meine es nur gut. Aber Manfred hat ja angedeutet, woher das alles kommt.«

Jetzt war ich gespannt.

»Er sagte, du besuchst einen Kurs in der Volkshochschule, der offensichtlich einen schlechten Einfluss auf dich hat und wo du Leute kennengelernt hast, die dir nur Flausen in den Kopf setzen.« Sie spuckte das Wort »Leute« so aus, dass es wie »Abschaum« klang.

»Weißt du was, Mutter? Halte dich einfach aus meinem Leben heraus, und urteile nicht über Dinge, von denen du keine Ahnung hast.«

Ich wollte noch viel mehr sagen, doch meine Wut verpuffte. Es hatte keinen Sinn, sie und ihre Einstellungen verändern zu wollen. »Mach's gut, Mutter.« Ich legte auf. Musste ich mir Sorgen um sie machen? Ach was, sie war robust und würde es verkraften. Trotzdem war ich völlig aufgewühlt.

Jetzt brauchte ich definitiv Schokolade. Ich riss Küchenschubladen und Schranktüren auf, fand aber nur ein paar krümelige Butterkekse, die ich nicht mochte. Selbst in meinen Geheimverstecken lagen keine Schokoriegel mehr. Ich hatte tatsächlich nichts mehr eingekauft.

Grrrr! Es war erst zwanzig nach zehn, und ich war schon fix und fertig. Vor meinen Augen zuckten weiße Blitze. Ich warf mich frustriert aufs Bett und starrte an die Decke. Hatte Antonia nicht gesagt, unsere Mitmenschen würden nicht unbedingt begeistert auf unser verändertes Verhalten reagieren? Dann war das, was ich gerade erlebte, also völlig normal?

Ich atmete so tief wie möglich, und mein Herzschlag beruhigte sich allmählich.

Was will ich jetzt wirklich? Die Frage aus Antonias Essstrategie kam mir in den Sinn. Die Antwort aus meinem Inneren lautete: dem Frust davonlaufen und die Wut in Bewegung verwandeln. Also schnappte ich mir meine neuen Walking-Stöcke und marschierte los. Der Himmel war bewölkt. Ein kräftiger Wind pustete mich durch und wehte alle miesen Gefühle, Sorgen und Ängste fort.

Der vorletzte Abend

»Ich habe mich von Manfred getrennt.«

Ellen trat vor Schreck auf die Bremse und blieb mitten auf der Fahrbahn stehen.

»Willkommen im Klub. Na, hoffentlich wird es nicht so eine lange und schmutzige Scheidung wie meine damals.«

»Fahr weiter. Wir kommen zu spät.«

Ellen stellte keine Fragen, und wir legten den Rest der Fahrt schweigsam zurück.

Ich war froh, als ich endlich auf meinem Platz saß und Antonia uns begrüßte. Sie strahlte uns an. »Vorletzter Abend, meine Lieben. Wir haben viel vor und halten die Anfangsrunde deshalb kurz. Einverstanden?«

Sabine sagte, sie habe noch ein Kilo abgenommen und sei am Ziel. Ihre neue Gelassenheit im Umgang mit den Nachbarn trage auch bereits Früchte. Neidisch musste ich zugeben, dass sie richtig gut aussah, fröhlich und entspannt.

Renate erzählte vom neuen Job, Gisela von neuen Kochrezepten. Claudia drehte den Ball in den Händen. »Das Thema vom letzten Mal, sich sexy zu fühlen, hat mich noch lange beschäftigt. Mir ist klar geworden, dass meine Bedürfnisse nach Liebe, Sex und Zärtlichkeit in meiner Ehe nicht erfüllt werden.« Ihre Augen glänzten verdächtig.

Antonia sah sie verständnisvoll an. »Zuerst muss man wissen, was man will und braucht. Im nächsten Schritt fragst du dich dann, wie du es bekommen kannst. Denk an den Bären mit der Todesliste. Kommunikation hilft.«

Claudia verzog das Gesicht. »Du kennst meinen Mann nicht.«

»Und wann hast du zuletzt versucht, mit ihm zu reden? Das ist natürlich keine Frage, auf die du jetzt antworten müsstest.«

Claudia warf Anita den Softball zu und wischte sich über die Augen. Ich hatte sie noch nie so gut verstanden wie heute.

»Ich weiß ja nicht genau, was du letzte Woche mit mir gemacht hast«, grinste Anita. »Seitdem lächle ich, wenn ich in den Spiegel schaue, und finde mich schön. Bei der seltsamen Hüpfübung hatte ich die Sätze ›Ich bin bescheuert‹ und ›Ich bin schön‹ genommen. Und das muss etwas Entscheidendes bei mir verändert haben. Vielleicht war es auch dein Hinweis, dass diese alte Traurigkeit ausgedient hat. Und das stimmt: Ich brauche sie nicht mehr. Punkt.«

»Bravo«, rief Antonia, »ich gratuliere dir. Das ist großartig. Es ist ein ganz neues Strahlen um dich herum. Seht ihr das?«

Ich sah Anita genau an. Antonia hatte recht. Anita strahlte, als ob ihre Haut von innen her beleuchtet würde. In den letzten Tagen hatte ich sie nie gefragt, wie es ihr ging. Schande über mich. Ich nahm den Ball von ihr entgegen und wusste gar nicht, was ich sagen sollte.

»Du hast eine neue Frisur«, sagte Antonia. »Sieht toll aus.«

»Tja, eine von vielen Veränderungen, mit denen ich noch nicht gut umgehen kann. Die Frisur«, ich zupfte missmutig an meinen Haaren, »jagt mir immer noch einen Schrecken ein, wenn ich in den Spiegel schaue.«

»Das ist normal«, grinste Antonia.

»In der letzten Woche ist in meinem Leben mehr passiert als sonst in einem ganzen Jahr. Ich habe meiner Mutter gesagt, dass ich mir ihre Einmischung verbitte. Und ich habe mich von meinem Mann getrennt.« Ich schaute auf meine Fingernägel, um niemanden ansehen zu müssen, und hörte ein Aufstöhnen von den anderen.

»Oh«, machte Antonia. Auch sie war einen Augenblick sprachlos. Als das Schweigen anhielt, schob ich nach: »Das war's. Mehr kann ich jetzt nicht sagen.«

»Danke für deinen Mut, uns das zu erzählen«, sagte Antonia. »Das ist sicher keine leichte Zeit für dich. Doch wenn ich das sagen darf: Ich finde, du wirkst sehr klar.«

Ich nickte. Ihr Feedback tat mir gut, doch jetzt durfte die allgemeine Aufmerksamkeit sich gern wieder jemand anderem zuwenden. Ich warf Edith den Ball zu. Auf ihre einzigartige Weise riss sie uns aus der Depri-Stimmung.

»Ich liebe die Micky-Maus-Übung und habe meinem Mann davon erzählt. Wenn jetzt jemand dummes Zeug redet, wie zum Beispiel meine Schwester, schauen wir uns an und kichern. Wir haben sehr viel Spaß dabei, die blöden Sprüche mit Micky-Maus-Stimme zu hören. Außerdem habe ich festgestellt, dass meine Waage eine Micky Maus ist. Ich habe sie unter den Schrank geschubst und will sie nicht mehr hören.«

Selbst ich musste lachen.

»Ich habe ja schon seit Jahren keine Waage«, erklärte Ellen, »aber meine Hosen sitzen viel lockerer. Ich habe bestimmt drei oder vier Kilo abgenommen.« Sie schaute stolz in die Runde.

Verdammt. Ich sah sie mir genauer an. Sie kam mir tatsächlich schlanker vor. Wieso hatte ich das nicht bemerkt? Das war ja wieder typisch Ellen: die ganze Zeit über den Kurs meckern und klammheimlich doch alles mitmachen. Oder sollte sie nur abgenommen haben, weil sie auf Süßigkeiten verzichtet hatte?

Renate meldete sich noch einmal zu Wort. »Ich muss zugeben, dass ich ein paar Mal gesündigt habe. Ich kann einem Stück Schokolade nicht widerstehen. Anschließend habe ich ein schlechtes Gewissen, aber dann ist es zu spät.«

»Das ist ein gutes Thema.« Antonia stand auf und ging innerhalb des Stuhlkreises hin und her. »Erinnert ihr euch an die Glaubenssätze von letzter Woche? Könnt ihr noch an die alte Überzeugung denken? Wisst ihr sie noch?«

Mir fiel nur mein neuer Satz ein: Ich habe es verdient, schlank zu sein. Ich horchte in mich hinein. Es gab keinen Zweifel daran, dass dieser Satz stimmte. Die anderen blätterten in ihren Kladden.

»Schon gut«, lachte Antonia. »Wenn ihr nachschauen müsst, wie der alte Satz hieß, hat er ja wohl seine Wirkung verloren. Nun zurück zum ›Sündigen‹, ›etwas falsch machen‹ und zum ›schlechten Gewissen‹. Wem geht es auch so wie Renate?«

Ein paar Hände hoben sich. Meine auch.

»Sagt mal, Schokolade essen ist nicht wirklich eine Sünde, oder habe ich da im Religionsunterricht nicht aufgepasst? Die Art, wie wir denken und reden, ist entlarvend. Wir programmieren uns schlechte Gefühle. Wisst ihr noch, was wir zu Beginn des Kurses gesagt haben? Es geht nicht um Verzicht, sondern um Genuss. Und manchmal muss es eben Schokolade sein. Davon geht doch die Welt nicht unter.«

Ich hörte gebannt zu.

»Stellt euch vor, ihr könntet mit einer Heißhungerattacke gelassen umgehen. Begriffe wie ›sündigen‹, ›über die Stränge schlagen‹, ›schwach werden‹, ›schlechtes Gewissen‹ und so weiter würden gar nicht zu eurem Vokabular gehören. Steht denn jemand mit der Peitsche hinter euch, um euch zu bestrafen, wenn ihr euer

Wunschgewicht nicht zügig erreicht? Ob es drei Monate oder ein Jahr dauert, was soll's?«

Antonia ließ ihre Worte wirken. Sie hatte ja recht. Das schlechte Gewissen war wohl auch so eine Micky Maus, um es mit Ediths Worten zu sagen.

»Abnehmen hat anscheinend mit vielen anderen Themen zu tun«, seufzte Renate.

»Ja. Ihr merkt, wie eure Gedanken eure Gefühle beeinflussen und wie wichtig es ist, die Kontrolle über die eigenen Gedanken zu haben.«

»Das ist aber ganz schön schwierig und anstrengend«, stöhnte Claudia.

Antonia lächelte. »Wie gefällt euch der Satz: Es fällt mir noch nicht ganz leicht?«

Zugegeben, das klang hoffnungsvoller. Ich schrieb den Satz in meine pinkfarbene Kladde: ›Es fällt mir noch nicht ganz leicht, darauf zu achten, was ich denke‹.

»Neue Gewohnheiten zu bilden, geht nicht mit einem Fingerschnippen. Stellt es euch vor wie eine Lampe, die keinen An-Aus-Schalter, sondern einen Dimmerschalter hat. Ihr seid alle auf einem sehr guten Weg und habt bereits viel verändert. Heute fügen wir einen weiteren wichtigen Teil hinzu, um eure Ziele gut zu verankern. Ihr braucht gleich eure Kladden.«

Ich zückte meinen Kugelschreiber und schlug eine neue Seite auf.

»Doch zunächst möchte ich von euch eine aktuelle Zielformulierung hören. Das ein oder andere Ziel habt ihr bereits erreicht. Vielleicht wird es ja Zeit, zu neuen Ufern aufzubrechen.«

»Das ist gut.« Renate wedelte mit dem Arm. Sie meldete sich immer noch wie in der Schule. Antonia sah sie fragend an, und Renate wurde rot.

»Mir ist nämlich aufgefallen, dass ich oft zwischendurch etwas esse, ohne es richtig zu merken. Es gibt eigentlich keine Trennung von Essenszeiten und Nicht-Essenszeiten. Dadurch habe ich natürlich nie das Gefühl, satt zu sein. Und deshalb«, sie holte tief Luft, »habe ich mir als neues Ziel ausgedacht, nur noch am Esstisch zu essen.«

»Wow! Das klingt gut«, sagte Antonia. »Schreib es dir auf: Ich esse nur noch am Esstisch.«

»Ist aber auch blöd, wenn du jetzt deinen Esstisch überallhin mitnehmen musst.« Claudia, vor ein paar Minuten noch den Tränen nah, prustete los. In unser Gelächter stimmte auch Renate mit ein. Es war aber auch ein zu komisches Bild: Renate mit ihrem Esstisch auf dem Rücken.

Antonia klatschte in die Hände. »Was ist mit euch anderen?«

»Mein Ziel klingt ähnlich«, sagte Claudia, »nämlich: Ich esse nur, wenn ich Hunger habe. Und glaubt mir, das ist eine echte Herausforderung für mich.«

»Gut. Die Nächste«, forderte Antonia.

»Oh, ich habe noch ein Ziel«, grinste Claudia, »Ich erlaube mir, Nein zu sagen.«

»Okay. Welches ist dir das wichtigere?«

Nach kurzem Nachdenken meinte Claudia: »Ganz klar. Das Zweite.«

»Dann nimm das. Dein erstes Ziel ist ja im Grunde darin enthalten. Denn wenn du zwischendurch essen willst, obwohl du keinen Hunger hast, brauchst du auch die Fähigkeit, Nein zu sagen.«

»Das stimmt«, meinte Claudia überrascht.

Anita sagte: »Ich weiß noch nicht, wie ich es ausdrücken soll. Es hat etwas damit zu tun, mich okay zu finden, wie ich bin.«

»Verstehe.« Antonia sah sie versonnen an. »Wie klingt Folgendes für dich? Ich liebe und akzeptiere mich genau so, wie ich bin.«

Anitas Sommersprossen erglühten. »Ich weiß nicht so recht.«

»Vielleicht meinst du, das wäre eine Nummer zu groß? Bist du bereit, es trotzdem auszuprobieren? Gut. Dann schreib es dir auf.«

Anita beugte den Kopf tief über ihre Kladde und schrieb.

»Mein Ziel ist ganz einfach«, meldete sich Sabine. »Es lautet: Ich plane den Einkauf für die ganze Woche vor. Tue ich das nicht, besteht die Gefahr, dass wir abends Pizza bestellen, weil wir nichts Essbares im Haus haben. Aber im Grunde kann ich in der gleichen Zeit, in der wir auf die Pizza warten, auch etwas Frisches kochen.«

»Prima«, kommentierte Antonia.

»Mein Ziel soll mit Genießen zu tun haben.« Edith verschränkte die Hände und sah Antonia ratlos an. »In meinem Leben vor der Rente gab es immer so viel zu tun, dass auf meinem Grabstein stehen könnte: »Nichts als Arbeit war ihr Leben.« Aber jetzt bin ich auf den Geschmack gekommen, mit meinem Mann noch ein paar glückliche, unbeschwerte Jahre zu erleben.«

Ihre Worte berührten mich sehr. Glücklich sein, das Leben genießen, unbeschwert sein, das alles wollte ich auch.

Antonia nickte. »Das ist super. Wie gefällt dir der Satz ›Ich genieße alle Aspekte meines Lebens‹?«

»Ich genieße mein Leben, zusammen mit meinem Mann. So schreibe ich es auf.«

»Mein Ziel«, Gisela räusperte sich, »geht in eine ähnliche Richtung. Wenn ich mich belohnen oder verwöhnen will, tue ich das bisher meistens durch Essen. Da muss es doch noch etwas anderes geben.«

Antonia nickte. »Tolle Idee, nach Alternativen zu suchen, um sich selbst etwas Gutes zu tun. Wie möchtest du dein Ziel formulieren, Gisela?«

Gisela schaute ratlos an die Decke. »Mir schwirrt ganz viel im Kopf herum. Kannst du es auf den Punkt bringen?«

»Wie findest du das? Ich nutze viele Möglichkeiten, um es mir gut gehen zu lassen. Das klingt zwar jetzt sehr allgemein, wird aber gleich in der Übung konkret. Nun?«

»Ja, das hört sich okay an. Ich frage mich nur, ob mir überhaupt etwas einfallen wird. Gibt es denn so viele Möglichkeiten, es mir gut gehen zu lassen, die nichts mit Essen zu tun haben?«

»Na, was meint ihr?«, fragte Antonia lachend in die Runde.

Die Frage hatte ich mir auch schon gestellt. Walken tat mir gut und baute Stress ab, ließ sich aber nicht jederzeit praktizieren. Die meisten Sachen, die mir in den Sinn kamen, kosteten Zeit und Geld.

»Hm, ja«, fing Anita an, »es hilft, ein paar schöne Hobbys zu haben. Wenn ich erschöpft von der Arbeit nach Hause komme, schlage ich oft ein paar Minuten meine Trommeln. Das entspannt total und macht meinen Kopf frei. Oder ich lege mir Tarotkarten und komme dabei zur Ruhe. Manchmal helfen Fernsehen oder Lesen, manchmal ein paar tiefe Atemzüge und eine Yogaübung. Oder ein Treffen mit einer Freundin.«

»Super. Genauso funktioniert es. Gisela, ich bin sicher, dass dir gleich bei der Übung genug eigene Möglichkeiten einfallen. Ellen, was ist dein Ziel?«

»Ich werde einfach weniger kochen und kleinere Portionen essen.«

»Okay. Formuliere es bitte in der Gegenwart, als wäre es schon so. Also: Ich koche und esse kleine Portionen.« Ellen schrieb, und ich sah mich im Kreis um. Ich war als Einzige noch übrig. Was war denn mein aktuelles Ziel? Ich sehnte mich danach, mein ganzes Leben neu zu gestalten. Aber war das nicht viel zu weit vom Thema Abnehmen entfernt? Egal. Ohne mir weiter den Kopf zu zerbrechen, sprach ich einfach meine Gedanken aus.

»Ich gestalte mein Leben aktiv«, wiederholte Antonia. »Ja, ich denke, das passt sehr gut zu deiner Situation. Wie gesagt, die Details kommen gleich ganz von selbst.«

Jetzt sollten wir unseren Zielsatz laut und betont aussprechen und dabei so tun, als wären wir eine berühmte Schauspielerin. Hilfe! Sofort begannen meine Nerven zu flattern. Wir mussten aufstehen und die Gruppe anschauen. Es ging der Reihe nach, und ich kam als Fünfte dran. Gerade noch rechtzeitig kam mir eine grandiose Idee: Ich stellte mir einfach vor, Meryl Streep spräche aus mir, und wie von selbst untermalte ich meinen Satz »Ich gestalte jetzt mein Leben aktiv« mit passenden Handbewegungen. Der Applaus der Gruppe tat richtig gut. Auch wenn ich ihn mir mit Meryl teilen musste, aber das wusste ja niemand außer mir.

»Das war sehr authentisch«, sagte Antonia anerkennend. »Bravo!«

Mein Herz schlug immer noch hart gegen die Rippen, als wir nun unsere Kladden aufschlugen. Antonia würde uns Fragen stellen, und wir sollten die Antworten in Stichworten notieren.

»Hier kommt die erste Frage. Stell dir vor, du bist dabei, dein Ziel umzusetzen. Schau dir deine Umgebung an. Wo und mit wem siehst du dich? Was sagen die Menschen in deiner Umgebung zu dir?«

Sofort tauchten Bilder in meinem Kopf auf, als hätte jemand einen Diaprojektor angeworfen. Ich brauchte nur mitzuschreiben. Ich sah mich Wände im Haus anstreichen und das Wohnzimmer umräumen. Sah mich in einem neuen Badeanzug im Schwimmbad. Einkaufsbummel mit Anita, Fahrradfahren mit Tobias. Ich sah sogar Manfred und mich beim Scheidungstermin. Ich sah mich im Kreis meiner Kollegen und spürte, dass ich mich mit ihnen wohlfühlte. Auf jeder dieser Momentaufnahmen war ich modisch angezogen und schlank.

»Zweite Frage«, sagte Antonia. »Wie verhältst du dich jetzt, wenn du dabei bist, dein Ziel umzusetzen? Was genau ist anders in deinem Verhalten?«

Ich schrieb: »weniger essen, Schokolade in Mini-Portionen, regelmäßig walken, Haus umgestalten, arbeiten gehen.« Nun ja, das alles tat ich bereits. Doch jetzt fühlte es sich an, als hätte jemand die Bremsklötze weggenommen und ich könnte endlich durchstarten.

»Dritte Frage.« Antonias Stimme unterbrach meine Gedanken. »Welche Fähigkeiten hast du jetzt, wo du dabei bist, dein Ziel umzusetzen? Was kannst du jetzt, was du vorher vielleicht noch nicht konntest? Es ist gut, die eigenen Fähigkeiten zu kennen.«

Was konnte ich denn jetzt? Ich schrieb: »Ich kann endlich selbst entscheiden, was ich will. Ich kann allein sein. Ich kann neue Fähigkeiten entwickeln. Ich kann vielleicht einen neuen Partner finden. Ich kann mich über meine Veränderung freuen. Ich kann positiv in die Zukunft schauen. Ich kann herausfinden, was ich wirklich will.«

Niemand hätte über diese Sätze überraschter sein können als ich selbst. Antonia hatte uns gebeten, einfach aus dem Bauch heraus zu schreiben. Aus meinem Kopf kam das jedenfalls nicht. Schon ging es weiter.

»Vierte Frage: Was motiviert dich dazu, dein Ziel umzusetzen? Was ist dir daran wichtig?«

War das nicht offensichtlich? Ich wollte doch einfach nur glücklich sein. Ich ließ den Stift über dem Papier schweben. Nach ein paar Sekunden kam der Schreibfluss wieder in Gang: »Mir ist wichtig, kein Opfer mehr zu sein. Um mich in meiner Haut wohlzufühlen, ist es mir wichtig, schlank zu sein. Mich abgrenzen und keine Einmischungen von außen erlauben. Eigene Entscheidungen treffen. Tun, was mir wirklich Freude macht.«

»Bei dieser Frage geht es um eure Werte. Spürt ihr das? Freiheit, Abenteuer, Sicherheit, Klarheit, Glück, Liebe. Über unsere Werte denken wir meistens nicht nach. Doch sie sind es, die uns antreiben und uns unbewusst auswählen lassen, was in unser Leben passt.«

Ich spürte Antonias forschenden Blick auf mir und sah kurz hoch.

»Bereit für die nächste Frage? Hier kommt sie: Wer bist du jetzt, wo du dabei bist, dein Ziel umzusetzen? Nimm wahr, wie dein Ziel zu deinem Gefühl von dir selbst passt. Bist du noch du selbst, wenn du dein Ziel erreichst, und wie weißt du das?«

Die Worte drehten sich in meinem Kopf. Ich hatte nichts verstanden. Antonia wiederholte alles langsam und fügte hinzu: »Hier geht es um eure Identität. Alle Sätze, die mit ›Ich bin‹ anfangen, sind Aussagen über die Identität.«

Okay, jetzt wurde es klarer. Wer oder was bin ich denn? Wenn ich mein Leben aktiv gestalte, bin ich immer noch Barbara Markland. Ich schrieb: »Ich bin vierundvierzig. Ich bin Mutter. Ich bin Tochter. Ich bin bald eine geschiedene Frau.«

Das klang nicht gut und führte zu einem kurzen Panikanfall.

»Ich bin auf dem besten Weg, mein Wunschgewicht zu erreichen. Ich bin Speditionsangestellte. Ich bin kreativ.«
Was noch?
»Ich bin manchmal unsicher und ängstlich. Ich bin aber auch mutig. Ich bin eine gute Freundin.«
Die Worte flossen wie von allein aufs Papier. Über den letzten Satz wunderte ich mich am meisten: »Ich bin ich.«
»Es kommt nicht darauf an, fertig zu werden. Wahrscheinlich wird es immer noch etwas zu ergänzen geben«, sagte Antonia. »Nun die letzte Frage: Zu welchen Menschen oder Gruppen gehörst du, wenn du dabei bist, dein Ziel umzusetzen?«
»Verstehe ich nicht«, murmelte Gisela.
»Gehört ihr dann zum Beispiel zu den erfolgreichen Menschen, die ihre Ziele erreichen? Gehört ihr zu der Gruppe der Schlanken oder zu den Sportlichen? ›Dazugehören‹ ist ein Grundbedürfnis des Menschen und kann sehr motivierend sein. Okay?«
Ja, gut. Zu den Schlanken wollte ich auch endlich gehören. Zu den normalen Menschen, die in einer Umkleidekabine keinen Nervenzusammenbruch erleiden. Zu den Menschen, die wissen, was sie wollen. Zu den Menschen mit einem gesunden Selbstbewusstsein.
Das waren hochgesteckte Ziele. Ob ich die jemals erreichen würde?
Bevor mich der Mut verließ, fiel mir ein, dass ich mich noch vor Kurzem für völlig unsportlich gehalten hatte. Und jetzt? Jetzt gehörte ich doch bereits zu den sportlichen Menschen. Mich zu bewegen, war zu einem Bedürfnis geworden. Und meinem Rücken tat es auch gut.
Ich straffte die Schultern und atmete mit einem tiefen Seufzer aus. Das war ja wie eine innere Inventur. Jetzt erst

sah ich, wie viel sich in den letzten Wochen bei mir verändert hatte. Ja, Anita hatte es mir wieder und wieder aufgezählt. Trotzdem war ich wie blind gewesen.

»Ich bin sehr neugierig«, sagte Antonia. »Was ist euch aufgefallen? Bei welcher Frage gab es eine Art Kick? Wo habt ihr die größte innere Veränderung gespürt?«

»Bei den Werten«, sagte ich, »bin ich dahintergekommen, wofür ich das alles mache. Und zum Schluss habe ich erkannt, wie viel sich bereits bei mir verändert hat.«

»Ja, das kann ich mir vorstellen«, strahlte Antonia. Anita knuffte mich in die Seite und reckte den Daumen in die Luft.

Ehrlich gesagt hörte ich nicht zu, als die anderen über ihre Kicks sprachen. Wie unter einer Glasglocke saß ich da und las die Sätze, die ich geschrieben hatte. Ich schreckte erst hoch, als Antonia »So!« sagte.

»So! Obwohl es schon spät ist, möchte ich gern eine Abschlussentspannung mit euch machen. Ist es in Ordnung, wenn wir ein paar Minuten überziehen?«

Ich hörte zustimmendes Gemurmel und breitete meine Decke auf dem Teppichboden aus. Kaum lag ich dort, fühlte ich mich körperlich so erschöpft, als hätte ich einen Hausputz hinter mir. Ich konnte mich kaum auf Antonias Stimme konzentrieren.

»... lass deinen Körper tief in den Boden sinken, alle Muskeln dürfen locker werden ... auch dein Atem vertieft sich ... beinah unmerklich, sehr angenehm ... und du lässt den heutigen Abend in dir nachklingen ... Denk noch einmal an die Micky-Maus-Stimme, mit der du deinen inneren Dialog verändern kannst ... und auch Negatives, das du von außen hörst, verwandeln kannst in etwas Lächerliches, Lustiges ... sodass die Art und Weise, wie du mit dir selbst sprichst, immer positiver und konstruktiver wird … und nimm wahr, wie dadurch dein Gefühl, okay zu sein, wächst und wächst …

Und jetzt erinnere dich an das Ziel, das du heute Abend neu formuliert hast … weil es dir wichtig ist … und dich motiviert, dir neue Fähigkeiten anzueignen … dein Verhalten zu verändern … bei so vielen Gelegenheiten … und du kannst dir auch bereits ausmalen, wie die Menschen in deinem Umfeld auf dich reagieren … vielleicht überraschend und neu … Nimm wahr, wie du immer mehr die Person wirst, die du immer schon sein wolltest … ein Mensch, der sein Potenzial entfaltet und sich weiterentwickelt … und zu den Menschen gehört, die ihre Ziele erreichen, die erfolgreich und glücklich sind … und noch vieles mehr … Nimm das mit allen Sinnen wahr … sieh dich selbst … Was sagst du zu dir? … Wie fühlt sich das an, und wo in deinem Körper ist dieses neue Gefühl zu Hause? … Und dann verdopple dieses wunderbare Gefühl in dir … und verdopple es noch einmal und noch einmal … bis es dich vollständig einhüllt … «

Ich driftete weg. Mein Verstand gab es auf, Antonias Sätzen folgen zu wollen. Das musste mein Unterbewusstsein jetzt allein hinkriegen.

Die Geräusche um mich herum brachten mich in die Gegenwart zurück. Ich stemmte mich in die Höhe. Die Decke unter den Arm geklemmt, folgte ich den anderen die Treppe hinunter und ging schweigend neben Ellen zum Parkplatz. Sie gähnte ausgiebig.

»Wie geht's denn jetzt bei euch weiter? Verkauft ihr das Haus?«

»Ich mag im Moment nicht reden.«

»In der letzten Zeit bist du echt zickig.«

Ich war zu müde, um darauf zu antworten. Zu Hause sah ich nur kurz nach Tobias, und ein paar Minuten später wickelte ich mich in meine eigene Bettdecke und schlief fast augenblicklich ein.

Auszug

Der Duft von Manfreds Aftershave erfüllte die Küche und kribbelte mir unangenehm in der Nase.

»Ich ziehe heute ins Hotel«, sagte er knapp.

»Guten Morgen«, erwiderte ich. »Wie kommt's so plötzlich?«

»Es ist das Beste für alle Beteiligten.«

Vielleicht war ihm aufgefallen, dass er dann seine Geliebte ganz problemlos treffen konnte. Eine kleine Spur von Bitterkeit mischte sich mit großer Erleichterung. Wahrscheinlich standen mir meine Gefühle wie immer deutlich ins Gesicht geschrieben. Manfred schenkte mir ein schiefes Grinsen.

»Ich habe mich an den Gedanken gewöhnt, dass sich unsere Wege trennen. Ist ja heutzutage fast schon normal. Obwohl ich das nie wollte. Na ja. Am Wochenende will ich etwas mit Tobias unternehmen, damit er beruhigt ist. Wir sollten uns dann auch kurz zusammensetzen.«

Um die Abwicklung unserer Ehe zu besprechen, ergänzte ich in Gedanken und nickte ihm zu. Ich ahnte, dass ihm unsere Trennung wie ein Versagen vorkam. Für ihn war es so wichtig, dass der äußere Anschein stimmte. Genau wie für meine Mutter.

»Ich nehme jetzt nur das Nötigste mit. Den Schlüssel behalte ich noch, bis ich eine Wohnung gefunden habe. Ich hoffe, das geht klar.«

Wieder nickte ich. Wieso hatten wir nicht schon früher wie vernünftige Menschen miteinander reden können? Ob er auch schon mit Leonie über seinen Auszug gesprochen hatte? In meiner Frühstückspause rief ich sie an.

»Hast du kurz Zeit?«

»Was gibt's denn?« Für mich hörte es sich an wie: »Was willst *du* denn schon wieder?«

»Dein Vater und ich trennen uns. Hat er ...«

»*Mein Vater* hat mir das schon gesagt«, unterbrach sie mich kühl.

»Er zieht heute ins Hotel.«

»Ich weiß.«

»Na, dann ist es ja gut. Ich wollte es dir nur sagen.«

»Ging das von ihm aus?«

»Ich denke, du weißt schon alles? Nee, von mir.«

»Hätte ich dir gar nicht zugetraut.«

Was sollte ich dazu sagen? »Du bist natürlich zu Hause jederzeit willkommen.«

»Ach was.«

Mein Gott, immer dieser schnippische, arrogante Ton.

»Mach's gut, Leonie.« Ich legte auf.

»Deine Tochter?«, fragte Annette, die ins Büro zurückkam und meinen Gesichtsausdruck richtig deutete. Ich zog eine Grimasse.

»Nicht ärgern«, grinste Annette. »Zwischen Müttern und Töchtern ist Stress naturgegeben. Ich möchte meine Mutter jedenfalls oft zum Mond schießen.«

»Ich meine auch.«

Wider Willen musste ich lachen. Wie blöd. Da ärgerte ich mich seit Jahren sowohl über meine Mutter als auch über meine Tochter. Die beiden wiederum fanden mich doof und unverbesserlich. Warum konnten wir uns nicht einfach gegenseitig akzeptieren? Es wäre doch langweilig, wenn alle Menschen gleich wären.

Wieso regte ich mich eigentlich so oft über Ellens Art auf, in jeder Suppe ein Haar zu finden? Ich war kein bisschen besser. Mir fiel ein Spruch aus unserem Bürokalender ein: »Nimm die Menschen, wie sie sind. Es gibt keine anderen.«

Das galt auch für Tobias. Seine gewohnte Welt brach gerade auseinander. Er wollte nicht hören, dass alles gut würde. Kein Wunder, dass er launisch war und seine Verunsicherung an mir ausließ. Vielleicht hatte er ein kleines Trostpflaster nötig.

Nach der Arbeit kaufte ich für Tobias das Mobiltelefon mit MP3-Player und Kamera, das er sich schon lange wünschte.

Die ausgefallene Dekoration in den Schaufenstern des kleinen Einrichtungsgeschäfts neben dem Handyshop zog meine Blicke wie magisch an. Maigrün und Zartlila dominierten, dazwischen leuchteten silberne Obstschalen, Kerzenständer und Tabletts. Im Fenster hing ein Schild: »Praktikant oder Praktikantin gesucht.« Schade, dass ich nicht jünger war. Inneneinrichterin zu sein, war ein alter Traum von mir. Komisch, daran hatte ich schon ewig nicht mehr gedacht.

Während im Ofen ein Nudelauflauf garte, wickelte ich Geschenkband um das neue Handy und legte das Päckchen neben Tobias' Teller. Erst dann ging ich nach oben, um mir etwas Bequemeres anzuziehen. Mein Bedürfnis danach, mich beim Nachhausekommen sofort umzuziehen, hatte nachgelassen. Die Hosen spannten eben nicht mehr so wie früher.

Ich warf einen Blick ins Schlafzimmer. Seltsames Gefühl, dass Manfreds Schrankhälfte fast leer war. Aus dem Bad waren seine Toilettenartikel verschwunden. Dennoch, ich hatte es mir schlimmer vorgestellt.

»Olé, olé, olé«, tönte es aus dem Hausflur. »Ich habe zwei Tore geschossen. Ich bin der Held.« Ich lief nach unten, um den Helden kurz zu umarmen, was pubertierende Jungs ja eigentlich grauenhaft uncool finden.

»Was gibt's zu essen?«

»Schau in den Backofen.«

In Erwartung des Schreies, der kommen musste, hielt ich mir vorsorglich die Ohren zu.

»Uuuaaaah! Ist das für mich?«

Wir packten gemeinsam aus und schlossen das Telefon ans Stromnetz an. Während des Essens sagte ich: »Wie wär's, wenn du das Handy am Sonntag zusammen mit dem Papa einrichtest?«

Er sah nicht vom Teller auf. »Kommt er denn?«

»Ja, er will etwas mit dir unternehmen. Er wohnt jetzt im Hotel, bis er eine Wohnung findet. Aber du wirst sehen, für dich ändert sich gar nicht viel.«

Ich war erleichtert, dass Tobias das wortlos hinnahm. Als er endlich im Bett war, legte ich mich aufs Sofa und genoss die Ruhe. Ob Manfred jetzt allein in einem Hotelzimmer saß? Oder mit *ihr* zusammen war? Ich verscheuchte diese Gedanken. Mein eigenes Leben war gerade viel zu aufregend, um eifersüchtig zu sein.

Perspektiven

Ein Traum aus zartlila Vorhängen und neuen Kissenhüllen. Die Möbel ein bisschen anders stellen ... Kurz nach fünf schrak ich aus einem bunten Traum hoch. Noch viel zu früh zum Aufstehen. Ich hatte so vieles nachzuholen und wurde von Ideen überflutet.

Da mir plötzlich das tägliche Kochen Spaß machte, sprang ich trotz der frühen Stunde aus dem Bett und blätterte in meiner Rezeptsammlung. Wann hatte ich zuletzt unter der Dusche gesungen? Ich erkannte mich selbst kaum wieder. Vielleicht war eine Trennung gar nicht so traumatisch, wie ich immer befürchtet hatte. Bei mir setzte sie anscheinend ungeahnte Energien frei.

Am Samstag nach dem Mittagessen holte Manfred endlich Tobias ab, der ihm sofort sein neues Handy zeigte. Wie froh war ich, mich nicht mit der Bedienungsanleitung herumschlagen zu müssen. Bevor sie losfuhren, nahm Manfred mich beiseite. »Übrigens, Christina trennt sich auch von ihrem Mann. Wir werden dann zusammenziehen. Du brauchst dir also wegen der Möbel keine Gedanken zu machen. Ich will nichts davon haben.«

»Auch nicht das Schlafzimmer?« Ich fragte aus rein pragmatischen Erwägungen. Ich wollte es nämlich nicht.

»Das ganz besonders nicht.«

»Dann gebe ich es an die Diakonie.«

»Mach, was du willst.«

»Mit allem?«

»Ja, klar.«

Ich nickte matt. Christina hieß sie also. Und trennte sich auch. Ich wartete darauf, dass sich irgendein blödes Gefühl in meinen Eingeweiden bemerkbar machen würde, aber nichts geschah. Nicht der geringste Anflug einer Fressattacke.

Kaum waren die beiden weg, fuhr ich zum Einrichtungshaus und konnte mich endlich in aller Ruhe inspirieren lassen. Schnell kam ich mit der Besitzerin des Ladens ins Gespräch.

»Eine neue Farbgebung kann einen Raum völlig verändern«, stimmte sie mir zu. Gemeinsam stellten wir Accessoires zusammen.

»Sie haben gute Ideen«, meinte sie anerkennend. »Machen Sie das beruflich?«

»Leider nicht«, seufzte ich, »aber es ist immer mein Traum gewesen. Doch dann musste ich das Büro in der Firma meines Vaters übernehmen.«

»Vielleicht ist es ja noch nicht zu spät.«

Ich lachte. »Sie werden mich wohl kaum als Praktikantin nehmen wollen.«

Nachdenklich musterte sie mich. »Wieso eigentlich nicht? Wann könnten Sie denn?«

Ups. Das kam jetzt aber überraschend. Ohne lange nachzudenken, bot ich den Donnerstagnachmittag und Samstagvormittag an.

»Einverstanden.« Sie streckte mir mit einem herzlichen Lachen die Hand hin. »Ursula Niedermeyer.«

»Barbara Markland.« Ich war ziemlich verwirrt. »Was hätte ich denn als Praktikantin zu tun?«

»Nun ja, Praktikanten bekommen in der Regel kein Gehalt. Dafür würden Sie allerdings Rabatt auf die Waren erhalten. Sie würden beim Auspacken und Dekorieren helfen und vielleicht zu den Kunden mitfahren. Sie wissen ja wahrscheinlich, dass wir auch Einrichtungsberatung anbieten.«

Ich nickte, obwohl ich das nicht gewusst hatte.

»Kreative Ideen können wir also immer gebrauchen. Sind Sie handwerklich begabt?«

Ich dachte an meine legendäre Ungeschicklichkeit. »Geht so.«

»Na ja, das ist nicht so wichtig. Ich glaube, Sie haben einen Blick für Proportionen und Farbgestaltung. Vor allem brauche ich jemanden, der Arbeit sieht und mit anpackt. Jede Arbeit. Staub wischen in der Ausstellung, Ware auspacken, Lücken auffüllen und so weiter. Wenn Ihnen das dann auch noch Spaß macht, umso besser.« Sie lächelte.

Wow! Zwei halbe Tage in der Woche würde ich von diesen schönen Dingen umgeben sein. Ich ließ meinen Blick durch den Laden schweifen und fühlte mich hier schon ganz wie zu Hause. Mittlerweile hatte meine neue Teilzeitchefin meine Einkäufe in die Kasse eingetippt.

»Gut, dann ist das abgemacht. Zum Einstieg gebe ich Ihnen heute einen Rabatt von fünf Prozent. Einverstanden?«

Ich zahlte zweihundertneun Euro und trug begeistert meine Tüten zum Auto.

Sich einrichten

Ich ließ mich auf dem staubigen Teppichboden im Schlafzimmer nieder und rieb meinen schmerzenden Nacken. Unten hörte ich die Helfer von der Diakonie mit ihrem Transporter wegfahren. Sie hatten Ehebett und Schrank auseinandergenommen und eingepackt. Frische Farbe an die Wände gebracht, und Tobias würde hier ein tolles, großes Zimmer bekommen. Die Gunst der Stunde nutzend, hatte er sich neue Möbel gewünscht.

»Na, dann kauft etwas Schönes«, hatte Manfred großzügig gesagt. »Schließlich brauchen wir ja kein Geld für den Sommerurlaub.« So konnte man es auch sehen.

Es war toll gewesen, am Sonntag zusammen mit Anita das Wohnzimmer umzuräumen. Sie hatte das Radio aufgedreht und laut mitgesungen, während sie die neuen Gardinen absteckte und säumte. Gemeinsam hatten wir die Möbel hin und her gerückt und die neuen Dekoartikel drapiert. Ein Strauß aus frischen lila Tulpen auf dem Couchtisch war das i-Tüpfelchen. Ich war hin und weg. Wir belohnten uns mit Salat vom Italiener und Prosecco.

Anita hatte gespannt zugehört, als ich ihr von meinem neuen »Job« erzählte. Weder hielt sie mich für eine Rabenmutter noch für bescheuert, weil ich zwei zusätzliche halbe Tage arbeiten gehen wollte, ohne dafür Geld zu bekommen. Ihre Bestätigung hatte mir gutgetan.

Ich rappelte mich mühsam auf und holte den Staubsauger.

»Und wie ist es jetzt so ohne Mann im Haus?«, hatte Anita wissen wollen, als ich sie und ihre Nähmaschine am Sonntagabend nach Hause brachte.

»Tja, ich muss morgens selber Kaffee kochen. Das ist der einzige kleine Nachteil, der mir einfällt«, grinste ich. »Nein, im Ernst, es ist einfach nur gut. Ich fühle mich wie befreit. Und Manfred ist jetzt geradezu nett zu mir. Er zieht übrigens mit seiner Freundin zusammen.«

Anita nickte. Sie strahlte aus, mit sich selbst im Reinen zu sein, und hatte erzählt, der ganze Mist aus ihrer Vergangenheit sei ihr mittlerweile gleichgültig. Dass sie Ballast abgeworfen hatte, wurde auch äußerlich sichtbar. Gesicht und Taille waren schmaler geworden. Vorbei die Zeit der überdimensionierten Flattergewänder.

»Auch wenn der Kurs endet, geht unsere Entwicklung weiter. Und unsere Freundschaft natürlich auch«, hatte sie zum Abschied gesagt und mich fest umarmt.

Der Kurs, den ich auf keinen Fall hatte besuchen wollen, dachte ich, als ich den Staubsauger wegräumte und mir ein heißes Bad einlaufen ließ.

Letzter Abend

Am Mittwochmorgen stieg ich gespannt auf die Waage. Ich hatte in den letzten Tagen keinen Gedanken an mein Gewicht verschwendet. Die Hosen saßen locker, das war angenehm. Aber wie das so ist, an das Angenehme gewöhnt man sich schnell und nimmt es als selbstverständlich.

Ich blickte nach unten und schnappte nach Luft. 79,9. In Worten: neunundsiebzig Komma neun. Vorne stand die Sieben, die ich seit vielen Jahren nicht mehr gesehen hatte. Moment mal, das waren innerhalb von zwei Wochen noch einmal anderthalb Kilo Gewichtsverlust. Da ich das Wiegen in der vergangenen Woche vergessen hatte, war der Unterschied jetzt umso deutlicher.

Die Euphorie trug mich durch den ganzen Tag.

Und dann stieg ich in der Volkshochschule zum letzten Mal hinter Ellen die Treppe zum zweiten Stock hinauf. Wortlos, aber nicht mehr atemlos. Vor uns gingen Claudia und Sabine, die sich offensichtlich über Yvonne unterhielten.

»Komisch, die ist gar nicht mehr gekommen.«

»Ja, stimmt. Hm, vielleicht war das einfach nicht ihr Ding.«

Ja, vielleicht würde sie immer noch Kalorien zählen. Aber wie sagt Antonia immer: »Wir sind alle Individuen, und es kommt darauf an, das zu finden, was zu einem passt.«

Sämtliche Wände unseres Raums waren mit Flipchartblättern dekoriert. Darauf stand, welche Erwartungen wir am ersten Abend geäußert hatten. Unsere Gedanken übers Dicksein und Schlanksein. Die Essstrategie, Zielformulierung, vom Problem zur Chance. Ich erinnerte mich, dass ich damals gesagt hatte, ich hätte keine Erwartungen.

Antonia verteilte eine Zusammenfassung der Kursinhalte. Ich überflog sie rasch und las die vier fett gedruckten Zeilen, mit denen der Text endete:

»Fang damit an, Spaß zu haben, glücklich zu sein,
auf deine innere Stimme zu hören,
deiner Intuition zu vertrauen –
alles andere kommt dann von selbst.«

Das gefiel mir sehr. Ich legte die Blätter in meine pinkfarbene Kladde, die ich mittlerweile mit vielen wertvollen Erkenntnissen gefüllt hatte.

»Heute Abend machen wir keine Anfangsrunde«, sagte Antonia. »Stattdessen gibt es in einer Abschlussrunde die Gelegenheit, eure Erfahrungen während der letzten drei Monate zusammenzufassen. Wir beenden auch diesen Abend mit einer Entspannungsreise. Und vorher gibt es noch die ein oder andere schöne Überraschung.« Sie machte eine kurze Pause.

»Zunächst erinnere dich an dein Ziel für diesen Kurs. Du weißt schon, dein Wunschgewicht, deine Wohlfühlfigur, wie auch immer du es nennst. Und dann stell dir bitte vor, wie weit du von deinem Ziel aktuell noch entfernt bist. Mit anderen Worten: Wenn dein Ziel hier im Raum einen Platz hätte, wie weit bist du davon weg?«

Das musste Antonia zweimal erklären, bis wir es alle verstanden hatten. Ich war verblüfft. So hatte ich noch nie an mein Ziel gedacht. Wie groß war die räumliche Entfernung, bis ich das Gefühl hätte, angekommen zu sein?

Nach und nach erhoben wir uns alle von unseren Plätzen und bewegten uns durch den Raum. Ich merkte schnell, dass ich die Aufgabe nicht mit dem Verstand lösen konnte. Also ging ich einfach los und ließ meine Füße entscheiden. Und kurz darauf stand ich neben der Tür. Der Platz fühlte sich richtig an.

Die anderen Frauen befanden sich, wie ich jetzt sah, an den unterschiedlichsten Stellen. Edith war auf ihrem Stuhl sitzen geblieben. Ob ihr nicht klar war, was sie tun sollte? Claudia kauerte unter der Dachschräge. Renate stand am Fenster und schaute nach draußen.

»Okay.« Antonia klatschte in die Hände. »Das sieht toll aus. Edith, wie war das bei dir?«

»Tja«, Edith schmunzelte. »Ich bin schon angekommen. Deshalb konnte ich einfach sitzen bleiben.«

»Super. Claudia, wie geht es dir da unter der Schräge?«

»Ich bin noch nicht angekommen. Und wenn der Raum größer wäre, wäre ich noch viel weiter weggegangen. Ich glaube, mein Weg ist noch sehr weit.«

Ich hörte die Traurigkeit in ihrer Stimme. Doch anstatt sie zu trösten, lächelte Antonia sie fröhlich an. »Bist du sicher? Du kennst doch den Spruch vom halb leeren und halb vollen Glas. Vielleicht kannst du im Augenblick nicht sehen, wie weit du schon gegangen bist.«

»Du hast ja keine Ahnung«, murmelte Claudia.

»Da hast du möglicherweise recht«, stimmte Antonia zu. »Trotzdem lade ich dich ein, die Perspektive zu wechseln und dir anzuschauen, welche Strecke du bereits zurückgelegt hast.«

Sie wandte sich mir zu. »Barbara, du hast den Platz direkt an der Tür gewählt. Wie ist es da?«

»Es ist wie ein Aufbruch. Durch die Tür wollen. Auf jeden Fall bin ich unterwegs und habe schon etliche Schritte unternommen.« Ich wunderte mich selbst über meine Worte, aber sie waren stimmig.

»Ja, das scheint mir auch so. Prima.«

Ich fand es sehr spannend zu hören, wie die anderen ihre Entscheidung getroffen hatten. Nachdem wir wieder auf unseren Stühlen saßen, hielt Antonia einen Stapel Postkarten in die Höhe.

»Jetzt kommt die Überraschung«, sagte sie, »eine Karte mit Spruch, der hoffentlich für jede genau passt. Immer wenn ihr die Karte anseht, erinnert sie euch an alle Inhalte dieses Kurses.«

Meine Karte zeigte eine weiße Feder auf blauem Grund. Ich las einen Satz von Oscar Wilde: »Meiner Ansicht nach ist das Geheimnis des Lebens, die Dinge sehr, sehr leicht zu nehmen.« Da war sie, die Leichtigkeit, die der Kurs versprochen hatte.

»Habt ihr Lust, das, was ihr bekommen habt, mit den anderen zu teilen?«

Oh ja, das war eine tolle Idee. Ich meldete mich sofort, zeigte meine Karte und las den Spruch vor. »Gefällt mir sehr gut. Danke, Antonia.«

Anita hatte eine quadratische Karte bekommen, auf der stand: »Lichte die Anker. Verlasse die stille Bucht. Fang die Winde mit Deinen Segeln. Träume, erforsche, entdecke. Lebe! Liebe!«

Wie poetisch. Und wie für Anita gemacht, wie ihr Strahlen bestätigte.

Edith hielt ihre Karte in die Höhe, auf der ein Türschloss in Herzform zu sehen war. »Der Verstand sucht, aber das Herz findet«, las sie vor. Antonia zwinkerte ihr zu.

Ellen war an der Reihe. Ihre Karte hatte die gleichen Farben wie meine. Sie zeigte weiße Wolken vor tiefblauem Himmel. »Die Schutzengel des Lebens fliegen manchmal so hoch, dass wir sie nicht sehen können, aber sie schauen immer auf uns herunter.«

Antonia fing wohl Ellens irritierten Blick auf. »Ich wollte dir gern etwas Schönes mitgeben«, sagte sie. »Es hat etwas mit Vertrauen und Loslassen zu tun.« Ellen nickte zögernd.

»Auf meiner Karte steht: ›Die Welt hat Rätsel, aber sie hat ebenso viele Lösungen, hundertmal schöner als die Rätsel.‹« Sabine zeigte ihre Karte herum, auf der eine Flaschenpost am Strand zu sehen war, und lachte. »Ich glaube, ich weiß, was du mir damit sagen willst. Ich soll mich mehr auf die Lösungen als auf die Probleme konzentrieren.«

Antonia zuckte nur grinsend die Achseln. »Vielleicht.«

»Meine Karte passt super, finde ich«, sagte Renate. »Ich mag alte Türen. Und durch diese offene Tür kann man auf eine schöne, sonnige Landschaft blicken. Und der Spruch lautet: ›Nur wer sich traut, einen Schritt aus der eigenen Tür zu machen, kommt dem Himmel näher.‹« Sie musste sich räuspern, weil sie offensichtlich gerührt war. »Noch mal vielen Dank dafür, dass du mir die Tür in eine neue Welt geöffnet hast.«

Gisela hielt ihre Karte in die Höhe. Auch diese zeigte überwiegend Blau- und Weißtöne, Wolkenberge, Himmel und davor einen Paraglider.

»Mein Spruch ist von Bettina von Arnim, und er lautet: ›Nur der mit Leichtigkeit, mit Freude und Lust die Welt sich zu erhalten weiß, der hält sie fest.‹« Sie drehte die Karte in den Händen. »Meinst du, ich müsste mehr Leichtigkeit entwickeln?«

»Nein, nach meinem Empfinden strahlst du diese Leichtigkeit und Freude bereits aus. Da gibt es nicht mehr viel zu entwickeln«, antwortete Antonia.

»Danke.« Gisela lachte erleichtert.

»Dann bin ich wohl die Letzte in der Reihe.« Claudia starrte auf ihre Karte. Ich war fast sicher, dass ihre Augen feucht schimmerten. »Darauf steht: ›Aus Stolpersteinen, die einem in den Weg gelegt werden, kann man Treppen zum Himmel bauen.‹«

»Zeig mal die Karte«, rief Sabine. Claudia hielt sie in die Höhe. Sie zeigte aufgestapelte Kieselsteine.

»Wir haben in diesem Kurs häufig darüber gesprochen, dass alles eine Frage der Einstellung und der Bewertung ist. Das will ich auch mit dieser Karte ausdrücken. Und dass es aufwärtsgeht, Claudia, auch wenn es nicht immer so aussieht.«

Antonia setzte sich. »Wir kommen zum nächsten Programmpunkt des heutigen Abends. Ich möchte gern, dass ihr euch jetzt fünf Minuten Zeit nehmt, um etwas aufzuschreiben, das nur für euch selbst bestimmt ist. Ich werde nicht nach den Ergebnissen fragen. Schreib bitte in deine Kladde drei Versprechen, die du dir selbst gibst.«

Woher nahm sie nur immer die Ideen für solche schwierigen Aufgaben? Seufzend schlug ich die Kladde auf und schrieb als Überschrift: »Versprechen, die ich mir selbst gebe.«

»Weitermachen«, fiel mir als Erstes ein. Und dann war es plötzlich ganz einfach. »Mich nicht mehr von anderen bewerten lassen. Eine neue berufliche Perspektive suchen.« Das waren drei Versprechen, mit denen es mir ernst war. Das spürte ich ganz genau. Das Erste ergänzte ich noch, indem ich »Sport und selbst kochen« in Klammern dahinter schrieb. Fertig.

Als ich die Sätze noch einmal las, strich ich »suchen« durch und ersetzte es durch »finden«.

»Ich muss euch unbedingt etwas erzählen«, platzte Edith heraus. Na, das konnte ja nur wieder etwas Lustiges sein.

»Letztes Wochenende haben wir den Geburtstag unserer Tochter gefeiert, und ich habe ihr beim Kochen und Vorbereiten geholfen. Es sollte ein richtig schönes Gartenfest werden. Draußen war schon das Büffet aufgebaut. Sylvias Mann brachte Lampions an und installierte die Musikanlage. In einem unbeobachteten Moment wollte ich gerade eine von meinen selbst gemachten Frikadellen stibitzen. Genau da kommt plötzlich *unser* Lied aus den Lautsprechern, so laut wie eine Stimme vom Himmel. Das Walking-Lied, ihr wisst schon, das wir hier immer am Anfang und am Ende hören.«

Wir kreischten vor Lachen. Das war wieder eine typische Edith-Geschichte. Und wie so oft löste sich in diesem Lachen alle Spannung auf.

»Das muss ja wohl Fügung gewesen sein«, meinte Anita grinsend.

»Ich habe mich dermaßen erschrocken, dass ich den ganzen Abend keine Frikadelle mehr angerührt habe.«

Auch Antonia war begeistert. »Das ist der perfekte Einstieg in unsere Abschlussrunde«, sagte sie. »Schaut euch bitte im Raum um, und erinnert euch an die Inhalte unserer zehn Abende. Lasst das Revue passieren, was in diesen Wochen für euch wichtig war und was ihr dazugewonnen habt.«

Sie hielt den Softball in der Hand und warf ihn nach einem aufmerksamen Blick in die Runde Edith zu.

»Das kann ich dir sofort sagen. Es geht mir einfach rundherum gut. Ich habe ja schon erzählt, dass ich mir viel weniger Sorgen mache und besser schlafe. Mein Mann und ich verändern alte Gewohnheiten. Außerdem habe ich ein paar Kilo abgenommen und bin mit meiner Figur zufrieden. Was andere über mich denken, interessiert mich nicht mehr. Früher habe ich gar nicht verstanden, wenn die Leute gesagt haben, alles fängt im Kopf an. Aber jetzt weiß ich endlich, was die meinen.«

Edith hatte es mal wieder auf den Punkt gebracht.

Aber in meinem Kopf drehte sich alles. Wie sollte ich denn die vielen Aha-Erlebnisse der letzten Wochen in Worte fassen? Es war, als sollte ich spontan einen Vortrag in einer Fremdsprache halten.

Und dann hörte ich Ellens Stimme, und mein Mund klappte auf vor Erstaunen.

»Ich habe gleich gewusst, dass der Kurs gut ist, als ich in der Zeitung darüber las. Man muss sich auch einmal auf etwas Neues einlassen, habe ich zu Barbara gesagt. Das war alles sehr interessant hier, und ich habe viel mitgenommen.«

»Oookaay«, Antonia zog die zwei Silben in die Länge und nickte dazu. In dem Moment hatte ich das Gefühl, ich könne ihre Gedanken lesen. Sollte sie nachhaken oder Ellens Aussage einfach so stehen lassen? Sie entschied sich für Letzteres. »Danke, Ellen.«

»Ich bin sehr froh, dass ich mitgekommen bin«, sagte Gisela. »Es hat mir gutgetan, so viel zu lachen. Der Humor vergeht einem ja mitunter, wenn man sich mit überzähligen Kilos und dem eigenen nicht perfekten Spiegelbild herumschlägt. Nach außen habe ich nie gezeigt, dass ich unter meinem Gewicht gelitten habe. Wie heißt es so schön: Wie es drinnen aussieht, geht niemanden etwas an.« Sie bekam rote Flecken am Hals. Wieder einmal wunderte ich mich über meine Kollegin.

»Jetzt wird mir ganz heiß«, gab sie zu und wedelte sich mit Antonias Blättern Luft zu. »Mir hat der Kurs wirklich Leichtigkeit in jeder Hinsicht gebracht. Und die Karte von dir ist der krönende Abschluss.«

Claudia griff nach dem Ball. »Ich bin oft sehr traurig hier weggegangen. Mir wurde klar, dass mein Leben ganz und gar nicht so läuft, wie ich es mir erträumt hatte. Wie oft habe ich Süßigkeiten in mich reingestopft, um meine unerfüllten Bedürfnisse und Sehnsüchte nicht spüren zu müssen. Und nach allem, was ich jetzt weiß, kann ich damit nicht weitermachen.« Sie schluckte.

»Ich habe keine Ahnung, was ich machen werde. Barbara hat sich von ihrem Mann getrennt.« Sie warf einen kurzen Blick zu mir. »Vielleicht blüht mir das auch. Und das macht mir Angst.« Der letzte Satz kam wie ein Hauch. Es musste ihr äußerst schwerfallen, uns das zu sagen.

»Das kann ich gut nachvollziehen, Claudia.« Antonias Blick war voller Mitgefühl. »Aber über zwei Dinge bin ich mir sehr sicher: Wir bekommen nie mehr aufgebürdet, als wir tragen können. Und wir haben immer Hilfe.«

Claudia atmete tief durch. Sie machte nicht den Eindruck, davon überzeugt zu sein.

»Wir haben wirklich eine lange Reise zusammen gemacht, so, wie du es uns am Anfang gesagt hast.« Anita knetete den bunten Ball in ihren Händen. »Ich für meinen Teil bin sehr zufrieden damit. Mir geht es ähnlich wie Edith, nämlich von Tag zu Tag besser. Es ist, als ob ich mich selbst wiedergefunden hätte. Das ist ein sehr schönes Gefühl. Sozusagen rund ohne äußere Rundungen.« Sie grinste. Und sah in ihrer bunten, taillierten Bluse zur neuen weißen Jeans einfach zum Anbeißen aus.

Sie drückte mir den Ball in die Hand. Ich blickte auf seine gelben und roten Streifen, als könnten sie mir beim Formulieren helfen.

»Ich glaube, bei mir hat sich am meisten verändert. Ich habe mich immer vor so vielen Dingen gedrückt und habe lieber stumm gelitten, anstatt aktiv zu sein. Aber jetzt haben sich mein Selbstbewusstsein und mein Körpergefühl verbessert. Sensationell war, dass ich heute Morgen zum ersten Mal seit Jahren eine Zahl auf der Waage gesehen habe, die mit einer Sieben anfängt. Das allein war es wert.«

Ich stockte. Klang das wirr?

»Mein ganzes Leben lang hatte ich das Gefühl, nicht gut genug zu sein. Zum Trost habe ich gegessen und alle schlechten Gefühle runtergeschluckt. Das ist mir erst hier im Kurs bewusst geworden. Ehrlich zu sich und auch zu anderen zu sein, ist gar nicht so schlimm, wie ich immer befürchtet hatte. Ganz im Gegenteil.«

Ich dachte an meine Befreiungsschläge in der letzten Zeit.

»Außerdem habe ich immer geglaubt, ich sei nicht sportlich. Und nun fehlt mir etwas, wenn ich nicht walken gegangen bin. Es stimmt wirklich, dass Sport Stress abbaut und das Abnehmen unterstützt. Auch wenn diese drei Monate für mich nicht einfach waren, würde ich doch um keinen Preis die Uhr zurückdrehen wollen.«

Ich hob den Blick und fügte noch schnell ein »Danke, Antonia« hinzu. Sie lächelte.

Ich warf Renate den Ball zu, aber meine Aufmerksamkeit für ihr und Sabines Resümee war leider gering.

»... mir hat es auch sehr viel Spaß gemacht mit euch«, hörte ich Antonia sagen, »und ganz besonders herzlichen Dank für euer Vertrauen und euren Mut. Ich bin sicher, es gibt noch viel zu entdecken auf dem Weg, den ihr eingeschlagen habt. Und nun heißt es zum letzten Mal: Auf die Decken, meine Damen.«

Mit einem Seufzer streckte ich mich auf meiner Wolldecke aus.

»Lausche der Musik«, sagte Antonia mit sanfter Stimme, »und lass dich jetzt tief in den Boden sinken, alle Muskeln dürfen sich entspannen, mit jedem Ausatmen mehr ... genau ... Und jetzt zum Ende unserer gemeinsamen Reise denke noch einmal an dein Zielbild ... Wie siehst du aus, wie fühlst du dich, wenn du dein Wunschgewicht erreicht hast? ... Nimm wahr, wie sich dein Körpergefühl im Laufe der vergangenen drei Monate verändert hat ... Wo in deinem Körper spürst du das? Und ebenso hat sich dein Bild von dir selbst verändert, du siehst diese tolle Frau im Spiegel und erkennst, dass du das bist ... Was hörst du andere zu dir sagen, was sagst du zu dir selbst? ... Und dann denke daran, wie du dich belohnen wirst, wenn du dein Ziel erreichst ... Vielleicht hast du dich schon bei einem Teilziel belohnt. Wie genau hast du das gemacht?

Erinnere dich an die Essstrategie: Wenn du Essen siehst oder an Essen denkst, fragst du dich: Was will ich jetzt wirklich? Und dann spürst du nach, wie sich das anfühlen wird in deinem Bauch ... Ganz selbstverständlich wendest du deine neue Essstrategie bereits an, sie wird dich auch weiterhin begleiten ... ebenso wie die Möglichkeit, aus jedem Problem eine Chance zu machen ... Erinnere dich auch daran, wie du alte Überzeugungen verändert hast ... und wie dein Schutzschild dir hilft, ganz bei dir zu sein ... wann immer es notwendig ist ... Und dann denke an dein Powerwort, eine Möglichkeit, dich jederzeit in einen guten Zustand zu bringen ... All dies steht dir zur Verfügung, jederzeit, ganz automatisch ... wie von selbst ...

Und nun nimm wahr, welche Fähigkeiten du in den letzten Wochen dazugewonnen hast und wo sich dein Verhalten bereits verändert hat ... mehr Bewegung, neue Essgewohnheiten und vieles mehr ... weil es dir wichtig ist und weil du es dir wert bist ... um immer mehr die Person zu sein, die du immer schon sein wolltest ... und zu den Menschen zu gehören, die ihr ganzes Potenzial leben, die ihre Ziele erreichen, glücklich und zufrieden sind ...

Du weißt ja, was du einmal gelernt hast, verlernst du nicht, es ist wie Autofahren oder Schwimmen oder Schnürsenkelbinden ... Und genauso sicher gehören alle diese neuen Möglichkeiten und Fähigkeiten jetzt zu dir, zu deinem Leben, ganz leicht und ganz selbstverständlich ... ein andauernder Prozess der Entwicklung und Veränderung ... so spannend, dass du sehr neugierig sein darfst, wie es ist, jeden Morgen mit einem Gefühl der Stärke zu starten ...Wo in deinem Körper spürst du deine Stärke, deine Power? ... Und indem du dich darauf konzentrierst, machst du dieses Gefühl noch intensiver, sodass es dich ganz ausfüllt ...«

Mmmhhhhh. Von mir aus hätte das ewig so weitergehen können. Doch Antonia holte uns sanft in den dämmrigen Raum zurück. Wir richteten uns auf, blieben jedoch auf den Decken sitzen, als wollten wir uns noch nicht trennen. Nicht einmal Ellen schien es heute eilig zu haben.

»Noch eine Geschichte zum Abschluss?« Wieder eine von Antonias rhetorischen Fragen. Ich lehnte mich an die Wand und wartete gespannt.

»Es war einmal ein Klosterschüler«, begann sie, »der hatte eine weite Reise vor sich, und er fürchtete sich, diese allein bewältigen zu müssen. Deshalb bat er einen älteren Freund, ihn zu begleiten. Der Freund sagte: ›Ich kann gerne mit dir gehen, aber das meiste wirst du schon alleine tun müssen.‹ Der Klosterschüler verstand nicht. ›Nun‹, sagte sein Freund, ›das fängt schon morgens an. Wenn ich aufstehe, hilft es dir nichts, du musst schon selbst aufstehen. Waschen und Zähne putzen musst du auch selbst. Und wenn ich frühstücke, wirst du davon nicht satt. Wenn ich losgehe, nützt es dir auch nichts, denn nur du selbst kannst deine Füße zum Gehen bringen.‹ Da hatte der Schüler verstanden und begab sich allein auf die Reise.«

Antonia ließ ein paar Sekunden verstreichen, bis sie zum letzten Mal unser Lied abspielte.

»So, meine Lieben, das wars.«

Wir begannen zu klatschen. Ein langer Applaus für Antonia, die so viel bei uns in Bewegung gebracht hatte.

Ich fand das Treppenhauslicht viel zu hell und war traurig, dass der Kurs zu Ende war.

»Was ist«, fragte Gisela in die Runde, als wir alle im Foyer zusammenstanden. »Gehen wir zum Abschluss etwas trinken?«

»Oder essen, zur Feier des Tages«, kicherte Sabine.

»Ich kann leider nicht. Mein Sohn ist allein zu Hause«, sagte ich rasch. Wenn Ellen mitgehen wollte, hatte ich ein Problem. Aber nein, sie hatte sich schon in Richtung Parkplatz gewandt.

Edith wurde wie immer von ihrem Mann abgeholt. Die übrigen fünf Frauen, darunter auch Anita und Gisela, zogen los, um eine nette Kneipe zu finden. Es machte mir nichts aus. Lieber wollte ich den Abend für mich allein nachwirken lassen.

Meine Freundschaft mit Anita würde bestehen bleiben. Und meine Kollegin Gisela hatte ich hier ganz neu kennengelernt. Wir würden uns sicher gut unterstützen können. Aber was war mit Ellen?

Wie aufs Stichwort sagte sie: »Na, das hätten wir hinter uns. Sollen wir am Samstagmorgen zusammen schwimmen gehen?«

»Am Samstagmorgen habe ich keine Zeit.« Ich mochte ihr noch nichts von meinem Praktikum erzählen. Heute Abend fühlte ich mich zu dünnhäutig, um kritische Bemerkungen zu ertragen.

»Ich meine ja nur. Wo du doch jetzt auch allein bist.«

Was soll ich sagen? Ich brachte es in diesem Moment nicht fertig, ihr die Freundschaft aufzukündigen. Sie war eben Ellen. Dickfellig, unsensibel und direkt. Sie verschwendete keinen Gedanken daran, dass ich mich um einen Zwölfjährigen zu kümmern hatte. Für sie waren wir jetzt zwei geschiedene Frauen, die sich zusammentun konnten.

»Irgendwann klappt das sicher.«

Irgendwann würde ich auch für den Umgang mit Ellen eine Lösung finden.

Und jetzt?

Ich stand vor einem Scherbenhaufen.

Wortwörtlich, denn die schrill-bunte Vase aus Muranoglas, ein Geschenk meiner Mutter, war mir aus den Händen geglitten. Die Bodenfliesen im Flur waren von kleinen und kleinsten Glassplittern übersät.

Nichts gegen Muranoglas. Aber nach dem ersten Schock war ich erleichtert. Diese Vase passte nicht zu meiner neuen Einrichtung, und sie passte nicht mehr in mein Leben.

»Wenn man keine Arbeit hat, macht man sich welche«, pflegte meine Großmutter zu sagen. An den zwei halben Tagen, die ich im Einrichtungshaus verbrachte, blieb zu Hause die Arbeit liegen. Und jetzt auch das noch.

Ich fegte die Scherben zusammen und dachte an die riesige Packung Mozartkugeln, die mir meine Eltern aus Österreich mitgebracht hatten. Die konnten wenigstens nicht kaputtgehen. Ob meine Mutter mich damit unbewusst vom Abnehmen abbringen wollte? Aber dieser Herausforderung war ich gewachsen. Ich hatte die komplette Packung an meine Kollegen verschenkt.

Meine Mutter tat so, als hätten wir uns nicht gestritten. Auch die Trennung von Manfred erwähnte sie mit keinem Wort. Was nicht in ihr Weltbild passte, wurde ignoriert. Ich hatte es aufgegeben, daran etwas ändern zu wollen.

Drei Wochen waren seit dem letzten Kursabend vergangen, und die Wirkung hielt an. Anita sei Dank! Wir unterstützten uns gegenseitig, machten gemeinsam Sport und planten, in den Sommerferien zusammen zu verreisen.

Mit Schwung kippte ich die Scherben in den Mülleimer. Jetzt musste ich noch schnell fürs Abendessen einkaufen.

An der Supermarktkasse stand eine junge Frau mit langen blonden Haaren und einer tollen Figur vor mir. Neidisch musterte ich ihre schmale Taille. Sie zog ihre Geldbörse aus der Tasche und drehte sich um.

Ich war geschockt. Kein junges Mädchen sah mich an, sondern eine Frau mit Sonnenbankbräune im Gesicht und tiefen Falten um Augen und Mund. Die blondierten Haare, der rosa Lippenstift und die Turnschuhe sollten eine Jugendlichkeit vortäuschen, die längst vergangen war. Mein Neid verflog blitzartig. Gesicht und Körper mussten auch zueinanderpassen, wurde mir klar. Und ich musste mit Mitte vierzig nicht mehr wie zwanzig aussehen.

Am Abend stand ich lange vor dem Badezimmerspiegel. Ja, die Falten im Gesicht nahmen im gleichen Maß zu, wie ich an Gewicht verlor. Dafür passten mir schon wieder fast alle Hosen und Röcke. Allein das war ein Geschenk.

Was aber noch viel besser war: Meine Augen leuchteten. Und das lag nicht an der Wimperntusche, die ich seit Kurzem benutzte. Wie hatte ich früher andere Menschen um ihre Ausstrahlung beneidet. Jetzt strahlte ich selbst. Die zwei halben Tage im Einrichtungshaus waren so inspirierend, dass mir sogar die Arbeit in der Spedition leicht von der Hand ging. Ich hatte noch so viel zu entdecken und nachzuholen. Nur von Männern hatte ich fürs Erste genug.

Am Donnerstagvormittag rief meine Chefin mich zu sich.

Oje. Das konnte nichts Gutes bedeuten. Man wurde eigentlich nur ins Chefbüro zitiert, wenn etwas schiefgelaufen war. In Gedanken ging ich die Arbeit der letzten Tage durch. Annette sah mich besorgt an.

Schon war es dahin, mein neues Selbstbewusstsein.

Zaghaft öffnete ich die Tür und ließ mich auf den Wink von Frau Bremering hin auf den Besucherstuhl sinken. Steile Falte zwischen den Augenbrauen, perfekt lackierte Fingernägel, viel Haarspray. Sie beendete ein Telefonat und sah mich an.

»Frau Markland, mir ist zu Ohren gekommen, dass sich Ihre private Situation verändert hat.«

Ich nickte.

»Manchmal möchte man sich ja dann auch beruflich verändern. Entschuldigen Sie mich kurz.« Eines von zwei Mobiltelefonen klingelte.

Oh Gott! Wollte sie mich loswerden? Eine Hitzewelle überschwemmte mich, und mir brach der Schweiß aus allen Poren.

»Also, was ich meine, ist Folgendes: Vielleicht wollen Sie mehr Geld verdienen und mehr Verantwortung übernehmen. Die Abteilungsleitung für die Großkunden wird in Kürze vakant. Sind Sie interessiert? Das bedeutet natürlich, Vollzeit zu arbeiten und in eine andere Gehaltsstufe zu kommen. Lassen Sie sich das von der LoBu ausrechnen. Die wissen schon Bescheid.«

»Das kommt jetzt sehr überraschend«, stammelte ich. »Sie sind also mit meiner Arbeit zufrieden?« Sofort ärgerte ich mich über mich selbst. Wie konnte ich nur so etwas Blödes fragen.

Sie verzog nur leicht die Mundwinkel nach oben. »Sagen Sie mir am Montag, wie Sie sich entschieden haben.«

»Ja, klar.«

Sie telefonierte bereits wieder, bevor ich ihr Büro verlassen hatte.

Annette war beeindruckt. »Wirst du es machen?«

»Keine Ahnung.«

Meine Gedanken schlugen Purzelbäume, und ich konnte mich kaum auf die Arbeit konzentrieren. Durfte ich eine solche Chance ausschlagen? Aber wie sollte ich Tobias und einen Vollzeitjob unter einen Hut kriegen?

Das Leben kann wirklich verrückt sein. Am gleichen Nachmittag dekorierte ich zusammen mit Frau Niedermeyer die Schaufenster mit feinem Sand, Miniliegestühlen und Sonnenschirmen. Wir hatten uns ordentlich abgeschleppt. Ich schlug vor, eine Wäscheleine quer durchs Fenster zu spannen und blau-weiß-gestreifte Strandlaken darauf zu drapieren. Sie sah mich von der Seite an.

»Wollen wir uns nicht duzen? Ich heiße Ulla. Und«, sie reichte mir die Hand, »ich finde, du passt gut zu uns.«

Ich wurde rot vor Freude und strahlte sie an. »Sehr gern, Ulla.«

»Komm, Zeit für eine Kaffeepause. Ich wollte dich sowieso etwas fragen.«

Kurz darauf hatte sie mit ihrer Super-deluxe-Kaffeemaschine zwei original Latte macchiato für uns gezaubert. Ich strich mir die verschwitzten Haare aus der Stirn und ließ mich neben ihr in einen Sessel fallen.

»Was wolltest du denn fragen?« Tatsächlich fühlte es sich sehr vertraut an, sie zu duzen.

»Tja, wie soll ich anfangen? Also, wir brauchen jemanden fürs Büro, Rechnungen schreiben, den Einkauf machen, die Preise im Auge behalten ... all diese Dinge.«

Sie musste mir meine Enttäuschung wohl ansehen, denn sie griff sofort nach meinem Arm.

»Habe ich etwas Falsches gesagt?«

»Du meinst also, als Inneneinrichterin tauge ich nicht?«

»Nein, so habe ich das doch nicht gemeint, Barbara«, rief sie bestürzt. »Das sollst du alles weitermachen. Du hast sehr viel Talent und Geschmack. Hatte ich das nicht erwähnt?«

Ich sah sie nur mit großen Augen an und verstand im Moment gar nichts.

»Buchführung und Lohnabrechnung werden von unserem Steuerberaterbüro gemacht. Was an alltäglichem Bürokram übrig bleibt, lohnt nicht, um jemanden einzustellen. Also habe ich es bisher gemacht. Aber es liegt mir leider so gar nicht. Wenn ich das Wort Ablage nur höre, gruselt es mich schon.«

Sie schüttelte sich. »Deshalb hatte ich die Idee, dich einzustellen mit der gleichen wöchentlichen Stundenzahl, die du bei *Bremering* arbeitest. Zu dem, was du jetzt bereits machst, käme dann noch der Bürojob dazu. Na?«

Da ich offensichtlich gerade einen Knoten im Gehirn hatte und immer noch kein Wort herausbrachte, packte sie wieder meinen Arm.

»Hey, Barbara, ich biete dir Bezahlung an für die Arbeit, die du zurzeit umsonst machst.«

»Ja, so langsam kapiere ich es auch«, grinste ich. »Das Verrückte ist nur, dass man mir heute Morgen in der Spedition einen Vollzeitjob mit Beförderung in Aussicht gestellt hat.«

Jetzt war sie die Sprachlose.

»Ich brauche Bedenkzeit bis Montag. Ist das okay?«

»Ja, natürlich. Schlaf mal drüber. Bestimmt findest du heraus, was für dich das Richtige ist.«

Ich horchte auf die Zwischentöne. Nein, das klang nicht so wie bei meiner Mutter: »Wie du meinst, Barbara, du kannst natürlich machen, was du willst, aber ...« Ulla überließ es wirklich mir, und sie würde meine Entscheidung respektieren. Egal, wie sie ausfiel. Das war ein schönes neues Gefühl.

»Kopf oder Bauch?« Anita lehnte sich zurück und genoss mit geschlossenen Augen die Nachmittagssonne.

»Wenn es so einfach wäre.«

So einfach wie unsere Freundschaft zum Beispiel. Oder wie die Fahrradtour, die wir gerade gemacht hatten. Gleichmäßiges In-die-Pedale-Treten, immer geradeaus.

»Na gut, ich habe eine Idee.« Sie blinzelte kurz zu mir herüber. »Mach die Augen zu, und stell dir vor, es ist ein halbes Jahr vergangen. Du hast die Vollzeitstelle bei *Bremering* angenommen und arbeitest vierzig Stunden in der Woche. Wie ist das finanziell? Hast du Zeit für alles, was dir wichtig ist? Wie kommt Tobias damit klar? Wie fühlst du dich mit dieser Entscheidung?«

Sie machte nach jedem Satz eine Pause. »Stell dir vor, du hast Verantwortung. Deine Meinung ist wichtig. Du kannst Arbeit delegieren. Was spürst du körperlich, wenn du dich in diese Situation versetzt?«

Das war wirklich spannend. Ich spürte ein Grummeln im Bauch, Druck im Magen und eine Last auf den Schultern.

»Okay, dann komm für einen Augenblick hierher zurück, bevor wir die zweite kleine Zeitreise starten.«

Ich nahm einen Schluck Wasser und sah Anita erstaunt an. Woher hatte sie das denn? Hatte Antonia nicht einmal etwas Ähnliches im Kurs gemacht?

»Dann stell dir wieder vor, dass ein halbes Jahr vergangen ist. Du hast die Spedition verlassen und den Job bei Ulla angenommen. Sieh dich dort die verschiedenen Arbeiten tun, die zu deinen Aufgaben gehören. Vielleicht ist deine Arbeitszeit flexibel. Wie ist es finanziell? Wie kommt Tobias damit klar? Du kannst kreativ sein. Selbstständig arbeiten. Vertrauen genießen. Neues lernen. Wie fühlst du dich mit dieser Entscheidung?«

Mein Herz schlug vor Aufregung in doppelter Geschwindigkeit. Auf einmal verstand ich, was es bedeutet, mit allen Fasern seines Herzens etwas zu wollen.

»Ja, ja, ja, das will ich!«

Anita lachte. »Siehste, war doch einfach.«

»Aber wenn es die falsche Entscheidung ist?«

»Wenn du eine Garantie willst, kauf dir einen Toaster. Ist nicht von mir, sondern von Clint Eastwood.«

»Du und deine Sprüche.« Ich bekam einen Lachanfall, verschluckte mich und stieß mein Wasserglas um.

Anita setzte sich auf. »Also, jetzt im Ernst, Barbara. Schau dir doch nur an, was du in den letzten vier Monaten geschafft hast. Und jetzt bekommst du auch noch die Chance, beruflich das machen zu können, was du dir immer gewünscht hast. Wenn es mir nicht so gut ginge, würde ich dich beneiden. Du musst nur mit einer konkreten Gehaltsvorstellung zu deiner Ulla gehen, dann wird das schon.«

»Ist ja gut.« Dankbar strahlte ich Anita an.

Was hatte Antonia uns am letzten Abend noch ganz zum Schluss gesagt?

»Weitermachen! Dranbleiben!«

Mach ich ja. Ist ja gut.

Epilog

»Sie ist mir quasi vor die Füße gefallen.«

Walter grinst Anita an, und sie zwinkert ihm zu. Na klar, amüsiert euch ruhig auf meine Kosten.

»Erzähl doch mal«, fordert Anita ihn auf, als hätte ich ihr die Geschichte nicht schon ein halbes Dutzend Mal haarklein geschildert.

»Also, ich komme aus der Drehtür der Sparkasse, und im gleichen Moment sehe ich eine Frau, die der Länge nach hinfällt und auf den linken Arm knallt. Ich laufe hin, helfe ihr auf und frage, ob sie einen Arzt braucht.«

Ich weiß wirklich nicht, was daran so komisch ist, dass jetzt alle lachen.

»Was für ein Arzt bist du doch gleich?«, fragt Anita scheinheilig.

»HNO«, antwortet Walter knapp. »Sie schaut mich an, als ob ich an ihrem Sturz schuld wäre.«

»Typisch Barbara«, grinst Anita. Und so was will meine Freundin sein.

»Nachdem ich ihr Rescue-Tropfen eingeflößt hatte, hörte sie wenigstens auf zu zittern«, fährt Walter fort.

An diese Situation erinnere ich mich gut, wenn auch ungern. Hoher Peinlichkeitsfaktor: Ich sitze auf einem Stuhl in der Schalterhalle der Sparkasse mit herausgestreckter Zunge, auf die mir ein fremder Mann eine alkoholhaltige Flüssigkeit träufelt. Danach öffentliches Abtasten meiner Gliedmaßen.

»Ich stellte fest, dass sie sich nichts gebrochen hatte, und fuhr sie nach Hause.«

»Hmm«, macht Anita und hebt Stimme und Augenbrauen.

Walter grinst. »Na ja, ich konnte sie doch nicht sich selbst überlassen.«

Hatte er ja auch nicht. Er hatte mir Kühlpacks aus meiner Tiefkühltruhe auf Arm und Oberschenkel gepackt, danach Schmerztabletten aus der Apotheke geholt und belegte Brote gemacht.

Warum muss ich mir eigentlich diese Geschichte anhören? Es ist ein wunderschöner Sonntag im Mai, hochsommerliche Temperaturen, Panoramablick von der Terrasse des Stadtcafés auf das flanierende Publikum. Aber Anita will es ganz genau wissen.

»Und stimmt es, dass du am nächsten Tag wieder nach ihr gesehen hast?«

»Er hat mir Salbe gebracht und mich damit eingerieben«, murmele ich. »Es gibt heutzutage so wenige Ärzte, die noch Hausbesuche machen.«

Das führt bei meinen Zuhörern zu Heiterkeitsausbrüchen, die ich gar nicht nachvollziehen kann. Walter löst seine rechte Hand von meinen beiden Händen, um einen Schluck Kaffee zu trinken. Anita stibitzt ein Stückchen Schwarzwälder Kirsch von Walters Teller. Doch sofort verschränkt sie ihre Finger wieder mit denen Joachims, der sich, wie seine Mimik zeigt, köstlich über die Geschichte amüsiert.

»Kann sich ja nicht jeder im Trommelkurs verlieben.«

Ich strecke Anita die Zunge heraus.

»Jeder so gut er kann«, kontert sie.

»Du siehst, auch meine legendäre Ungeschicklichkeit hat ihr Gutes.« Ich schließe die Augen, genieße die Sonne und die körperliche Nähe zu Walter. Seine Wärme und den Duft seines Rasierwassers. Hoffentlich wendet sich die Aufmerksamkeit bald wieder anderen Themen zu. Ja, Walter und Joachim haben das Stichwort »Trommeln« aufgegriffen und unterhalten sich über Musik.

Seit fünf Wochen überwacht Walter nun meinen Heilungsprozess. Seit fünf Wochen sind wir verliebt wie die Teenager. Gut ein Jahr ist vergangen, seit Anita und ich uns in der Volkshochschule kennengelernt haben. Ein aufregendes und nicht gerade einfaches Jahr, von dem ich jedoch keinen Tag missen möchte. Ich habe gelernt, mit Bohrmaschine und Akkuschrauber umzugehen, ohne in der Notaufnahme zu landen, darf erleben, dass fremde Menschen meine Einrichtungstipps schätzen und umsetzen. Ulla und ich sind ein gutes Team geworden.

Ich passe in Kleidergröße zweiundvierzig und schaue gern in den Spiegel. Anita und ich walken, schwimmen und kochen gemeinsam. Manchmal gönnen wir uns Currywurst, Reibekuchen oder Eisbecher und genießen das wie Kinder, die Ferien haben. Unsere Stretchjeans machen kleinere Gewichtsschwankungen locker mit. Wir nennen das nicht mehr »Sündigen«, sondern »Plan B«.

Und dann kehren wir zu Plan A zurück.

Danke an alle Frauen aus meinen Kursen und Seminaren, die mich zu diesem Buch inspiriert haben.

Marlies Fösges

Erschienen im Schirner Verlag

Ina Ruschinski
Seelenwege
Die magische Reise einer Frau zu sich selbst
Roman

240 Seiten
ISBN 978-3-89767-864-4

Die junge, erfolgreiche Ärztin Nida Janusz versteht die Welt nicht mehr: Drei Stunden ihres Lebens sind aus ihrem Gedächtnis gelöscht! Und in dieser Zeitspanne soll sie einen Flug in die Mongolei gebucht haben? Um dem Rätsel auf die Spur zu kommen, tritt sie die Reise an – eine Reise, die ihr Leben und sie selbst für immer verändern wird.

»Seelenwege« ist die Geschichte einer Frau, die durch die Lehren einer alten Schamanin zum wahren Grund ihres Seins vordringt. Sie gewinnt erstaunliche Erkenntnisse über sich selbst, die Natur und das Wesen aller Dinge.

Georg Huber
In deiner Welt
Roman

336 Seiten
ISBN 978-3-8434-3023-4

Eine scheinbar zufällige Begegnung im Park verändert die ganze Welt des verschlossenen Teenagers Nick. Er trifft dort Jack, der ihm die wahren Zusammenhänge des Lebens offenbart. Als Nick Sozialstunden in einer Klinik für Essgestörte ableisten muss, verliebt er sich Hals über Kopf in die Patientin Emily. Doch seine Zuneigung scheint hoffnungslos, denn Emily sieht in ihrem Leben keinen Sinn mehr. Wird es Nick gelingen, ihr zu helfen? Und welche Verbindung besteht wirklich zwischen Nick, Emily und Jack? Begeben Sie sich auf eine spannende Reise voller Erkenntnisse über das Leben, und lassen Sie sich von einem Feuerwerk der Emotionen mitreißen!